Nadine Willems

·

Ishikawa Sanshirō's Geographical Imagination

Transnational Anarchism and the Reconfiguration of Everyday Life in Early Twentieth-Century Japan

Leiden University Press

2020

Надин Уиллемс

Географическое представление Исикавы Сансиро

Транснациональный анархизм и трансформация повседневной жизни в Японии начала XX века

Academic Studies Press
Библиороссика
Бостон / Санкт-Петербург
2023

УДК 929+ 94(520).032+94(520).033
ББК 63.3(5Япо)61
У36

Перевод с английского Анны Слащевой

Серийное оформление и оформление обложки Ивана Граве

Уиллемс, Надин.
У36 Географическое представление Исикавы Сансиро. Транснациональный анархизм и трансформация повседневной жизни в Японии начала XX века / Надин Уиллемс ; [пер. с англ. А. Слащевой]. — СПб.: Academic Studies Press / Библиороссика, 2023. — 338 с. — (Серия «Современное востоковедение» = «Contemporary Eastern Studies»).
ISBN 979-8-887193-28-1 (Academic Studies Press)
ISBN 978-5-907532-89-2 (Библиороссика)

Эта книга — интеллектуальная биография Исикавы Сансиро (1876–1956), японского анархиста, на протяжении всей своей жизни остававшегося противником любых форм авторитаризма. Исикава в начале XX века выступал против войны с Россией, в 1910-х годах провел несколько лет во Франции и Бельгии, исследовал европейские идеи — от анархизма и географической мысли до антидарвинизма и экологически осмысленного образа жизни. Жизнь и труды героя книги свидетельствуют о том, что в Японии первой половины прошлого столетия действовало яркое политическое подполье и развивались международные революционные связи.

УДК 929+ 94(520).032+94(520).033
ББК 63.3(5Япо)61

ISBN 979-8-887193-28-1
ISBN 978-5-907532-89-2

© Nadine Willems, text, 2020
© Leiden University Press, 2020
© А. Слащева, перевод с английского, 2023
© Academic Studies Press, 2023
© Оформление и макет.
ООО «Библиороссика», 2023

Благодарности

Главным обстоятельством, вдохновившим меня написать эту книгу, оказалось мое профессиональное любопытство историка по отношению к нонконформистам и аутсайдерам общества, к тем, кто оказывается лишен официального статуса и остается для будущих поколений во тьме забвения и невостребованности. Меня интригует их жизненный надрыв и крайняя решимость, с которой они отрицали общепринятые нормы, несмотря на вызываемые этим бедность, а порой и опасность. Я начинала посвященное анархисту Исикаве Сансиро исследование с предчувствием того, что жизни «менее видимых» людей как-то могут быть связаны с более широкими экзистенциальными темами, включая сюда серьезные вопросы о смысле и причинах человеческого существования на Земле. Я оказалась права, и все это сделало мой путь к завершению исследования весьма и весьма тяжким. И все же я рада, что я начала его.

Я благодарна многим людям и институциям за то, что они помогли появиться этой книге на свет.

Мой первый интерес к японским анархистам возник благодаря Сё Кониси, когда под его руководством я работала над своей магистерской диссертацией в Оксфордском университете. Все это время Сё помогал мне и понимал меня, относясь в то же время к моей работе весьма взыскательно.

На протяжении почти десятилетия, которое понадобилось для написания этой монографии, мне по доброй воле уделили время некоторые замечательные ученые. В Японии Умэмори Наоюки делился со мной познаниями в областях политической и интеллектуальной истории, пригласив меня при этом для обсуждения многих связанных друг с другом тем на проводимый им аспирантский семинар в университете Васэда. Стажировка, щедро профинансированная Японским обществом по изучению науки, также оказалась крайне способствующей выявлению контекста исследования.

Я также в долгу перед Саваи Кэйити, который на протяжении многих лет терпеливо отвечал на мои многочисленные вопросы о японской религии и философии. Как часто случается в процессе таких интеллектуальных обменов, мы переписывались на двух языках, однако общность целей и интересов всегда превосходила языковые различия.

Цудзуки Тюсити помог мне с прочтением рукописных текстов и поиском источников в Токио. Он также весьма любезно поделился со мной частью своей драгоценной коллекции книг и репринтных изданий газет. Ямагути Акира сообщил мне множество неочевидных сведений о жизни и философии Исикавы Сансиро, и даже сопровождал меня в поездке к месту рождения Исикавы. Наши беседы в «Джаз-кафе Коста-Рика» в районе Хондзё и прогулки по рисовым полям Сайтамы доставили мне истинное наслаждение.

Мне также повезло обсудить свою работу с Имахаси Эйко из Токийского университета, с которой я познакомилась много лет назад, будучи в этом университете аспиранткой. Она не просто постоянно оказывала мне поддержку, но и стала моей незаменимой подругой. Като Хирофуми и Тангику Ицудзи из Центра исследований айнов и коренных народов Университета Хоккайдо предложили мне неоценимую помощь во время исследования анархистской поэзии. Идеи Сарасины Ко, Ричарда Сиддла и Джеффри Геймана оказались очень ценными для меня в Хоккайдо, а студия Тэндзинъяма в Саппоро оказала мне гостеприимство во время одного из моих полевых исследований. Я также в долгу перед Ито Сигэюки за то, что тот обратил мое внимание на некоторые интересные литературные взаимодействия Хоккайдо.

Я крайне благодарна Шелдону Гэрону за беседы и дружбу. Я также признательна Рут Харрис, Кристин Леви, Иену Нири, Филиппу Пеллетье, Лили Чанг, Сьюзан Таунсенд, Брайану Павеллу и Энн Уосво за интерес к моему проекту на разных стадиях его продвижения. Кроме того, я также выражаю глубокую благодарность Полу Росситеру и Маяко Мураи за их помощь при переводе японской поэзии. Встречи с Анной Шерман в библиотеке всегда мотивировали меня.

Мои коллеги по университету Ист-Англии все это время были очень приветливы и воодушевляли меня. Я также очень обязана Кэти Кармайкл, которая безусловно подбадривала меня на протяжении нескольких лет. Источником вдохновения послужила и исследовательская среда в Центре японских исследований.

Благодаря любезности Одиль Деманж я смогла посетить ее очаровательный дом на Юго-Западе Франции, где Исикава провел несколько лет своей ссылки. Я получила также неожиданное письмо от Сары Мур, которая обнаружила открытку от Исикавы, отправленную ее прабабушке, писательнице Эдит Мур.

Неоценимой для завершения этого проекта оказалась помощь ряда институций и их сотрудников. «Англо-японский фонд Дайва» и «Международный фонд Тосиба» предложили мне щедрые гранты на поездки. Я особенно благодарна также Институту японских исследований «Ниссан» в Оксфорде и его чудесному администратору Джейн Бейкер; персоналу Бодлеанской Японской библиотеки; Международному центру исследований анархизма в Лозанне (CIRA), Муниципальной библиотеке Тэсикага, Муниципальной библиотеке Хондзё и Музею литературы Хоккайдо.

Фрагменты этого исследования основаны на уже опубликованных статьях и главах из книг. В основу главы 2 легла статья, которая появилась в сентябрьском выпуске 61 «Historical Journal» за 2018 год; фрагменты главы 6 взяты из моей статьи в книге «The Practice of Freedom: Anarchism, Geography, and the Spirit of Revolt» под редакцией Ричарда Уайта, Саймона Спрингера и Марчело Лопез де Суза, которая вышла в издательстве «Rowman & Littlefield» в 2017 году; некоторые стихи Сарасины Гэндзо появились в книге «Kotan Chronicles: Selections, 1928–1943», выпущенной «Isobar Press» в 2017 году. Я благодарна издателям за их любезное разрешение привести фрагменты этих работ в настоящей монографии.

Дельные комментарии двух анонимных рецензентов «Leiden University Press» помогли мне сделать мою работу лучше. Крайне полезным оказалось и внимательное чтение рукописи на последних этапах работы над ней Робертом Флетчером и Тоёсавой Нобуко. Благодаря Анник Мейндерс и Роми Уайен из LUP и Найре Виксрамасингхе, редактору серии «Critical, Connected Histories», издательский процесс прошел безболезненно. Я благодарна каждому из них, при этом все ошибки остаются на моей совести.

Длительный процесс исследования и написания книги стал куда более радостным благодаря дружелюбию моих коллег-магистрантов из Оксфорда. Особые благодарности Йэну Репли за хорошее настроение и готовность помочь, Анне Шраде, Ю Сакай, Эйко Хонде, Эйко Соге и другим за незабываемое общение. Все это время меня также поддерживали доброта и ум Элис Фриман, чей опыт составления предметно-именного указателя и библиографии оказался просто незаменимым.

Наконец, я бесконечно обязана многим друзьям, как близким, так и дальним, которые поддерживали меня и время от времени давали возможность передохнуть, пока я пыталась справиться с требованиями одновременного проведения исследований, написания книги и материнства в чужой стране. Карен, Софи, Меринда, Джудит, Рут, Эмили, Паулин, Флоренс, Мишель, Поль и Луиза, Деннис, Сьюзан и Сюн, вы поддерживали мне на протяжении всех этих лет.

Я посвящаю книгу Питеру, который читал ее страницы куда чаще, чем он мог себе представить, и нашим детям.

Примечание о транслитерации

В японских и китайских именах фамилия обычно указывается первой, кроме тех случаев, когда публикации японского или китайского автора главным образом появляются на английском языке. Если автор известен или известна под псевдонимом, я следую общепринятому именованию.

Введение

1 марта 1913 года худощавый, интеллигентного вида японец 30 с чем-то лет от роду взошел в Йокогаме на французский корабль. Он не смог получить от властей выездные документы. Поэтому вместо них у него имелась записка с печатью и подписью отзывчивого бельгийского вице-консула Фернана Гобера, фиктивно утверждавшая, что путешественник — его личный переводчик и преподаватель иностранного языка[1]. Живущий в Токио китайский революционер помог путешественнику оплатить поездку. Один близкий друг поделился с ним часами, другой — костюмом. Все это предприятие выглядело напряженной и отчаянной авантюрой.

Путешественника звали Исикава Сансиро (1876–1956). Будучи журналистом и самопровозглашенным социалистом, он находился под постоянным наблюдением японской полиции. Он также яростно выступал против Русско-японской войны 1904–1905 годов. Цензоры только что запретили распространение его работы «Сэйё сякай ундоси» («История общественных течений Запада»). Два года назад, после жестокой расправы над участниками «Дела об оскорблении трона», когда несколько близких друзей Исикавы были приговорены к смерти и казнены, он начал испытывать страх за свою жизнь. Добровольное изгнание представлялось ему единственным выходом, поэтому он попрощался с японскими берегами. После остановки в Шанхае, где Исикава навестил других китайских революционеров, он медленно направился во Францию, и после 38 дней путешествия по морю нако-

---

[1] Письмо Гобера Исикаве от 11 января 1913 года // Foreign Correspondence, n. 17. Исикава Сансиро канкэй сирё, Библиотека города Хондзё.

нец-то прибыл в Марсель. Денег у него было мало, по-французски он не говорил, никого не знал и, имея на то все основания, гадал, удастся ли ему выжить вообще [Исикава 1977, 8: 299–306].

Так начались семь с половиной лет добровольного изгнания, во время которого Исикава вполне мог считаться единственным японским подданным подобного статуса в Европе того времени. Оказавшись за рубежом, он общался с анархистскими активистами Великобритании, Бельгии и Франции. Исикава познакомился с английским общественным философом Эдвардом Карпентером (1844–1929), но большей частью жил в семье Поля Реклю (1858–1941), племянника известного французского анархиста и географа Элизе Реклю (1830–1905). Все эти годы он вел дневник, «Хоро хатинэнки» («Восемь лет дрейфа»), а 30 лет спустя написал мемуары об этом периоде жизни под названием «Ро/Нами» («Дрейф»)[2]. Несколько раз «скитальцу» — как себя называл Исикава — чудом удалось избежать смерти. Но он ухитрился выжить, несмотря на обстоятельства, среди которых было и основательное знакомство в Брюсселе с началом Первой мировой войны.

По возвращении в Японию в ноябре 1920 года Исикава возобновил свою деятельность в японском движении анархистов, поддерживая в то же время связь с разветвленной транснациональной сетью интеллектуалов и активистов. Он немедленно изложил теоретические основания собственной вдохновленной пребыванием в Европе общественно-политической модели кооперативного и ненасильственного образа жизни, получившего название *домин сэйкацу* (土民生活), буквально «жизнь людей земли». К этому прибавились и практические эксперименты в области индивидуальной самодостаточной жизни и общественно-политического устройства путем создания сети самоуправляемых крестьянских советов *Номин дзитикай* (農民自治会). Тогда же Исикава начал работать над переводами с французского и популяризацией географических трудов Элизе Реклю. Он также занимался историческими исследованиями, все больше

---

[2] [Исикава 1922], переиздание [Исикава 1929]; [Исикава 1963]. Здесь понятие «дрейфа» отражает мировоззрение Исикавы лучше, чем «скитания».

и больше концентрируясь на Азии. Во время войны Исикава жил на скромные доходы и до самой своей смерти в 1956 году оставался яростным сторонником анархистского общественно-политического устройства, которое он противопоставлял иерархическому общественному контролю.

Отрывочные упоминания Исикавы в англоязычной историографии характеризуют его как «социалиста», который позже стал «анархистом». Однако конвенциональное понимание этих понятий с трудом охватывает всю широту его знаний и интеллектуального любопытства. Будучи знакомым с широким кругом западных работ, от прогрессивных английских политических трактатов до образцов французского художественного авангарда и древних греческих философов, Исикава также хорошо разбирался в китайской классике и в японской литературной традиции. Из-под его пера вышли тысячи страниц книг, эссе, переводов, статей, переписки и дневников, в которых он бросал вызов идеологическому и геополитическому курсу собственной страны.

С первого взгляда Исикаву легко принять за радикального интеллектуала, вдохновлявшегося мыслью и пытавшегося применить ее в местном контексте. С этой точки зрения его анархизм предстает всего лишь набором заимствованных европейских идей, используемых для критики японской современности. Цель этой книги (далее — «Географическое представление») — создать иную картину. Анализ транснациональных связей начала XX века показывает, что как Исикава, так и западные интеллектуалы оказались вовлечены в процесс материализации специфического мировоззрения, определявшегося общими представлениями о целях и средствах революционной трансформации, рассматриваемой не просто как приверженность определенному и ограниченному корпусу идеологических текстов, а как постоянный и длительный процесс. Этот процесс, который лучше всего воплотился в понятии и воплощении *домин сэйкацу* Исикавы, принял две формы. Во-первых, приоритетное внимание в нем уделялось человеческой субъектности в повседневной жизни как рычагу общественных изменений. Во-вторых, важное значение при этом имели отношения человека с природой, в которых симбиоз и взаимосвязь ставились выше иерархии и борьбы.

Обе темы — трансформационный потенциал повседневных практик и этика сотрудничества — сформировали суть диалога, развивавшегося между радикальными мыслителями Востока и Запада на протяжении десятилетий. Важную роль в развитии этого диалога сыграл Исикава, решительно настроенный на поиск интеллектуальных сюжетов, общих для европейской и его собственной восточноазиатской традиций и способных быть идеологическим основанием анархизма, сторонником которого он был.

Трансформация географического мышления

География модерна сыграла ключевую роль в развитии коллективного мировоззрения, ставшего в начале XX века отличительным признаком транснациональных анархистских связей. В этой книге подчеркивается роль географического знания как механизма распространения революционных идей и основной структуры для развития концепций освобождения от власти государства. В географии Запада и Японии период с конца XIX по начало XX века оказался отмечен возникновением конфликтующих течений. Первое, наиболее влиятельное, достигло своего расцвета в процессе развития капитализма и империалистической экспансии. В нем география представала в значительной степени как орудие власти, предназначенное для управления ресурсами. Она служила установлению контроля над границами и обеспечению государственного и колониального управления, а также играла сопутствующую роль в формировании национальной идентичности. На Западе с этим направлением географии часто связывают имя британского ученого Хэлфорда Маккиндера (1861–1947), идеи которого по большей части были направлены на укрепление созданного порядка[3]. Приверженцы другого, противоположного направления рассматривали географию как инструмент выражения несогласия, выдвигая такое миропони-

---

[3] Вклад Хэлфорда Маккиндера в развитие географии не следует сводить только к его империалистическим взглядам, даже если их трудно отделить от его понимания современной геополитики. См. [Livingstone 1992: 194–195].

мание, в котором роль главного определяющего изменения фактора принадлежала не конкуренции, а сотрудничеству. Представителем этого направления является русский ученый и анархист П. А. Кропоткин (1842–1921).

В Японии схожий спектр географических идей возник после реставрации Мэйдзи в 1868 году. Одна из целей данной работы — описать процесс постепенного расхождения между географией, в первую очередь направленной на успешное внедрение модернизационной программы Мэйдзи, и так называемой «низовой» географией. Последняя, бытовавшая преимущественно во внеакадемической среде, сформировалась в начале 1900-х годов за некоторое время до возникновения географии как отдельной университетской дисциплины. «Низовые» географы, часто находившиеся под влиянием западной науки, были в то же время хорошо знакомы с местными особенностями и традициями, что оказывалось питательной средой для размышлений над ролью географии в обществе модернизации. Небольшая горстка этих интеллектуалов, занимавшихся исследованием потенциала географии как инструмента критики и трансформации общества, развивала свои идеи отчасти в ответ на всевозможные угрозы, которые, как казалось, нависали над Японией. Этот процесс также способствовал зарождению альтернативной географии и стал альтернативой крайне утилитарному и механистическому пониманию научного знания.

Интеллектуальный вклад Исикавы Сансиро стоит рассматривать в этом контексте. Он черпал вдохновение как на Западе, так и в Японии и также рассматривал географию как средство критики стремительного модернизационного процесса, проходящего в Японии. Особенно критически он относился к избыточной, по его мнению, важности, приписываемой детерминистским моделям развития, которые, как он считал, обесценивали человеческий фактор. Его отрицание детерминизма затрагивало и социал-дарвинизм, идеология которого доминировала в капиталистическом развитии Японии с начала эпохи Мэйдзи (1868–1912), и марксистский исторический материализм, ставший особенно привлекательным для японцев левых взглядов после Октябрьской революции 1917 года.

Знакомство с идеями географа Элизе Реклю, состоявшееся во время пребывания Исикавы в Европе между 1913 и 1920 годами, сыграло ключевую роль в его интеллектуальном развитии и еще сильнее упрочило его приверженность анархистской модели общественно-политической организации. Несмотря на многолетнее отсутствие должного внимания к вкладу Реклю в географию, этот вклад недавно был оценен заново. Сейчас ученые признают за французским анархистом первенство в области гуманитарной географии и подчеркивают влияние его идей на дисциплину в целом[4]. Оригинальные идеи Реклю возникли в контексте ускорившегося с середины XIX века научного прогресса. Новый научный подход к географии уделял основное внимание тому, как физические условия определяют человеческую деятельность и развитие человечества. Вместе со своими современниками, например американцем Джорджем Перкинсом Маршем (1801–1882), Реклю озаботился ответным процессом влияния человеческой деятельности на окружающую среду. Он был уверен в необходимости изучения этого динамического двустороннего взаимодействия в исторической перспективе [Olwig 1980: 29–45]. Исследуя историю развития человечества, Реклю делал акцент на постоянном изменении человеком окружающей среды, которая, в свою очередь, влияла на человека, и так далее [Pelletier 2013: 109]. Именно по причине рассмотрения окружающей среды в категориях отношений и взаимодействий Реклю в значительной степени удалось избежать характерного для того времени редуктивного географического детерминизма.

Во время своего пребывания в Европе Исикава познакомился с географическими идеями Реклю. Ключевым источником вдохновения японского мыслителя стал шеститомный труд французского ученого «Человек и земля», опубликованный после его смерти в 1905–1908 годах. В этой, по общему мнению, итоговой работе Реклю подробно излагается так называемая «общественная география», то есть география, которая учитывает во взаимодействии между человеком и природой социальное измерение.

---

[4] См., например, [Harvey 2009: 187, 283].

В настоящее время работы Реклю вновь привлекли к себе внимание исследователей в силу их очевидной созвучности актуальным проблемам экологии. Французский географ настаивал на существовании взаимной зависимости человечества и природы и даже на наличии у первого обязанности по отношению к последней и предупреждал о последствиях высокомерия людей, которые слишком легко ставят себя выше всего [Реклю 1906–1909, 1: 1–14]. С его точки зрения, человек — не царь природы, а ее неотъемлемая часть, а история человечества и Земли предстает общей и неразделимой.

Неизбежным следствием идей Реклю, а также характерной чертой его анархистского подхода стало представление об этической роли географии, которой предстоит не просто существовать в качестве изучающей Землю науки, но и предлагать способы справедливого разделения ресурсов планеты с учетом интересов всех ее жителей [Dunbar 1978a: 19]. Такой взгляд на географию как на средство глобального изменения и улучшения условий человеческого существования, подчеркивающий ее «революционную» способность вмешиваться в отношения власти, никак не сочетался с конвенциональной географией и господствующими в то время идеологиями «порабощения природы» и расового превосходства. География Реклю представала в качестве политически ангажированной науки, работающей во имя равенства людей.

Важно отметить, что Реклю предложил реабилитацию человеческого фактора в отношениях с Землей в то время, когда роль этого фактора в магистральной географии, наоборот, принижалась. В этом отношении идеи Реклю соответствовали чаяниям японских географов, работавших за пределами академической среды, которые несколько десятилетий спустя пытались осознать головокружительную модернизацию собственной страны. Действительно, общественный подход Реклю контрастировал с предпочтением, которое японские власти в эпоху Мэйдзи после реставрации 1868 года отдавали физической географии, с ее акцентом на описание измеримого и стандартизированного пространства для развития современной нации [Takeuchi 2000: 87]. Настоящая работа представляет собой краткий очерк того, как путем взаимодействия с гуманитарной географией Исикава смог бросить вызов модернистскому переупорядочиванию мира в картографируемое и управляемое пространство, предлагая взамен его переустройство как локуса общественной трансформации.

Интерес к гуманитарной географии в Японии возник также в ответ на рукотворный экологический ущерб, который принесла за собой индустриализация страны. Загрязнение окружающей среды, вызванное работами на медном руднике в Асио в конце 1800-х — начале 1900-х годов, оказало опустошительный эффект на крестьянские сообщества к северу от Токио, а также отразилось в коллективном сознании. Вскоре само название Асио[5] стало символом опасной стороны модернизации и подняло вопросы о границах человеческой деятельности в ее отношениях с природой. По мере того как гуманитарная география становилась одним из способов рассмотрения проблемы нанесения вреда природе, формировалось направление мысли, в котором географические знания увязывались с сохранением окружающей среды. Тексты и деятельность Исикавы сыграли роль в укреплении этой связи.

Другими словами, сопутствовавшие модернизации экологические проблемы и катастрофы служили для Исикавы и его единомышленников постоянным напоминанием об изменении отношений между человечеством и окружающей средой и тем самым привели их к размышлениям о гуманитарной географии.

Трансформационный потенциал повседневной жизни

Как следствие, радикальные мыслители вроде Исикавы озаботились процессом так называемой «регуманизации» науки, тенденцией, которая отражала скрытые интеллектуальные течения позднемэйдзийской Японии. Именно это и является главной темой данной книги. К особенности мироощущения этих ради-

---

[5] Недавний подробный обзор экологического загрязнения на руднике Асио см. в [Stolz 2014a].

калов можно отнести подчеркивание нераздельности революционной мысли и жизненного опыта. Они рассматривали понятие общественной трансформации как неотъемлемое от практик жизни — то есть от созидания уз солидарности во всех сферах человеческого опыта — и, таким образом, не имеющее ценности само по себе.

В своей работе Кристин Росс детально исследовала связь между воззрениями мятежников и практиками Парижской коммуны 1871 года, в деятельности которой принимал участие Элизе Реклю. По ее наблюдению, коммуна представляла собой «равенство в действии» [Ross 2015: 39]: революция как проживаемый опыт помогала выработать собственную понятийную систему, которая, в свою очередь, способствовала дальнейшему движению процесса мятежа. Однако важно подчеркнуть, что такая революционная динамика становилась возможной только благодаря убежденности коммунаров в трансформативном потенциале повседневного действия. Как показывает «Географическое представление», анархизм Исикавы также коренился в подобном убеждении.

Росс ссылается на работы Анри Лефевра, чья основополагающая теория пространства формулирует то, что поставлено на карту, с концептуальной точки зрения. В отличие от представления о пространстве как заданной области, в которой ведется человеческая деятельность, — своего рода географического ландшафта, на фоне которого происходит история, — французский социолог и философ представлял это пространство в качестве социального конструкта. С точки зрения Лефевра напряжение между тем, что он называл задуманным и проживаемым — *conçu* и *vécu*, — означало, что пространство всегда представляет собой продукт присвоения и борьбы. И хотя для него это напряжение чаще всего имело результатом живучесть капиталистических отношений доминирования, Лефевр также предполагал, что оно расчищало путь для революционной деятельности. Таким образом, интерес японских радикалов вроде Исикавы к географии — в частности, к гуманитарной географии — можно объяснить тем, что пространственное измерение в ней рассматривалось в форме конкретных действий повседневной жизни и их потенциала применительно к общественным изменениям. Анархизм склоняется в пользу индивидуальных действий, а не организационных структур, и предпочтение отдается гибким объединениям, а не институциям с их укоренившимся контролем человеческих отношений. Вот почему личная инициатива Исикавы как анархиста заключалась в проведении экспериментов в области самодостаточной жизни и создания гибкой сети советов крестьянского самоуправления.

Для тех, кто воплощал в жизнь подобные революционные практики, они подразумевали, прежде всего, создание сетей солидарности. Установление транснациональных связей между активистами из Восточной Азии и Запада способствовало общественной трансформации, одновременно подпитывая общую идеологию, которой они придерживались. Отслеживание путешествий и встреч Исикавы показывает, как в начале XX века эта идеология распространилась и на Восточную Азию. В связях, устанавливаемых в ходе такого распространения, формальная организационная принадлежность и институциональная аффилиация отвергались в пользу неформальных, иногда тайных, отношений. Как говорил Бенедикт Андерсон, наличие подобных связей способствовало глобальному развитию анархизма в конце XIX века [Anderson 2005]. Вслед за Андерсоном, «Географическое представление» подчеркивает значимость внеинституциональных связей в распространении анархистской мысли и практик в первых десятилетиях XX века.

Исследование неформальных способов коммуникации и рефлексии деятелей-радикалов вынуждает нас также пересмотреть анархистские притязания того времени. Частная переписка и дневники, кустарно изданные книги и брошюры, переводы и другие «книги-путешественницы», поэзия, дневниковые зарисовки и литературная критика: текстуальные жанры, часто находившиеся вне конвенциональных или институциональных сетей публикации и распространения, тем не менее оказывались выразителями конкретного мировоззрения. Все вместе, они, подобно мозаике, складываются в картину антииерархического модуса социального взаимодействия, находящегося в процессе непрерывного становления. Несмотря на то что в истории анархизма предпочтение часто отдается нарративу лиц и событий, напрямую связанных с насилием и террором, такие источники также помогают обнаружить, что тенденции развития анархизма в начале XX века оказались шире узкополитических целей, обычно ассоциируемых с движением. Если география обеспечила радикальных активистов теоретической базой познания, то весь массив почерпнутых из западных и восточных источников научных и религиозных идей дал анархизму возможность стать полиморфным культурным феноменом, который следует изучать с нескольких точек зрения.

Прежде всего, «Географическое представление» — это исследование через призму личности Исикавы Сансиро определенного набора идей и их отношения к развитию капитализма и индустриализации в первых десятилетиях XX века. В центре анализа оказываются противоречия модернизации, вследствие чего в биографическом аспекте оно не заходит дальше периода войны на Тихом океане. Особенное внимание в книге уделяется фактам встреч с людьми и путешествий как способу интерпретации интеллектуального ландшафта времени. Если в центре исследования находится Исикава, то обязательными дополнениями к повествованию оказываются его контакты, друзья и знакомые, с которыми он пересекался и переписывался на протяжении многих лет. Предпосылкой этому служит тот факт, что ни один корпус идей не существует в вакууме, и что любое понимание истории, которое не принимает во внимание «воплощение» этих идей и их актуализацию различными людьми, неполноценно. В этом смысле «Географическое представление» также представляет собой труд, который подчеркивает роль сообществ в интеллектуальном обмене. Поэтому порой важно уточнять мысли и жизненный опыт тех, кто был каким-то образом связан с Исикавой.

Необходимо также обозначить, чем эта книга не является — какие аспекты и перспективы в ней не рассматриваются и почему. Несмотря на то что в качестве предмета обсуждения была заявлена география, в книге очень мало сведений о развитии картографии, которая, возможно, представляет собой одно из главных течений дисциплины и является самым важным предметом в изучении гуманитарной географии. Причиной этого является то, что в своей аргументации Исикава прибегал к картографии крайне редко и никогда не выставлял ее в своих интеллектуальных изысканиях на первый план[6]. В качестве второй причины можно указать только на изобилие уже существующей литературы, охватывающей историю японской картографии с такой степенью точности и интеллектуальной проработки, которую «Географическому представлению» не превзойти[7]. Эти работы по картографии дополняют предмет рассмотрения настоящей книги, поскольку в них рассматривается роль географических знаний в поддержке или критике модернизационных устремлений Японии.

Развитие географии модерна в Японии предлагает исследовательский ракурс для рассмотрения конфликтующих понятий прогресса. Возникшее в годы Мэйдзи ощущение насущной необходимости трансформации страны в полноценное национальное капиталистическое государство привело к преобладанию принятия западных географических методов и предпочтению физической географии общественной. В первой главе «Географического представления» рассматривается реакция на этот тренд «низовых» географов — ученых-любителей, работавших вне институциональных пределов. Рефлексия этих «низовых ученых» по поводу отношений между человеком и природой, а также ролью географической мысли в общественной трансформации стала фоном для усиления активности анархистов начиная с конца эпохи Мэйдзи. Думается, они пытались «регуманизировать» науку, другими словами, переместить в центр ее внимания про-

---

[6] Все это контрастирует с позицией Элизе Реклю, который размышлял над врожденной предвзятостью картографии и рассматривал альтернативные способы репрезентации мира. См. [Dunbar 1978a: 56–67; Ferretti 2014: 85–95].

[7] См., например, [Walker 2007: 283–313; Wigen et al.: 2016].

стых мужчин и женщин с их индивидуальными возможностями и чаяниями. Развитие низовой географии подготовило почву для восприятия работ Элизе Реклю в Японии.

Как и многие другие, Исикава Сансиро обязан своей профессиональной карьерой ряду совпадений семейных обстоятельств, новых знакомств и международных событий. Начало его общественной деятельности относится ко времени Русско-японской войны 1904–1905 годов, против которой он активно выступал вместе с другими самопровозглашенными социалистами. Во второй главе рассказывается о социалистическом периоде жизни Исикавы до его отъезда из Японии из страха стать жертвой правительственных репрессий менее чем через десять лет.

С точки зрения историка, позднемэйдзийский социализм оказывается отражением углубляющегося разрыва между городом и деревней. В то время почти две трети экономически активного населения Японии были задействованы в сырьевых отраслях. Представление о крестьянах, особенно арендаторах небольших наделов, как о первых жертвах модернизации побудило некоторых активистов направить силы на улучшение доли несчастных сельских жителей. Среди этих активистов был и Исикава. Вместе с другими радикальными деятелями он использовал понятие общественной трансформации, в которой деревня оказывалась объектом потенциального освобождения. В то же время в связи с повышенным интересом к состоянию сельских территорий особое внимание уделялось случаям экологического загрязнения, например инциденту, связанному с чрезмерной эксплуатацией медного рудника в Асио. Личность Танаки Сёдзо (1841–1913), проводившего кампанию за права затронутых катастрофой в Асио деревенских жителей, занимает важное место в экологической и интеллектуальной истории эпохи Мэйдзи. В этой главе также показывается, что влияние этого человека на интеллектуальную траекторию Исикавы было не меньшим.

Когда в марте 1913 года Исикава покинул Японию, у него не было конкретного плана, где и как он будет жить. Он мог полагаться только на себя и надеяться на помощь транснационального сообщества сторонников анархизма. Начало Первой мировой войны, пришедшееся на его пребывание в Брюсселе, на порядок ухудшило шансы Исикавы на выживание. В третьей главе рассматривается его добровольное изгнание и прослеживаются путешествия и события, знаменовавшие этот переломный период его жизни. Очевидным становится существование интеллектуальных зон конвергенции между Исикавой и различными мыслителями и активистами, которых он встретил в Европе. Помимо прочего, эти зоны касались религиозных, политических и философских взглядов тех, с кем он взаимодействовал, а их существование только подчеркивает, до какой степени разделяемое ими мировоззрение опиралось как на восточную, так и на западную традицию, и как оно зависело от размытости категорий знания.

В этой главе также рассматривается активная поддержка Исикавой победы союзных держав в 1916 году. Эта поддержка вызывает вопросы относительно его приверженности анархизму, который традиционно включает в себя принцип невмешательства в военные конфликты между государствами. Однако время, проведенное Исикавой за границей, бросает особый свет на роль личных контактов в формировании в течение первых десятилетий XX века инакомыслия и его доктринальной гибкости. Широкая сеть активистов со схожими мыслями, к которой принадлежал Исикава, оставалась крайне важной и после его возвращения домой в 1920 году, также как и общественные труды анархиста и географа Элизе Реклю, с которыми Исикава детально ознакомился в Европе.

По возвращении в Японию Исикава столкнулся с проблемой распространения *домин сэйкацу*, модели общественно-политической организации, созданной им во время ссылки. Эта стратегия ненасильственной общественной трансформации в какой-то мере отдает должное географии Реклю, однако в то же время связана с характерным для того времени культурным трендом «возвращения к земле». Идея «стояния на земле», как в буквальном, так и в переносном смысле, находилась в самом центре мыслей Исикавы. Однако в процессе ее развития он столкнулся с организованным порядком конкурирующих идеологических течений — марксизма и национализма, которые недвусмысленно продемонстрировали, как нелегко было «стоять на земле» в Японии 1920-х годов.

В главе 4 рассматривается понятие *домин сэйкацу* в его отношении к географии Реклю и его гибкость в контексте сложного идеологического ландшафта эпохи. Понятие *домин сэйкацу* связано с индивидуальным и непосредственным взаимодействием с силами производства, необходимым для осуществления общественных изменений. Также оно предполагает привилегизацию отношений солидарности, или, пользуясь словами П. А. Кропоткина, взаимопомощи. В ретроспективе ключевое убеждение о революционных практиках повседневной жизни как о рычаге трансформации, обеспечивающем некоторое ризоматическое — то есть не-институциональное — рассредоточение их в обществе, предстает идеалистическим. Такая схема разочаровала и как конкретный практический эксперимент. Тем не менее, несмотря на свою утопичность или крайне символическую роль, она заслуживает внимания в качестве примера особенностей анархизма в межвоенной Японии.

Внедрение вышеописанной утопии в форме *Номин дзитикай* в середине 1920-х годов и повторяющиеся попытки Исикавы дистанцироваться от популярного аграризма составляют тему главы 5. *Номин дзитикай* создавались с целью коллективного воплощения практик *домин сэйкацу* и побуждения крестьян к самодостаточности. Но вскоре этой организации пришлось столкнуться с нетерпением тех, для помощи кому она была задумана, пока привлекательность крайних — популистских — воззрений на расширение прав и возможностей крестьян не одержала победу над более мягкой версией, предлагаемой Исикавой. К концу десятилетия идеологический радикализм стал проникать во все углы политического ландшафта Японии. «Географическое представление» подробно показывает, что провал схемы расширения прав и возможностей крестьян, созданной Исикавой, был вызван конфликтом как идеологий, так и личностей.

В пятой главе эта схема также рассматривается в перспективе путем сопоставления ее с тем, что представлял себе Миядзава Кэндзи. Попытка известного поэта, знатока и автора детских сказок запустить похожий проект поддержки крестьянских сообществ примерно в то же время, что и Исикава, добавляет достоверности *Номин дзитикай*. Все это также предполагает, что и Исикаву, и Миядзаву, самобытных визионеров, объединяло нечто большее, чем просто исторический период. Оба они разделяли взгляд на Вселенную как на мириады взаимосвязанных во времени и пространстве организмов, где судьба человека предопределяется отношениями солидарности. И оба обращались за поддержкой своих взглядов к буддизму.

В этом контексте ясно, что философские воззрения Исикавы и их практические воплощения — акцент на необходимости «стоять на земле» — более всего были направлены на отторжение субъектности индивида от крайне механистических, по его мнению, интерпретаций исторических изменений. Все это мотивировало суровую критику им дарвинизма и принятие альтернативных объяснений эволюции. Более всего Исикава был занят необходимостью восстановления в человеческом обществе самобытной темпоральности, лишенной встроенного в нее капитализмом ощущения ускоряющегося времени. Для Исикавы эту альтернативную темпоральность воплощало повседневное прямое взаимодействие с производительными силами — по большей части с землей.

В главе 6 изучается значение этой темпоральности. Прежде всего, в ней дается оценка восприятию Исикавой дарвинизма, как научного, так и социального, и предлагаемые им в целях критики доминирующих концепций линейной темпоральности аргументы. Публикация в 1925 году его первой книги, эссе «Теория антиэволюции и жизнь человека», явилась свидетельством активной поддержки Исикавой альтернативных модальностей жизненного опыта. Вера Исикавы во взаимосвязь всего живого в природе как противопоставления существованию магистральной оси управления должна была служить шаблоном для организации человеческих отношений. В этой главе я рассматриваю, как такая философия резонировала с буддизмом, одновременно вырабатывая у ее приверженцев и активистов прямой интерес к энтомологии.

Во второй части этой главы рассматриваются опыты по самодостаточной жизни и деятельность крестьян-поэтов на Хоккайдо, а также степень влияния на них идей Реклю. Становится ясным, что Исикава сыграл главную роль в распространении в Японии работ французского географа и анархиста, послуживших формированию общего «географического мировоззрения» в ответ на неумолимое движение страны к модернизации и конкуренции на всемирной сцене. По мере того как политический климат Японии все более и более менялся в сторону контроля мышления и подготовки к тотальной войне, Исикава искал «истинный *домин*» и провел военные годы в безмолвном отшельничестве.

Поддержка Исикавой в довоенные годы и позже человеческой субъектности и его противостояние идеологиям отделяет этого человека от большинства современников-интеллектуалов. Именно за бескомпромиссность в эпоху мрака и разрушений его называли «Совестью Японии» (*Нихон-но рёсин*, 日本の良心)[8]. Интеллектуальные и практические начинания Исикавы, противостоящие выходящим на сцену авторитаризму и джингоизму, часто оборачивались неудачами, страдали от недостатка практичности и идеологических нестыковок. Но несмотря на это, голос Исикавы стоит принимать в расчет, и цель книги «Географическое представление» состоит в том, чтобы объяснить почему.

---

[8] См. упоминание в надгробной речи 1956 года его друга Акита Удзяку (1883–1962).

Глава 1
Гуманизация науки в Японии периода модерна

Когда летом 1910 года реки Ватарасэ и Тонэ в очередной раз вышли из берегов, сильнейшее наводнение затопило часть равнины Канто и едва не оказалось бедствием для пригородов Токио [Strong 1977: 190]. К тому времени Танаке Сёдзо (1841–1913), бывшему члену Парламента, исполнилось 69 лет. Бо́льшую часть последних 20 лет он провел в борьбе за права сельских сообществ, пострадавших от загрязнения паводковых вод кислотными отходами добычи медной руды в регионе. Вместе с другими, среди которых был Исикава Сансиро, он выступал против вынужденного переселения жителей деревни Янака префектуры Тотиги, территорию которой правительство назначило местом стока отравленных вод.

После наводнений 1910 года, несмотря на возраст и слабое здоровье, с целью тщательного отслеживания и фиксации уровня воды в обеих реках и их притоках этот неутомимый путешественник неоднократно отправлялся в пешие походы, длившиеся от двух до четырех недель. Приблизительно в этот период он прошел от 1800 до 2000 километров [Комацу 1994: 120]. Свои зарисовки и записи увиденного и услышанного от местных крестьян Танака свел в «Касэн дзюнси никки» («Дневник путешествия к реке»), который он вел на полях своего обычного ежедневника [Танака 1977–1980, 12: 67].

На поход в ненастную погоду вдоль топких берегов с целью исследования прибрежной зоны Танака отважился вовсе не впервые, о чем свидетельствуют его объемистые труды. Однако путешествия, в которые он пустился в конце указанного года, были, возможно, куда более систематизированными и детализированными в плане целей и методов, чем те, что происходили до этого. Танака собирался оценить влияние человеческой деятельности на течение рек, а кроме того, собирал достоверные данные о местных практиках лесозаготовки. Он был твердо убежден в том, что рубка деревьев в горах для использования в медных рудниках по всей стране нарушает баланс окружающей среды и может привести к страшным последствиям. Танака писал:

> Три века разрабатывались горы Никко. Ныне этот пейзаж постепенно умирает. Источником воды не стоит полагать одну только воду. Вода проистекает из гор. В горах живут растения, птицы и животные; если гора высохнет, воду, как раньше, добывать уже не станет возможно. Боюсь, что, если исчезнут горы Никко, с ними исчезнет и горный источник, и земли к востоку от провинции Симоцукэ. И неужели люди на берегах реки Кину исчезнут, как уже исчезли люди с берегов реки Ватарасэ? [Танака 1977–1980, 12: 83][1]

Загрязнение медным рудником в Асио (*Асио кодоку дзикэн*) окружающей среды и роль Танаки как лидера и неутомимого участника движения в ее защиту были крайне значимы во вторую половину эпохи Мэйдзи (1868–1912). Ученые-историки Японии периода модерна активно изучали это загрязнение не просто в качестве иллюстрации негативных последствий индустриализации, но и как источник современного дискурса об окружающей среде и развитии гражданского общества[2]. В их представлении величественность фигуры Танаки Сёдзо сделала его японским воплощением Генри Дэвида Торо, чья репутация человека кри-

---

[1] Танака пишет о старом административном регионе провинции Симоцукэ, который наиболее пострадал от загрязнения. В ходе административной реформы после Реставрации Мэйдзи он вошел в состав префектуры Тотиги.

[2] См., среди прочего, [Strong 1977; Walker 2010; George 2005; Stolz 2014a; Уи 1991].

стальной честности прошла проверку временем. До сего дня он остается символом принципиальности и стойкости во многих экологических протестах, воплощая собой сопротивление бюрократическому давлению и преданность павшим жертвами развития капитализма сельским жителям[3].

Историки и современники поочередно называют его «хранителем природы», «общественным деятелем», «экологическим мыслителем», «экологом», «мэйдзийским либералом, который стал защитником природы» и даже «прирожденным анархистом» [Исикава 1977, 8: 153]. Применительно к проблемам сегодняшнего дня эти ярлыки только подчеркивают его экологическую миссию и деятельность по защите общности людей, угнетаемых государственной властью и интересами крупных корпораций. При этом о нем нигде не говорится как о географе, несмотря на его систематическую деятельность по сопоставлению природных явлений, которой он занимался на протяжении жизни[4].

Танака, конечно же, не был географом-профессионалом в академическом смысле этого слова. После реставрации Мэйдзи 1868 года институционализация указанной дисциплины проходила постепенно. Поначалу, когда в 1886 году правительство утвердило официальную систему одобрения учебников, география вошла в школьную программу в качестве обязательного предмета. Постепенно она распространилась в так называемых учительских семинариях, созданных для обучения учителей начальных и средних школ. Однако во время речных путешествий Танаки эта наука как университетская дисциплина все еще пребывала в эмбриональном состоянии. Кафедра географии появились в Императорском университете Киото только в 1907 году, а в Токийском императорском университете — в 1911 году [Takeuchi 2000: 17, 32–33, 58]. Тем не менее распространение

---

[3] Образ Танаки неоднократно упоминался после тройной катастрофы, постигшей Японию в марте 2011 года.

[4] Сайто Бунъити намекает на роль Танаки как географа в своем объемном труде, посвященном Миядзаве Кэндзи, который разделял с Танакой заботу о взаимодействии человека с природой. См. [Сайто 1991: 393–406].

географии во внеакадемических или полуакадемических кругах в самом начале периода Тайсё породило огромное поле рефлексии по поводу траектории модернизации Японии. Критика или одобрение этой траектории оказались отмечены методами и целями, характерными для этой дисциплины.

Личность Танаки имеет значение для «Географического представления» в силу тех забот, которые разделял с ним и Исикава Сансиро. В этой главе я хотела бы предположить, что как сторонник движения в защиту окружающей среды Танака принадлежал к целой плеяде «низовых» географов, или, другими словами, к представителям «народной» географии, чье влияние в интеллектуальной истории современной Японии откровенно недооценено. Я же полагаю, что географический дискурс, создаваемый и распространяемый деятелями вроде Танаки, часто за пределами институциональных каналов знания, стал ответом на ощущение общественно-политического кризиса. Он оказался фоном для выражения политического инакомыслия, в том числе и анархизма, оставившего след в политике Японии в начале XX века. Этот дискурс непосредственным образом вдохновил Исикаву, который на раннем этапе своей карьеры общался с некоторыми его представителями. И он также расчистил путь международному сотрудничеству — путем развития транснационального географического мировоззрения, которое находится в центре внимания этой книги — по мере его развития в 1920–1930-е годы.

Используя географию, японские интеллектуалы и активисты критиковали процесс модернизации страны, в частности воспринимаемую ими как неудачу попытку всесильного, гомогенизирующего государства удовлетворить разнообразные чаяния граждан в области повседневной жизни. Чаще всего они выдвигали на первый план обновленное осознание человеческой зависимости от окружающей среды и долга перед ней. Их по определению интересовала гуманитарная география, которая противостояла география физическая, с самого начала избранная мэйдзийской властью в качестве инструмента административного и геополитического управления [Takeuchi 2000: 87; Nozawa 2000: 84]. Непреклонная решимость правительства продолжать разработку шахт сильнее стимулировала вклад в изучение физической географии в ущерб гуманитарной [Исида 1971: 532]. Со своей стороны, академическая география, провозгласившая использование научных методов и создание картографируемого и измеримого пространства, отделяла себя от этих географов-самоучек, ограничившись позднее лишь незначительным признанием их вклада в дисциплину [Takeuchi 2000: 18]. Таким образом, низовых географов характеризовал акцент на взаимодействии человека с физической средой. Как будет показано в этой главе далее, источниками их вдохновения служили как западные знания, так и географические традиции Восточной Азии. Как на Западе, так и на Востоке география претерпевала изменения, и ее функция, основополагающие принципы и методы отвечали на сдвиг парадигмы. Так, в конце XIX века на Западе телеологическому модусу мышления бросила вызов эволюционная теория, при этом усилилось стремление сделать дисциплину более научной [Livingstone 1992: 184, 196]. В Японии интеллектуалам приходилось бороться со все возрастающим потоком знаний с Запада и переосмысливать собственные географические представления. Таким образом, несмотря на то что в то время география еще была далеко не упорядочена, тем не менее в ней уже вполне можно было обнаружить несоответствие интересов опекаемых государством и низовых географов.

Проще говоря, призванием вторых стала гуманизация науки, поскольку последнюю они воспринимали как чересчур механистическую и узконаправленную и в какой-то мере даже не уделявшую внимания повседневной жизни людей. Широкий спектр проведенных ими «народных» исследований стимулировал интеллектуальные споры о пути, выбранном Японией после реставрации Мэйдзи, и предлагал фрагменты альтернативного видения периода модерна, которое выкристаллизовалось в мысли интеллектуалов-активистов вроде Исикавы Сансиро.

Как и на Западе, японские историки долгое время создавали научные труды, в центре внимания которых находились простые люди, а не представители элит, подчеркивая роль в процессе изменений простых мужчин и женщин, а не официальных лиц.

Ключевой работой в этой сфере является опубликованная в 1968 году «Культура эпохи Мэйдзи» Ирокавы Дайкити, исследование народного политического сознания начиная с периода реставрации Мэйдзи. При этом существование науки, развивавшейся вне институциональных академических каналов, также привлекало внимание. Кано Масанао предложил понятие «фолк-науки» (*минкангаку* 民間学), которое означает производство знаний о жизни простых людей интеллектуалами и активистами, никак не связанными с институциями высшего образования[5].

Кано прослеживает истоки этой «академической субкультуры» до последних двух десятилетий XIX века. Неудача «Движения за свободу и народные права» (*Дзию минкэн ундо* 自由民権運動) в его попытке добиться равенства граждан, реакция на идеологию «цивилизации и просвещения» (*буммэй кайка*) и рост осознания горькой доли беднейших слоев населения стали главными факторами, которые способствовали появлению «фолк-науки» [Кано 1983: 27–33]. Однако максимальную определенность она приобрела в начале XX века, в период, длившийся примерно до 1930-х годов и в целом пересекавшийся с эпохой так называемой «демократии Тайсё».

В реальности существовала двухслойная система, где самобытная научная продукция — создаваемая обычными людьми для обычных людей — контрастировала с академической, часто определяемой государственными ограничениями или особыми интересами властных фракций. Среди «низовых» ученых Кано называет биолога и этнолога Минакату Кумагусу (1867–1941), этнографа и фольклориста Янагиту Кунио (1875–1962), философа и собирателя искусства Янаги Соэцу (1889–1961), географа и буддийского миссионера Макигути Цунэсабуро (1871–1944) и феминистку и историка Такамурэ Ицуэ (1894–1964) [Кано 1983: 7].

Хотя жизнь и труды этих «низовых» интеллектуалов тщательно задокументированы в историографии Японии периода модерна, куда меньше внимания было уделено тому, что же объединя-

---

[5] Отдельная благодарность за обсуждение этой темы профессору Саваи Кэйити.

ло этих людей, несмотря на их очевидно разные интересы. Как минимум в их работах и деятельности обнаруживается желание вернуть в общественно-политическую жизнь базовое ощущение гуманности. Частично такое желание подпитывалось осознанием того, что в политических умонастроениях эпохи господствовало рассмотрение человеческих общностей как абстрактных сущностей, а не как лиц, вовлеченных в конкретную общественную и экономическую деятельность.

Одним из примеров тенденции к восприятию реальности в абстрактных понятиях и игнорированию жизненного опыта простых людей служит социал-дарвинизм, охвативший Японию в эпоху Мэйдзи. Первая японо-китайская война 1894–1895 годов, за которой десять лет спустя последовала Русско-японская война, только подтвердили, что национальные государства участвуют в конкурентной борьбе за существование. Критики режима Мэйдзи не находили в этой ситуации места для людских чаяний. Они рассматривали государство как навязывающее своим безымянным гражданам многочисленные жертвы во имя головокружительной «модернизации».

Кроме веры в ценность гуманности и активного продвижения прав и достоинства обычных людей, низовых ученых объединяла и другая черта. Все они были, скорее, полиматами, выступая против присущей модерности тенденции к специализации знания. Вместо изучения узких и ограниченных областей знания они легко перенаправляли фокус своих исследований от одной науки к другой, от одной категории знания к другой. Одним из более или менее известных примеров этого феномена служит Минаката Кумагусу. Его познания в ботанических и зоологических вопросах были экстраординарными, притом что он был самоучкой. Также Минаката был крайне одаренным лингвистом, в то же время он получил известность как фольклорист и этнолог, обнаруживший при этом глубокое понимание буддийского канона[6]. Многие низовые ученые эпох Мэйдзи и Тайсё разделяли многофакторный подход Минакаты к обучению.

---

[6] См., например, [Blacker 1983: 139–52].

Также они яростно отрицали специализацию знания. Отчасти это объяснимо крайним любопытством ко всем аспектам западной науки и культуры, хлынувших в Японию с середины XIX века. Но здесь также можно вспомнить и неоконфуцианскую традицию литературы раннего модерна в Китае и Японии, которая предполагала объединение научного, философского, поэтического, исторического и религиозного в одном труде. Однако какими бы ни были тому причины, нет сомнений в том, что такой открытый подход к интеллектуальным изысканиям способствовал выработке особого, холистического взгляда. Таким образом, география предлагала особый ракурс восприятия, способствовавший познанию мира, будучи частью более масштабного интеллектуального видения. И, как здесь показывается, она особенно хорошо подходила для охвата динамики взаимодействия человека и природы.

На этом месте стоит ненадолго вернуться к Танаке Сёдзо и его путешествиям начала 1910-х годов с тем, чтобы высоко оценить его в качестве низового географа. Бесспорно, систематические задачи измерения и описания, которые Танака ставил перед собой во время экспедиций, являлись одним из аспектов понимаемого в современном смысле и свойственного географии «дисциплинирующего модуса интеллектуальных изысканий» [Gregory et al. 2009: 350]. Еще сильнее это подтверждается тем фактом, что его находки стали результатом непосредственных наблюдений[7]. Также ясно, что Танака стремился оценить влияние человеческой деятельности на поверхность планеты, в данном случае на вызванное вырубкой горных лесов изменение уровня воды. В этом плане его деятельность относится к простонародной практике гуманитарной географии, дисциплине, изучающей не только способы влияния окружающей среды на человеческую деятельность, но и ответное влияние человека на окружающую среду[8].

---

[7] Для определения географии как науки эпохи модерна см. [Stoddard 1986].

[8] Современные определения географии также включают понятия пространства и места в понятие среды, как обуславливающей человеческую деятельность и ею же изменяемой. См. [Gregory et al. 2009: 350].

Более того, равнорелевантным становится призвание гуманитарной географии как платформы для осуществления общественной критики — дисциплины, которая позволяла «активно оспорить способы закрепления за понятиями отношений власти» [Gregory et al. 2009: 352].

В настоящий момент потенциал гуманитарной географии как критического инструмента дисциплины уже устоялся. В частности, радикальные географы изучают общественные образования при помощи линзы пространства, попутно выявляя проявления того, что они воспринимают как социальную несправедливость. По мере исследовательской практики они также вырабатывают форму географического мировоззрения, направленного на замену этих несправедливостей новым общественным порядком. С этой точки зрения критическая гуманитарная география имеет как эпистемологическую цель — поиск истины, — так и моральную и политическую [Simandan 2017: 3]. Такими были предпосылки всех трудов французского географа и анархиста Элизе Реклю[9]. Танака Сёдзо разделял эти убеждения, веря в необходимость изучения топографии земли и порицая вредоносные последствия рукотворного вмешательства в естественное течение рек [Сайто 1991: 402–403; Stolz 2014a: 85–117, особенно 94–95]. Эти убеждения отчетливо проявились благодаря его речным путешествиям. Географическое мировоззрение, вырабатываемое им в понятиях философии яда (*доку* 毒) и потока (*нагарэ* 流れ), положило принципы экологического сознания, актуального для Японии периода модерна [Stolz 2014a: 97].

Рефлексия Танаки по поводу исчезновения лесов напоминает наблюдения американца Джорджа Перкинса Марша (1801–1882), сделанные им почти за полвека до того в книге «Человек и природа» — фундаментальном труде в сфере географии, который некоторые считают провозвестником экологического мышления. Еще один яркий полимат и автодидакт, Марш поспособствовал изменению восприятия трансформационного потенциала человеческой жизни и деятельности в отношении окружающей среды

---

[9] См. главу 5.

[Olwig 1980: 29–45]. Он утверждал, что «из-за исчезновения лесов все изменяется», порицал вызванное рубкой леса изменение текстуры почвы, которая теряла часть способности к поглощению, что, в свою очередь, приводило к беспрепятственному стоку по долине талых и дождевых вод, наносившему вред поселениям на своем пути [Bonnett 2008: 35–36]. Как и Танака, Марш рассматривал вредоносное воздействие человеческой деятельности на окружающую среду, основываясь на историческом анализе совокупного воздействия. По словам Дэвида Ловенталя, оба они осознавали антропогенные изменения [Lowenthal 2016: 52–63].

При этом озабоченность Танаки имеет и более близкие к нему истоки — жизнь и деятельность неоконфуцианского ученого XVII века по имени Кумадзава Бандзан (1619–1691), оставившего подробные указания об управлении водой и горами (*тисан тисуй* 治山治水), в которых подчеркивается связь между людской нравственностью и сохранением природы [Morris-Suzuki 1998a: 773]. Бандзан несколько лет участвовал в управлении княжеством Окаяма, выступая за высадку лесов и охрану водоемов и почв как за имеющие решающее значение для сохранения независимости княжества. В то же время его понимание экологической связи между лесами и реками опередило время. Он всячески подчеркивал неоконфуцианское понимание «единства Небес и человека» (*тэндзин гоицу* 天人合一) и «единства Вселенной» (*баннин иттай* 万人一体) не просто как метафизических понятий, но как формирующих общественную этику охраны природы [Окуя 2015: 112]. И хотя его практические штудии были в основном мотивированы защитой княжества, они все-таки проложили путь определенному видению гуманитарной географии.

Географическое видение Бандзана кратко изложено в известном выражении, состоящем из трех иероглифов 時処位 (*дзи-сё-и*). Первые два знака обозначают соответственно время (*дзи/токи*) и место (*сё/токоро*). Значение, которое придается третьему иероглифу (*и/кураи*), менее очевидно, но оно связано с понятием «статуса», «условий», «среды», то есть особенных, определяющих место во времени характеристик, к числу которых относятся такие, как климат и физическое окружение. Бандзан подчеркивал необходимость адаптации к местным особенностям административных, политических, религиозных, сельскохозяйственных и иных мер, как это указано в наставлениях *тисан тисуй*[10]. Эта идея являлась сутью его «философии воды и почвы» (*суйдорон*, 水土論), набора принципов, истоки которого лежат еще в древних китайских текстах, среди которых есть и конфуцианские документы. Упоминания *суйдорон* часто встречались и в трудах ученых эпохи Токугава (1603–1868), смысл же этого понятия менялся со временем[11]. Однако очевидно, что Бандзан предложил самобытный подход к взаимодействию человека с природой, явно созвучный геоэкологической философии Танаки Сёдзо.

Труды Кумадзавы Бандзана являются одним из примеров модуса географических изысканий, который оказывал содействие административному управлению в Японии периода модерна. Другие подобные Бандзану деятели выработали систему взглядов, которая учитывала так называемую «логику Земли», подразумеваемую в тогдашнем понятии *тири* (地理), которое легло в основу современного понятия «географии» (*тиригаку* 地理学) [Nozawa, Takeuchi 1988: 61]. Часто выступавшие советниками правителя ученые-конфуцианцы разработали в период модерна своеобразную локальную географию. Еще одним подвидом географии стали инициированные порой самой крестьянской средой агрономические исследования, в которых предлагались основанные на опыте методы возделывания сельскохозяйственных культур. При этом обе упомянутые выше дисциплины были связаны с научной традицией, близкой к той, которая сейчас известна как гуманитарная география[12].

Корпус географических знаний Японии начала эпохи модерна также включал в себя ряд местных географических описаний, карт и текстов в форме *фудоки* — записей «ветра» и «земли» — или «географических справочников» *тиси*, в которых описыва-

---

[10] См. [Сато 2012]. Также благодарю Саваи Кэйити за его комментарии по теме.

[11] См. [Саваи 2002: 133–134].

[12] См. полный список географов или интеллектуалов, которые интересовались географией в эпохи Токугава, Мэйдзи или Тайсё, в [Окада 2009: 161–194].

лись местные и региональные условия [Wigen 2010: 15]. Самые ранние *фудоки* датируются VIII веком, хотя само понятие появилось только два столетия спустя, когда центральная власть постановила собирать в административных целях сведения с мест. В этих сведениях содержались подробные описания находящихся в конкретных административных пределах объектов, связанных не только с географическими особенностями места, но также с его историей, языком, политико-религиозными аспектами общества, сельского хозяйства, фольклора и мифологии [Aoki 1997: xi].

Традиция *фудоки* сохранилась вплоть до эпохи модерна, выполняя разнообразные функции вроде легитимизации правителей и территории, а также регулирования общественной деятельности[13]. Эти обобщенные, подробные описания имели ценность как собрания фактов и перечисления местных особенностей. Однако их формат был скорее описательным, чем толковательным. В отношении к производству знания они воплощали собой холистический подход, противоречащий рациональному, научному мировоззрению модернизирующейся Японии. Централизованное правительство Мэйдзи вскоре забросило сбор *фудоки*, заменив их статистикой, картами, кадастрами, переписями и иными официальными отчетами [Takeuchi 2000: 87]. На местном уровне, однако, традиция продолжала жить, и по инициативе учителей, буддийских священников и местных чиновников разные виды *фудоки* сохранялись во многих регионах страны [Takeuchi 1980: 240].

Географическое мышление в эпоху кризиса

Как дисциплина, приоритетом которой являются рациональные и научные методы, география эпохи модерна выросла на плодородной почве местных теорий и практик, стимулированных

---

[13] Фудоки, особенно в Новое время, служили эффективным средством укрепления власти княжеств в провинциях. См. [Toyosawa 2019: 18].

контактами с западной наукой. Несмотря на статус страны, по большей части закрытой на протяжении практически всей эпохи Токугава, интеллектуалы с географическими наклонностями постепенно получили доступ к свежим источникам знаний об остальном мире. Географические сведения из-за границы проникали по различным каналам и со временем становились все более качественными и разнообразными. Одним из информационных ресурсов были моряки, случайно оказавшиеся на чужих берегах и ухитрившиеся после этого вернуться в Японию, хотя власти обычно хранили полученные от них сведения в строжайшем секрете[14].

Информация также становилась доступной через китайцев и голландцев, с которыми в это время торговала Япония. Объем доступных знаний особенно вырос после сделанного в 1720 году сёгуном Токугавой Ёсимунэ (1684–1751) относительного послабления на ввоз иностранных книг, в число которых входили китайские переводы иностранных сочинений, картографические материалы и описания способов изготовления карт[15]. В дальнейшем японские представления о мире и техниках картографирования стали соответствовать западным [Nozawa, Takeuchi 1988: 62].

Эта тенденция усилилась в годы перед «открытием» страны в середине XIX века[16], по мере того как все растущее количество замеченных у японских берегов иностранных кораблей укрепляло необходимость в знаниях о мире за пределами Восточной

---

[14] Дайкокуя Кодаю (1751–1828), вернувшийся в Эдо с двумя членами его команды из 17 человек в 1791 году после нескольких лет в России, провел остаток жизни затворником, чтобы пресечь распространение знаний об иностранных землях. В книге «*Оросия кокусуй мутан*», которая переведена на русский язык под названием «Сны о России», романист Иноуэ Ясуси описал на основании документальных источников эту историю в подробностях.

[15] Об интересе Японии к иностранной картографии и собственной традиции изготовления карт в эпоху модерна написаны многочисленные труды. См. [Wigen et al. 2016; Singaravélou, Argounès 2018].

[16] В эпоху Токугава (1603–1868) Япония не была наглухо закрыта для иностранных влияний. Я использую термин «открытие» в смысле возвращения к менее ограниченным торговым отношениям с западными государствами.

Азии. Сёгунат и провинциальные чиновники приказали собирать сведения в целях обороны. Конец изоляционистской иностранной политики Японии в середине 1850-х годов послужил сильнейшим толчком для приобретения и переорганизации знаний. Он также стал фактором, который ускорил создание географии как дисциплины эпохи модерна.

Столь радикальное поглощение западного знания и техник с середины XIX века представляет собой убедительный нарратив о восприятии модерности Японией. Однако более детальная картина этой трансформации дает возможность сделать два взаимосвязанных наблюдения. Во-первых, хотя паттерн передачи географических знаний с Запада на Восток в целом поощрял маргинализацию существующих практик, некоторые из них продолжали свое существование, порой даже негласно. Как утверждалось выше на примере *фудоки*, местные тенденции и желания контрастировали, в частности, с тенденцией централизации «сверху вниз», которой придерживалась новая правящая элита. Один из аргументов «Географического представления» гласит, что анализ восточноазиатских традиций и оценка их влияния на развитие географии в эпоху Мэйдзи проливают свет на амбиции «низовых» географов, сформировавшиеся в те годы и реализовывавшиеся позднее, уже в эпоху Тайсё.

Во-вторых, такой нарратив в недостаточной степени отражает дифференциацию точек зрения, которая имела место еще до институциализации географии как академической дисциплины в конце XIX века. С одной стороны, сформировалось видение географии, которая всячески способствовала достижению целей государства или в более размытой форме свидетельствовала о принадлежности к государственной территории и культурной идентичности. Типичным примером этой тенденции служит Сига Сигэтака (1863–1927) — учитель, известный журналист, географ-любитель и автор книги «Нихон фукэйрон» (日本風景論, «Ландшафт Японии»)[17]. Изучаемое им понятие *кокусуй* (国粋), или национальных характеристик, часто оказывается при-

---

[17] См., например, [Окада 1997: 94–95].

мером националистического импульса, способствовавшего географическим исследованиям[18].

С другой стороны, гуманитарная география достаточно быстро обзавелась некоторыми особенностями, которые представляли собой контраргумент основополагающему национально-ориентированному взгляду, поддерживаемому режимом Мэйдзи, и в этом процессе сыграли роль некоторые местные географические обычаи. Эти особенности подразумевают понимание неотделимости географии от изучения истории, которое становится особо значимым в контексте позднейших транснациональных обменов. Также большое внимание уделялось неразделимости жизни на земле, акценту на то, что естественный мир управляется мириадами отношений и ни одно явление не может быть понято в изоляции. Такая взаимосвязь предполагала как сотрудничество, так и конкуренцию, а следовательно, экологическое сознание и охрану природы. Выборочное исследование географических трудов эпохи Мэйдзи поможет продемонстрировать эти тенденции.

Для очерка развития гуманитарной географии в эпоху модерна необходимо вернуться к критическому периоду *бакумацу* (1853–1868), когда японцы, глубоко озабоченные угрозами вторжения со стороны Запада, принялись искать адекватный ответ такому вторжению. В этот период географическое знание приобрело невиданное ранее значение, а принцип пространственной организации людских сообществ стал привлекать большее внимание именно потому, что они были связаны с обороной и территориальной независимостью.

Ёсида Сёин (1830–1859) известен как интеллектуал эпохи Токугава и непрямой идейный вдохновитель реставрации Мэйдзи путем обучения лоялистов, самураев-патриотов, которые поддержали восстановление власти императора. Но его внимание к важности географии также заслуживает упоминания. Он оставил потомкам высказывание, которое часто приводится

---

[18] Нобуко Тоёсава посвятила географическим штудиям Сиги и их влиянию на проект национального строительства Японии целую познавательную главу. См. «Geography of a Divine Nation» в [Toyosawa 2019: 215–256].

в позднейших географических трудах: «Вне земли нет человека, вне человека нет ничего; те, кто хотят делать дела человеческие, сначала должны понять географию (*тири*)»[19].

Хотя Сёин остался в истории по большей части как энтузиаст военной науки и патриот, превозносивший уникальность Японии, его внимание к «логике земли» — буквальному значению слова *тири* — основывалось на искренней заботе не только о целостности территории, но также о людях, которые ее населяли. Он внимательно наблюдал за страной, в которой жил. Путешествуя в 1852 году по северу Хонсю на протяжении четырех месяцев, он тщательно записывал в дневник все увиденное. Главной его заботой была морская оборона, следствием чего являлась необходимость понимания топографии побережья, по которому он на протяжении дней путешествовал пешком или верхом. Сёин изучал также землепользование и судьбу крестьян. Как он писал: «По пути из Уэды в Сиракаву высятся горы... этот пейзаж подходит рисующему тушью, но сколько мук он доставляет тем, кто занимается шелководством!»[20]

Страсть Сёина к путешествиям и наблюдениям сопровождалась его интересом к литературе. Многие географические познания он почерпнул из «Иллюстрированного трактата о морских княжествах» («Хайгуо тучжи»), перевода китайской книги Вэй Юаня (1794–1857), ученого династии Цин, которую тот написал между 1844 и 1852 годами перед Первой опиумной войной. Этот труд, изначально созданный по приказу высокопоставленного императорского чиновника Линь Цзэсюя (1785–1850), содержал в себе подробную информацию как и о Восточном, так и о Западном полушариях. Отчасти он был создан на основе западных географических трактатов, которые Вэй в значительной мере дополнил информацией об истории разных стран. Такое сочетание географии и истории помогло «Трактату» сыграть главную роль в качестве основы гуманитарной географии в Восточной Азии эпохи модерна.

---

[19] Цит. по: [Одакэ 1983: 16].
[20] См. [Одакэ 1983: 17].

Хорошо известно, что «Трактат» оказал огромное влияние на японских интеллектуалов, которые очень хотели познакомиться с европейским проникновением на приморские азиатские территории; в числе этих интеллектуалов были Сёин и политический реформатор Ёкои Сёнан (1809–1869) [Leonard 1984: 7][21]. Но этот труд также заслуживает внимания по причине демонстрируемого им маршрута распространения интеллектуальных знаний. Хотя модернизация Японии зависела от прямого импорта науки, в том числе и географии, с Запада, вместе с тем существовал и непрямой путь такого импорта через Китай. И этот момент имеет значение, поскольку, как утверждает Джейн Леонард, «"Трактат" был задуман и создан в рамках традиции», а его содержание отражало укоренившиеся в Китае геополитические идеи о мире морей [Leonard 1984: 7].

На протяжении веков традиционное географическое описание развивалось как особый поджанр китайской литературы. Как и в случае с *фудоки*, объектом такого описания был широкий круг практических вопросов, от истории и топографии до местных обычаев, политики и экономических условий [Leonard 1984: 94]. Именно этот формат предпочитал и Вэй Юань, который, в соответствии с другим китайским обычаем, уделял особое внимание политической истории, отражая последовательные изменения, которые имели место в различных регионах. Будучи озабочен военно-морской мощью и амбициями Запада в отношении Китая, он предлагал изучение мира морей, которое оказало бы помощь государственному управлению. Из чего можно сделать вывод, что с точки зрения Вэя географ — это некто, поставленный перед практической задачей оценки изменений на протяжении времени, политического поведения и условий в каждом регионе с тем, чтобы проанализировать возможные последствия этого для военно-морской политики Китая [Leonard 1984: 103].

Интерес Ёсиды Сёина к географии становится еще более понятным в связи с осознанием скрытых целей, которые преследовал Вэй, составляя свой «Иллюстрированный трактат о морских

---

[21] См. также [Cobbing 1998: 16–17].

княжествах». Оба этих исследователя хотели сохранить независимость своих стран. Проблемы, с которыми они столкнулись, оказались связаны не только с геополитикой, но также и с главным вопросом гуманитарной географии: как люди взаимодействуют с ценными ресурсами, например землей и водой, и борются за них. Годы *бакумацу* стали временем значительных политических потрясений, отчасти по причине масштабной угрозы, которую представляли собой западная наука и обеспечиваемое ей военное преимущество. Но влияние «Трактата» в Японии показывает, что одной из попыток ответить на эту угрозу стали принципы гуманитарной географии, которые вырабатывались путем соединения западных знаний и восточноазиатских традиций.

Японский интеллектуал-просветитель Фукудзава Юкити (1835–1901) предложил иной географический ответ на угрозу западного доминирования. Ему приписывается заслуга знакомства общественности с первым систематическим изложением всемирной географии, в котором он также обосновал и необходимость модернизации. С уходом частичного изоляционизма в прошлое географические труды Фукудзавы стали выходить один за другим. Три издания бестселлера «Положение дел на Западе» («Сэйё дзидзё») в 1866, 1868 и 1870 годах[22], а также вышедшие в 1869 году «Достоверное знакомство со странами мира» («Сётю банкоку итиран») и крайне популярная книга «Стихи с названиями всех стран мира» («Сэкай кунидзукуси») иллюстрировали необходимость широкого распространения новых доступных сведений. Главными источниками вдохновения для написания этих книг служили английские и американские учебники географии [Takeuchi 2000: 7; Craig 2009: 33–34]. А кроме того, впервые более чем за два века туда вошел и авторский опыт — еще до реставрации Мэйдзи Фукудзава принял участие в длительных заграничных миссиях[23].

---

[22] Для Фукудзавы Запад состоял из Японии, в том числе России, и Соединенных Штатов. См. даты публикации в [Blacker 1983].

[23] Фукудзава был в составе первого японского посольства в США в 1860 году, первого японского посольства в Европе в 1862 году и снова вернулся в США в 1867 году.

Кроме огромного массива информации о разных странах, в который входили сведения из физической географии и наблюдения о различных сторонах жизни, в этих работах рассматривалась идея универсального человеческого стремления к прогрессу. Принудительное внедрение Фукудзавой понятия «этапов» цивилизации, от «варварских» до «просвещенных», и его горячее желание достижения Японией более высокого положения на цивилизационной лестнице сделались почти легендарными. Подобный дискурс находился в центре движения *буммэй кайка*, которое оказывало поддержку модернизации Японии на раннем этапе. Но роль географических знаний в обосновании такой точки зрения интересна сама по себе.

Всемирная география оказалась для Фукудзавы возможностью оценки достижений Японии в простом и понятном формате. С этой целью в его текстах употреблялись многочисленные сравнения. В небольшом сборнике «Договор из 11 пунктов» («Дзёяку дзюиккакокуки»), опубликованном в 1867 году, Фукудзава подчеркивал факт в целом соразмерно высокой плотности населения Японии в глобальном масштабе, сравнивая общую площадь страны с мировой и оценивая распределение населения. Он также считал довольно скудные условия жизни в Японии не проклятием, а доказательством ее ценности [Одакэ 1983: 18].

Таким образом, для классификации других стран и направления собственной на путь прогресса и просвещения, исключавший модернизацию по незападному типу, Фукудзава опирался на прямые, линейные и эволюционные понятия. Он отказался от анализа региональных различий в пользу демонстрации будущей возможности продвижения вперед. С точки зрения географии он, таким образом, избегал ловушки детерминизма, понятия, которое рассматривает человеческие сообщества как предрасположенные в силу особенностей окружающей среды к определенным паттернам культурного и общественного развития. В географическом детерминизме, который доминировал в науке, особенно в Германии, на протяжении нескольких десятилетий с конца XIX века и иногда называется энвайронментализмом, социал-дарвинизм сочетался с географией. Это течение еще окажет огромное развитие на распространение в Японии академической гуманитарной географии [Nozawa 2000: 84].

Однако для Фукудзавы география представляла собой прежде всего идеальную среду для распространения новых идей о месте Японии в мире. И формат, и охват его работы «Достоверное знакомство со странами мира» демонстрировали то, чего хотел достичь Фукудзава, поскольку эта книга была написана с целью решения задачи внедрения географических фактов в юные умы. Каждая из шести глав этого труда, предназначенного детской аудитории, содержала облеченные в форму традиционных стихотворений описания, которые легко запоминались. Книга прямо говорила о важности запоминания географических фактов, как о чем-то, к чему необходимо возвращаться снова и снова, даже если все остальное забудется [Одакэ 1983: 18]. Через несколько лет после публикации этой книги ее изучение включили в программу начальных школ.

Последнюю часть труда, которая называлась дополнением, Фукудзава посвятил краткому объяснению значения географии, разделяемой на три субдисциплины: астрономию, физическую географию и политическую географию. Последняя в целом была подобием гуманитарной географии и представляла собой ключ для расшифровки *буммэй кайка* [Фукудзава 2002: 144]. В интонациях Фукудзавы ощущался энтузиазм, а в его подходе — новизна и оригинальность. Гуманитарная география являлась для него наукой о повседневной жизни и имела прагматические цели. Она учила жить, и это подразумевало как внедрение моральных установок, так и представление конкретных способов жизни в эпоху модерна.

В своей работе Бретт Уолкер яростно критикует Фукудзаву, обвиняя его в «педантических проповедях о модерности, завоевании природы и продвижении предпринимательства», и поэтому считает его «интеллектуально вовлеченным в отравление архипелага токсинами» [Walker 2010: 107]. При этом он отдает дань благородству Танаки Сёдзо, посвятившего бо́льшую часть своей жизни проповеди более сбалансированного и устойчивого существования в природе и рядом с ней. Но подобные вердикты легко выносить после того, как все уже давно закончилось. Более важно, что и Фукудзава, и Танака были озабочены спасением человечества во время кризиса — угрозы иностранного владычества с точки зрения первого и опасности промышленного загрязнения с точки зрения второго — и оба пытались найти ответ с помощью теории и практики географии.

Хотя Уолкер был прав, увязывая вестернизацию с загрязнением окружающей среды, суровое осуждение им Фукудзавы тем не менее не проясняет характеристики того течения географии, сторонником которого тот был. Как убежденный энтузиаст модернизации, Фукудзава предпочитал работать с иностранными источниками и интерпретировал их содержание из расчета острой необходимости, на которую нужно было отреагировать дома. Первыми такими источниками стали американские учебники по географии середины XIX века, в которых определялись этапы развития общества и понятия «цивилизованного» и «просвещенного» [Craig 2009: 33]. Такая цивилизационная схема основывалась на темпоральных соображениях и навязывала описания в стандартах историзма. Ей были чужды пространственные соображения, лежащие в основе синоцентричной системы данников, к которой долгое время, по крайней мере концептуально, относилась и Япония. Статичная иерархия стала динамической.

Также необходимо рассмотреть и предположения, имплицитно присутствующие в гуманитарной географии Фукудзавы. Хотя его подход был прагматическим и по большей мере концентрировался на человеческой деятельности, связанной с поверхностью земли, в его видении люди были включены, скорее, в категорию нации, в результате чего они оказывались отданными на милость траектории движения государства, которая не рассматривалась в контексте их тесных взаимоотношений с землей во всем их разнообразии и конкретности. Как «низовой» географ Танака, известное высказывание которого гласило «убить людей — убить нацию» [Strong 1977: 119], стоял за более «человеческое» понимание географии.

География, модерность и религия

Благодаря началу издания специализированных журналов, ad hoc институций и государственному контролю над школьной программой, после реставрации Мэйдзи география постепенно утвердилась в качестве полуакадемической, поддерживаемой государством дисциплины. Определенную роль в этом отношении сыграл также основанный в 1876 году на Хоккайдо Сельскохозяйственный колледж в Саппоро[24]. Правительство Мэйдзи создало этот колледж, ныне известный как факультет сельского хозяйства Университета Хоккайдо, с целью ускорения модернизации и поддержки развития Хоккайдо. В нем работали преподаватели-американцы, самый известный из которых, Уильям Смит Кларк из Массачусетского сельскохозяйственного колледжа, преподавал там в 1876 и 1877 годах всего на протяжении восьми месяцев, однако его духовный настрой оставил сильное впечатление у тогдашних студентов и тех, кто их потом сменил. В сравнении с нацеленными на преподавание научных и практических дисциплин схожими институциями Японии, колледж в Саппоро также предоставлял прекрасное общее образование с акцентом на изучение гуманитарных наук. Обучение также пронизывал сильный христианский этос, оказавший впоследствии влияние на религиозные убеждения многих студентов[25].

Заметный след в области географии оставили по крайней мере три выпускника колледжа Саппоро: Сига Сигэтака (1863–1927), Нитобэ Инадзо (1862–1933) и Утимура Кандзо (1861–1930). После выпуска все они поспособствовали внеакадемическому развитию дисциплины. Сига, выпускник 1884 года, оказался самым известным среди них как географ. Плодовитый автор, он создал цикл лекций по географии, а также издал свои путевые дневники. В 1889 году он опубликовал ориенти-

---

[24] Колледж был основан в 1875 году как Школа Саппоро, и год спустя переименован в Сельскохозяйственный колледж Саппоро.

[25] См. [Willcock 2000: 984, 1013].

рованное на неспециалистов масштабное эссе, «Тиригаку коги» («Лекции по географии»), которое в дальнейшем неоднократно переиздавалось с дополнениями. Сига также выступал и в качестве политического комментатора, более всего в журнале «Нихондзин» («Японцы»), основанию которого в 1888 году он способствовал[26]. Двойственное мнение Сиги по поводу стремления Японии к модернизации отразилось в его активной позиции по отстаиванию вышеупомянутого понятия национального духа (кокусуй), особенно в тексте 1894 года, «Нихон Фукэйрон» («Ландшафт Японии»).

Его скептическое отношение к неприкрытой вестернизации также основывалось на довольно сложном представлении о месте Японии в мире с точки зрения географии. В отличие от большинства своих современников, Сига путешествовал по южной части Тихого океана, посетив в 1886 году Каролинские острова, Австралию, Новую Зеландию, Гавайи и Фиджи. Это путешествие привело к публикации в 1887 году книги «Нанъё дзидзи» («Современная ситуация в Южных морях»), которая оказалась не просто еще более ранним экскурсом в область географических соображений, но также и завуалированным предостережением о том, что Япония пренебрегает стратегической важностью региона [Schencking 2005: 39–41]. Сига наблюдал обратную сторону западной цивилизованности, которая выражалась в подчинении и ассимиляции британцами новозеландского племени маори. Он сделал вывод, что Япония должна выработать свой способ противостояния слепому копированию западных обычаев [Gavin 2001: 57, 103]. Как предположила Нобуко Тоёсава, география являлась для Сиги инструментом усиления влияния страны в эпоху империализма. Она помогала ее жителям защитить ее территорию от внешних опасностей [Toyosawa 2019: 235].

Нитобэ Инадзо, известный экономист сельского хозяйства, деятель образования, дипломат и писатель, закончил колледж

---

[26] В 1902 году журнал сменил название на «Нихон оёби нихондзин» («Япония и японцы»).

в Саппоро за несколько лет до Сиги, а также принял там христианство в его протестантской версии. Религиозное вдохновение дало Нитобэ возможность воспринимать себя в качестве проводника перемен и популяризатора Японии за границей[27]. Менее известно, что некоторое время он также серьезно занимался географией. В 1910-х годах Нитобэ вместе с Янагитой Кунио проводил регулярные встречи (кёдокай 郷土会), на которых проходили доклады и обсуждения сельскохозяйственных традиций и деревенской жизни в разных областях страны. Участники этих встреч были знакомы с западными географическими методами и применяли их к местным общественным, культурным и экономическим условиям. Их труд помог обнаружить новые сферы исследования с учетом аспектов гуманитарной географии, например морфологию поселений [Takeuchi 2000: 16].

Будучи неакадемическими географами, и Нитобэ, и Сига генерировали интригующие географические идеи, оказавшие влияние на дисциплину в середине и во второй половине эпохи Мэйдзи: Сига проявил себя как энтузиаст — проповедник географии, подчеркивавшей особенности Японии, а Нитобэ — благодаря связям с Янагитой и развитием фольклористики. Однако несмотря на то, что в своей деятельности они в целом избегали институциональных путей распространения географических знаний, и тот, и другой в целом придерживались правительственной линии. Историки с трудом могут отличить мысли Сиги от латентного национализма, который в конце концов, несколько десятилетий спустя вдохновит японский экспансионизм и войну[28]. Кроме того, довольно трудно проиг-

---

[27] Подобный этос стоял и за публикацией на английском в 1900 году книги Нитобэ «Бусидо: душа Японии», посвященной трактованию японской культуры и повышению международного влияния глубоко укорененных самурайских ценностей. Нынешние ученые охотно считают, что книга наполнена изобретенными традициями.

[28] Однако некоторые историки отрицают националистические побуждения Сиги или указывают на изменение в его мышлении, которое демонстрирует, что в поздние годы тот был склонен к международному сотрудничеству. См. [Gavin 2001; Nozawa, Takeuchi 1988: 64].

норировать искреннюю поддержку, которую Нитобэ выказывал колониальной политике Японии[29].

На фоне этих двоих выделялся Утимура Кандзо, журналист, преподаватель, сторонник социализма и ревностный христианин, цельность принципов и действий которого оставила заметный отпечаток на идеологическом ландшафте эпохи. Отказ Утимуры в январе 1891 года поклониться на школьном собрании копии императорского рескрипта об образовании, потому что это противоречило его христианским убеждениям, и его последующее увольнение с должности учителя только подчеркивали силу характера этого человека, равно как и его участие в начале 1900-х годов в деятельности «нецерковного движения» (*мукё-кайсюги*) — школы христианства, которая отрицала институциональную принадлежность, ритуалы и религиозные образования и получила ограниченную, но долговременную популярность как форма истинно японского христианства [Caldarola 1973: 506]. Его философию определял также и международный пацифизм.

Утимура, выпускник колледжа 1880 года, оказался также настроен по отношению к японскому экспансионизму куда более скептически, чем Сига и Нитобэ, хотя его несогласие проявилось только после японо-китайской войны (1894–1895). Ко времени Русско-японской войны (1904–1905), будучи в открытой оппозиции к конфликту, он вместе с группой левых журналистов, во главе которых стоял харизматичный Котоку Сюсуй (1871–1911), оказался на стороне «пацифистского движения» (*хисэн ундо*)[30].

---

[29] См. [Nitobe 1912: 347–361].

[30] Понятие «пацифистское» является устоявшимся переводом *хисэн* (非戦), буквально — «невоенного» движения. Оно отличается от «антивоенного» (*хансэн* /反戦) и использовалось только в годы Русско-японской войны. О значимости «пацифистского движения», противопоставленного «антивоенному движению», см. в [Konishi 2013a: 142–208]. Кониси определяет Русско-японскую войну как главный момент идеологического формирования конкурирующих видений мира, базирующегося на человеческих отношениях, в отличие от имплементации мирового порядка, базирующегося на отношениях между национальными государствами.

Еще одним влиятельным членом группы был Исикава Сансиро. Но интерес Утимуры к географии возник еще до указанных событий, и мировоззрение, которое он выработал в процессе обучения, подготовило почву для формирования в начале XX века «низовой» географии.

Главные географические идеи Утимуры изложены в его труде «Тиригакуко» («Размышления о географии»), который он закончил в апреле 1894 года, перед самым началом японо-китайской войны. Во втором издании 1897 года работа получила новое название «Тидзинрон» («Взгляды на землю и человека»), под которым она будет упоминаться и далее. Во вступлении к ней в качестве своего главного вдохновителя Утимура упомянул Арнольда Гийо (1807–1884) как главный источник вдохновения. В 1849 году этот швейцаро-американский географ написал на основе цикла лекций, прочитанных им в Бостоне перед широкой аудиторией в том же году, книгу «Земля и человек, или Сравнительная физическая география в связи с историей человечества» [Утимура 1971: 324]. Утимура познакомился с работами Гийо во время обучения в Амхерстском колледже в Нью-Гемпшире в середине 1880-х. Кроме Гийо, он также задействовал в своей работе длинный список западных исследователей, в который вошла целая плеяда философов и географов конца XVIII — начала XIX века, в числе которых были Карл Риттер (1779–1859), Джордж П. Марш и Фридрих Гегель (1770–1831), и в котором были также упомянуты Чарльз Дарвин (1809–1882), Элизе Реклю, Александр фон Гумбольдт (1769–1859) и Дэвид Ливингстон (1813–1873) [Утимура 1971: 324–325].

С самого начала в труде Утимуры отчетливо звучало неограниченное восхищение автора предметом своего изучения, особенно той ролью, которую география играла в формировании взгляда на мир. В соответствии со своими религиозными убеждениями, Утимура преклонялся перед трансцендентностью и красотой окружающей среды и объявлял географию главным средством вдохновения. Он утверждал, что «если мы достаточно искренни, чтобы желать правды, то география предстает песнью любви, философией гор и рек, пророчеством, написанным рукой

Создателя»[31]. Он видел географию как модус исследования, важный для всего и всех: «если мы ничего не знаем о Земле, мы не поймем Рай» [Утимура 1971: 326]. Более того, Утимура выходил за пределы исключительно религиозного содержания дисциплины, утверждая, что «на самом деле география — корень всего учения» [Утимура 1971: 326].

Великолепные ландшафты Хоккайдо и Нью-Гемпшира, в которых Утимура провел так много времени, способствовали выработке у него чувства смирения перед миром природы, а в отношении каких-то вещей даже и возвышенный романтизм. При этом природа служила ему также и источником откровения. Она давала людям уроки понимания человечности. Например, Утимура размышлял о том, что изучение кристаллов может помочь пониманию человеческой жизни, поскольку они бессловесно свидетельствовали о ее подлинности[32]. Знакомство студентов Сельскохозяйственного колледжа в Саппоро с естественными науками поощрялось, и следы этого заметны и в книге «Тидзинрон», наполненной чувством удивления сложностью и взаимосвязью природных явлений.

Представление о мире природы как об источнике этических знаний о людях не является новым, поскольку оно давно известно по конфуцианской философии. А вот идею понятийной связи географии и всемирной истории Утимура заимствовал у Гийо и из других работ. Он довольно наивно выражал эту мысль путем утверждения, что география — это сцена, а история — пьеса. Схожая идея присутствовала и в работах Гийо [Утимура 1971: 333; Guyot 1871: 30]. Однако приведенным выше утверждением Утимура хотел также представить свое видение географии как интерпретативной науки, которая не просто описывала происходящие на Земле явления, но и исследовала и изучала их причины и последствия во времени с точки зрения как физической, так и гуманитарной географии. Тем самым это видение представляло собой как отход от традиции *фудоки* — поскольку уже не удовлетворя-

---

[31] Цит. по: [Сайто 1991: 412].
[32] Цит. по: [Сайто 1991: 409].

лось простым перечислением объектов, — так и поддержку холистической природы утверждаемого им знания — как оправдание совокупного историко-географического подхода.

Вне всякого сомнения, смена названия книги Утимуро в ее втором издании на «Тидзинрон» имела смысл. Это название открыто выражало саму суть гуманитарной географии и то, чему был посвящен сам труд: взаимное влияние человека на Землю и Земли на человека. Например, Утимура утверждал, что человек не раб природы, но при этом он всегда пользовался свободой воли, чтобы навязывать ей изменения, прорывая сквозь холмы тоннели и меняя русла рек [Утимура 1971: 333]. Он подчеркивал, что «люди меняют землю и меняются благодаря ей. История страны — результат этого взаимодействия» [Утимура 1971: 334]. В этом смысле он пошел дальше Гийо, больше озабоченного влиянием природы на человека, чем динамическим взаимодействием [Lowenthal 1960: 415].

Однако совершенно очевидно, что «Тидзинрону» не удалось избежать детерминизма как географического объяснения исторических процессов. Вслед за Эдвардом Августом Фриманом (1823–1892) Утимура объяснял возникновение греческой цивилизации следующим образом: другие люди не смогли бы сделать в Греции то, что сделали греки, а сами греки не смогли бы добиться подобного величия в другой стране. Но и земля, и народ подходили друг другу, и это стало основой упомянутого величия [Утимура 1971: 334].

Детерминизм такого рода был связан с религиозным понятием телеологической гармонии, встречающимся в работах немецкого географа Карла Риттера, с которыми был знаком Гийо. Для обоих великий замысел Творца представлял собой главную причину существования всего сущего. Таким образом, благороднейшая цель географии заключалась в том, чтобы «изучать чудесные гармонии природы и истории» [Lowenthal 1960: 415]. Как и Фукудзава Юкити, Утимура верил в историческое предназначение мира, которому соответствовало линейное цивилизационное развитие, однако, в отличие от Фукудзавы, он объяснял это предназначение географическим детерминизмом. По его словам, Провидение указало каждому региону мира свою собственную цель, достижению которой способствовали созданные Богом природные условия. Так, природные условия Европы помогли развитию в ней небольших политических формирований, поощряя тем самым конкуренцию среди людей, а следовательно, и лучшее их развитие [Утимура 1971: 362–375][33].

В этом плане японский христианин точно следовал идеям Гийо, чье осознание белой расы как «самой лучшей по строению и уму» завершало картину [Guyot 1871: 292]. Утимура соглашался с концепцией раздельного существования Запада и Востока и с движением цивилизации из Восточной Азии на Запад в Европу, а потом и в Америку. Движение на Запад помогло распространить там христианство, следующей целью которого, с точки зрения Утимуры, была Япония. В «Тидзинроне» открыто говорилось о призвании Японии, обусловленном ее географическим положением на «восточном краю континентальной массы Запада» и «северо-западной части Тихого океана» [Утимура 1971: 399]. Она обязана была стать мостом между Востоком и Западом, следующим проводником цивилизации.

Несмотря на детерминистское понимание Утимурой географии и его ориентацию на западные источники, в «Тидзинроне» поднимались важные вопросы не только о месте Японии в современном мире, но также об обязанностях человека перед Землей. Несмотря на приписываемую Утимурой Японии роль посредника между этапами цивилизации, его видение оказалось куда шире простого эссенциалистского взгляда на нацию. Он верил, что география предлагает не концентрацию на государственных границах, а путь развития всемирного мировоззрения, побуждая читателей его книги рассматривать мир как универсальную сферу всеобщего братства (*хакуай* 博愛), а не мозаику конкурирующих между собой стран [Утимура 1971: 330–331].[34] Он считал, что долг человека заключается в созидании безграничного, взаимосвязанного мира. В этом смысле Русско-японская война, противником которой вскоре окажется Утимура, отрицала само

---

[33] См. также [Racel 2011: 164].
[34] См. также [Утида 1991: 139–140; Цуруми 2002: 74–75].

понятие *тидзинрон*. Похоже, он пришел к этому заключению благодаря активному изучению географии.

21 апреля 1901 года Утимура направился в город Асикага в префектуре Тотиги для изучения подвергшихся загрязнению в результате деятельности рудников местностей, в том числе деревни Янака и района реки Ватарасэ. Вскоре в газете «Ёродзу Тёхо» («Утренние новости») появилась серия из четырех статей, в которой он выражал злость и недоверие к оценке масштабов вреда, нанесенного деревенским жителям и их земле по причине плохого управления рудником Асио [Утимура 1908: 277–299]. Усиление милитаризации страны, особенно после первой японо-китайской войны, привело к наращиванию производства меди, что, в свою очередь, по цепочке причин и следствий принесло бедствия огромной части региона Канто. Как и Танака Сёдзо, который яростно выступал в том году за права жертв катастрофы, Утимура немедленно увязал их незавидную участь с военными амбициями Японии и, по его мнению, безответственными действиями властей. Он также негодовал по поводу стремления к роскоши одного человека, хозяина рудника Фурукавы Итибэя, ведь эта роскошь должна была оплачиваться слезами тысяч людей [Утимура 1908: 277–299; Фудзии 2012: 28].

Важно, что и особое географическое мировоззрение Утимуры также нашло выражение в дискуссиях, последовавших за катастрофой на руднике в Асио. 30 апреля он написал:

> В мире существуют многообразные бедствия, подобные землетрясениям, цунами и наводнениям; они не отличаются друг от друга, ибо они не из тех, с которыми трудно свыкнуться. Самые тяжелые бедствия происходят не сами по себе, но создаются людьми. Природные бедствия неизбежны, рукотворных же можно избежать. Загрязнение отходами рудника влияет и на следующие поколения и приводит к неописуемым бедам [Утимура 1908: 289–290].

Произошедшая на рубеже веков катастрофа на медном руднике в Асио ясно продемонстрировала опасности игнорирования внутренней логики природы. Но только низовым географам довелось обнаружить и артикулировать эти опасности так, чтобы донести их до всех. Загрязнение не просто затрагивало один регион. Оно касалось и государства, и человечества в целом [Утимура 1908: 292]. Таким образом, и Танака, и Утимура предупреждали об антропоцене.

География человеческой жизни

Чуть менее чем через десять лет после публикации «Тидзинрона» Утимуры Кандзо Макигути Цунэсабуро (1871–1944) нашел в географии ряд других ответов на некоторые удручающие вопросы эпохи. В 1903 году он завершил, возможно, один из самых недооцененных текстов интеллектуального ландшафта Японии начала XX века «Дзинсэй тиригаку» (人生地理学, «География человеческой жизни»). Этот огромный — объемом около тысячи страниц — трактат о гуманитарной географии обогатил эту дисциплину множеством новых подходов. К 1914 году вышло 11 изданий этого трактата, и некоторые свидетельства утверждают, что по крайней мере до 1909 года его активно читали учителя и другие представители сферы образования [Takeuchi 2000: 116].

Макигути родился в префектуре Ниигата, и в 13 лет переехал в город Отару на острове Хоккайдо, где несколько лет служил посыльным в местном полицейском отделении. Поступив в Учительскую семинарию Хоккайдо, колледж, который готовил для префектуры учителей, закончил ее в 1893 году, сдав сложные экзамены в течение рекордного времени. После этого он работал учителем начальной школы и преподавал в семинарии в Саппоро. В 1901 году по неясным причинам он уехал в Токио и начал работать над своим географическим опусом, одновременно и постоянно испытывая финансовые трудности[35]. Другими словами, он не принадлежал к влиятельным кругам ни в сфере об-

---

[35] Макигути мог оказаться втянут в студенческий протест против репрессивной политики обучения в Учительской семинарии и уйти в отставку в знак солидарности. См. [Сайто 1989: 765].

разования, ни где-либо еще, однако очевидно, что его будоражило ощущение неотложности в отношении производства географического знания.

Зарождавшееся в то время академическое сообщество не особо оценило идеи Макигути после публикации «Дзинсэй тиригаку», несмотря на новые мысли и ранее невиданную глубину предпринятого им анализа дисциплины. Японские ученые вернулись к трактату только в 1970-е годы, после нескольких десятилетий пребывания его в забвении [Takeuchi 2000: 112; Окада 1994: 197–198]. Географические достижения Макигути, вероятно, оказались в тени его статуса человека, основавшего в 1930 году популярное буддистское светское движение Сока Гаккай, которое ныне пользуется международной известностью[36]. Равным образом на это повлияла и его гибель от старости и неполноценного питания после годичного заключения в тюрьме в 1944 году, куда он был отправлен под официальным предлогом отказа следования принципам государственного синто[37]. Однако историки и современники вполне могли не обращать внимания на его труды по причине наличия там неконвенциональных понятий и статуса Макигути как академического аутсайдера.

Наряду с Янагитой Кунио Макигути занимает место в списке ученых *минкангаку*, составленном историком культуры Кано Масанао, с которым он связан в контексте *кёдокай* и краеведческой географии. Бесспорно, в начале XX века «Дзинсэй тиригаку»

---

[36] На английском существуют фрагменты переводов «Дзинсэй тиригаку» и связанных с этим трактатом научных работ, но многие труды, посвященные Макигути, освещают его роль и мировоззрение в качестве основателя Сока Гаккай и тем самым лишены строгости изложения. Однако издание под редакцией Дейла Бетеля в целом дает представление о содержании трактата. См. [Makiguchi 2002]. О роли Макигути в основании Сока Гаккай см. в [McLaughlin 2019].

[37] Вопрос о том, поддерживал ли Макигути экспансионизм и военные действия Японии или нет, является предметом бурных научных споров. Виктория Брайан, в частности, категорически уверена, что оппонентом довоенной имперской идеологии Макигути считают ошибочно. См. [Brian 2015: 72–91].

существенным образом повлиял на развитие японской местной географии. Сомнительно, что на нескольких страницах можно описать весь охват и оригинальность данного труда, тем не менее стоит подчеркнуть ряд его главных особенностей с тем, чтобы набросать контуры того, что представлялось в то время неортодоксальным географическим подходом.

Само название книги было необычным и даже приводило тогдашних академических географов в недоумение. Понятие *дзинсэй*, «человеческая жизнь», было чересчур уж простым для обозначения дисциплины, особенно в силу того, что понятия *дзимбун* или *дзиммон* (гуманитарные науки) и *дзинруй* (человечество) уже использовались в академических кругах для обозначения общественной и антропологической географии соответственно [Takeuchi 2004: 113]. Однако главной для Макигути была прежде всего человеческая жизнь во всем ее разнообразии. По его определению, география «жизни» должна была создавать корпус «систематических знаний об отношениях между природными явлениями и явлениями повседневной жизни, распространенными на поверхности Земли» [Макигути 1976 [1908]: 41, 1065].

Его выбор понятия *дзинсэй* коренился в убеждении, что география должна объяснить, а не описывать значение Земли для человеческой жизни. Для достижения этой цели — тогда Макигути выступал и мыслил прежде всего как учитель — необходимо понимание, которое развивается из наблюдения за проживаемыми людьми реальностями. Иными словами, задача географов заключалась в дедукции динамики взаимоотношений между человеком и природой путем «картографии разных творческих и осмысленных способов, которыми люди могут взаимодействовать с тем, что их окружает» [Goulah, Gebert 2009: 119]. Таким образом, географические исследования должны были проливать свет на многообразие человеческой деятельности во всех ее региональных различиях и на различных стадиях исторического развития.

В этом случае проживаемые людьми реальности включали в себя общественные, экономические и политические аспекты жизни сообществ по всему миру[38]. Макигути в равной степени желал исследовать как высоту ферм мостов в порту Антверпена, так и разведение шелковичных червей в сельскохозяйственных сообществах Японии и различные виды пчел в колониях [Макигути 1976 [1908]: 627, 629]. Важно также, что в своем понимании взаимодействия между человеком и природой он уделял существенное внимание понятию места. Вместо того чтобы рассматривать ограничения, которые накладывают на человеческую деятельность физические условия, он изучал значимость, которую люди обнаруживают и придают тому, что их окружает, и которая меняется от места к месту и от эпохи к эпохе [Takeuchi 2004: 121]. Таким образом, он предвосхитил интерес к понятию места, который породил в начале 1970-х отдельную ветвь гуманитарной географии[39].

Открытость Макигути разнообразию проживаемых людьми реальностей помогла ему предвидеть значимость места на разных уровнях его доступности и масштаба, от местного до регионального, как по всей Земле, так и в Японии. Например, его интересовали умонастроения айнов, которые не теряли привязанности к своей родине, даже после того, как в начале 1880-х годов японские власти вынудили их переехать с маленького и негостеприимного острова Сумсю в гряде Курильских островов [Макигути 1976 [1908]: 13]. Также он рассматривал и роль рек в развитии цивилизаций прошлого и будущее взаимодействие ценностей Востока и Запада [Макигути 1976 [1908]: 1047–1057]. Он также весьма по-буддистски полагал, что маленький клочок земли поблизости может много рассказать о значительных явлениях, которые воздействуют на Вселенную [Макигути 1976 [1908]: 19]. Суть этого тезиса заключалась не столько в описании

---

[38] Кэйити Такэути указывает, что экономическая, социальная и политическая география находилась в то время за пределами четко очерченной области гуманитарной географии, поэтому «Дзинсэй тиригаку» оказалась в этом плане основополагающим трудом. См. [Takeuchi 2004: 120].

[39] Понятие места как несокращаемого компонента человеческого опыта, в частности, развивалось И-Фу Туан. См. [Tuan 1974].

возможностей индукции, сколько в обнаружении связи между всеми явлениями планеты.

Отнести Макигути к определенному идеологическому течению того времени нелегко, так как он легко сходился с разнообразными лицами и группировками, не разделявшими одни и те же политические убеждения. В процессе написания «Дзинсэй тиригаку» он консультировался со своим старшим коллегой Сигой Сигэтакой, который выступил в роли наставника и редактора, а также написал предисловие. Некоторые комментарии о красоте и уровне развития Японии, «которая выражала дух (*суй* 粋) восточных культур», явно принадлежат Сиге [Макигути 1976 [1908]: 1059]. С другой стороны, Макигути, по всей видимости, был близок к недавно основанной социалистической организации «Хэйминся» («Общество простого народа» 平民社). После публикации «Дзинсэй тиригаку» положительная рецензия на эту работу появилась в «Хэймин симбун» («Народной газете»)[40]. Критика империализма, которую можно найти в трудах Макигути, до какой-то степени совпадала со взглядами на этот вопрос Котоку [Макигути 1976 [1908]: 887]. Сложности добавляет и явно вызванный империализмом резкий поворот Макигути в его поздние годы к воинствующему буддизму.

Как бы то ни было, разнообразие источников, используемых Макигути в «Дзинсэй тиригаку», создает идеологический клубок, распутать который исследователю довольно трудно. Макигути использовал в своей работе огромное количество переводной западной литературы — отчасти его вдохновлял и Карл Риттер, — сведения из которой он дополнил собственными комментариями и информацией из местных источников. А связующей нитью для всего этого должно было стать убеждение в пользе географических знаний для охвата всей сложности жизни. Как и его предшественник Ёсида Сёин, Макигути искал, как объяснить в свете всей имеющейся в наличии новой информации механику взаимодействия человека с природой. И, подобно Сёину, чьи высказывания о роли гуманитарной географии он цитировал [Маки-

---

[40] См. [Окада 1994: 202]. О создании и целях «Хэйминся» см. в главе 2.

гути 1976: 16], путем созидания географического мировоззрения Макигути хотел найти способ выхода из того, что он воспринимал как кризис, или даже кризисы.

Что же могло сподвигнуть малоизвестного и скромного учителя на столь серьезные занятия гуманитарной географией, как не ощущение тревоги в связи с «веяниями времени» (*дзисэй* 時世)? Не кажется простым совпадением и то, что «Дзинсэй тиригаку» была написана в течение последней четверти периода Мэйдзи, значимого десятилетия, на протяжении которого активно накапливались вопросы о приоритетах государства. Многие критики не видели в этих приоритетах осознания всей ценности человеческой жизни. Начавшаяся в 1894 году первая империалистическая война Японии привела к гибели тысяч солдат, а к началу 1900-х стала очевидна подготовка страны к конфликту с Россией. Молодые женщины работали на текстильных фабриках в чудовищных, иногда губительных условиях. Жертвы, принесенные во имя медного рудника в Асио, приковали к себе всеобщее внимание и еще нагляднее продемонстрировали вред, оказывающийся следствием слепой веры в современные и никем не контролируемые способы производства.

Общество оказалось пронизано ощутимым беспокойством, вызванным господством рационалистских и научных течений, которые сторонники модернизации считали панацеей. Мыслитель Таока Рэйун (1870–1912) в своей серии статей «Хибунмэйрон» («Теория антицивилизации», 非文明論), опубликованной между 1900 и 1905 годами, порицал излишнюю уверенность современного общества в рациональности и эффективности как «изнанку прогресса» [Loftus 1985: 191–208]. Подобные ему скептики задавались вопросом, как западная наука могла полностью и в точности описать индивидуальный опыт, используя методы фрагментации реальности и разделения ее на мельчайшие составные части[41]. Подобное заявление, хотя и в других словах, позднее

---

[41] Рональд Лофтус описывает мировоззрение Таоки Рэйуна, цитируя заметки китайского интеллектуала Лян Цичао (1873–1929) о западной науке, как правдивой в том, что касается дел, но лживой в том, что касается реальности. См. [Loftus 2017: xxi].

сделал Мишель де Серто: «[...] остается только "движимое имущество" [...] или описательные схемы [...], в то время как те аспекты существования общества, которые не могут быть вырваны из среды и перенесены в другое место, — а именно способы использовать вещи и слова в зависимости от обстоятельств, — будут отброшены [наукой]» [де Серто 2013: 88]. Хотя де Серто имел в виду более конкретные антропологические исследования, это заявление является полным аналогом того, что можно сказать о методах науки модерна. Он был уверен, что такие научные практики упускают «повседневную историчность».

Таким образом, как и методологические установки, так и содержание «Дзинсэй тиригаку» служили ответом Макигути на то, что он воспринимал как многофакторный кризис, с которым в начале XX века столкнулась Япония. По крайней мере его географическое видение позволяет указать три направления, в которых следует двигаться. Во-первых, склонности современной науки противопоставлять частичные наблюдения и фрагментированный анализ — ее редукционистским тенденциям он противопоставил холистический исследовательский метод гуманитарной географии. Он выступал за науку модерна, но за ту, которая по определению занималась повседневностью и повсеместностью [Gregory et al. 2009: 223–225]. Если во времена публикации «Дзинсэй тиригаку» дисциплина географии в Токийском императорском университете все еще преподавалась на факультете геологии и была сосредоточена на физической географии, Макигути, как низовой ученый, ратовал за включение в охват собственного исследования «повседневной историчности»[42]. Таким образом, он принял участие в регуманизации науки.

Особое внимание, уделяемое Макигути понятию места, поднимает интересные вопросы в отношении философских установок дисциплины. Рассмотрение в «Дзинсэй тиригаку» всего разнообразия местных обстоятельств напоминает трехмерную

---

[42] Правда, что в Императорском университете Киото гуманитарной географии традиционно уделялось большее внимание, но в целом модернизаторы Японии больше надеялись на мудрость физической географии.

аксиому времени, места и статуса (*дзи-сё-и*) у Кумадзавы Бандзана, речь о которой шла в этой главе выше. Из этого следует возможная связь с японской мыслью раннего модерна. Более того, в географическом видении Макигути неявно отрицался темпороцентризм, и предпочтение отдавалось сдвигу фокуса от общего к частному[43]. У такого сдвига имелись последствия. Если смысл, который люди придавали определённым местам, формировался определенными обстоятельствами, то в таком случае философские основания для попыток эссенциализации такого места путем возвышения национальной территории до абстрактной единицы оказывались непрочными. Другими словами, в географии Макигути земля не наделялась абстрактными эстетическими или духовными качествами, которые отделяли бы ее от реальности человеческой жизни. Поначалу это все казалось политически довольно невинным по сравнению с понятием японского ландшафта у Сиги, или же понятием *фудо* (климата и культуры), которое в 1935 году сформулировал Вацудзи Тэцуро (1889–1960), увязывавший японскую культурную сущность с географическими особенностями [Harootunian, Najita 1989: 746][44]. Однако в контексте роста националистических настроений в 1930-е годы выбор между этими двумя представлениями оказался весьма важен.

Убеждение Макигути в необходимости реформы начального и среднего образования дает возможность увидеть второе направление, в котором следует двигаться в условиях многофак-

---

[43] О темпороцентризме и забвении понятия места, вызванного мнимыми абсолютами времени и пространства, см., в частности, в [Casey 1997: ix–xv].

[44] Репутация Вацудзи как сторонника японского эссенциализма, впрочем, нуждается в уточнении. Нет сомнения, что понятие *фудо* характеризовало Японию как страну, наделённую особыми географическими условиями, но у Вацудзи оно трактовалось широко, и, кроме физических аспектов, таких как сводки погоды, включало в себя и общественную среду. Философ считал, что человеческое существование структурируется как пространственными, так и временны́ми условиями. Таким образом он подчеркивал взаимовлияние человека и среды, что, по его мнению, приводило к продолжительной эволюции обоих. Это основное предположение конфликтует с обычным эссенциализмом. См. [Berque 2011; Carter, McCarthy 2019].

торного кризиса, о котором говорил ученый. Он настаивал на методах наблюдения и дедукции — получения знания из опыта, что являлось формой протеста против образовательной политики мэйдзийского режима, в которой акцент делался на обучении методом зубрежки и программе, основанной на привитии нравственных ценностей подчинения императорской семье. После реставрации Мэйдзи правительство быстро переформатировало обучение, сделав его целью создание послушных и эффективных граждан — императорских подданных, — которые стали бы самоотверженными мастерами модернизации. Контроль и стандартизация учебников служили примером такого подхода к образованию [Takeuchi 2000: 11]. Макигути открыто критиковал зубрежку как трату времени и сил [Макигути 1976 [1908]: 16]. В Учительской семинарии Хоккайдо он познакомился с прогрессивными европейскими педагогическими теориями, которые, видимо, только еще раз подтвердили обоснованность его позиции в отношении образования [Goulah, Gebert 2009: 121]. Особенно сильное влияние на молодого низового ученого, как и на Элизе Реклю несколькими десятилетиями раньше, оказала педагогика Иоганна Генриха Песталоцци (1766–1827)[45].

Третье предложенное Макигути направление движения можно обнаружить в его утверждении о конкуренции, которое демонстрирует радикальность мировоззрения, ставшего фундаментом его книги. В одной из последних глав книги «О географии борьбы за существование» приводятся различия между этапами этой конкуренции, в процессе которой современный мир достиг уровня борьбы между национальными государствами [Макигути 1976 [1908]: 1029]. Формы борьбы, от военной до политической и экономической, также изменили ход истории. Но к ним следует добавить и последнюю такую форму — гуманитарную (*дзиндотэки* 人道的) борьбу, которая, по мнению автора, являла собой отдельное и самое желаемое — средство получения власти и уважения, цель, которой еще следовало достичь [Макигути 1976

---

[45] О влиянии Песталоцци на анархистов и географов в XIX и начале XX века см. в [Ferretti 2013b: 187–199].

[1908]: 1038]. Выход за рамки собственных интересов представлял собой часть морального достижения, которое могло применяться ко всем сферам человеческого взаимодействия и воплотилось бы в благосостоянии сообществ [Макигути 1976 [1908]: 1039].

Хотя Макигути не упоминал сотрудничество прямо, он считал, что в изменяющихся общественных и политических условиях на смену «подчинению угрозам» (*ифуку,* 威服) должна прийти «искренняя покорность» (*симпуку,* 心服) [Макигути 1976 [1908]: 1039]. Он рассматривал это понятие как эволюцию или прогресс (*синка,* 進化), что позднее проявится в анархистском дискурсе Исикавы Сансиро и его коллег. Таким образом, географическое знание представляло собой руководящие принципы для управления эпохой конкурирующих национальных государств, к которым принадлежала и Япония.

Неудивительно, что в «Дзинсэй тиригаку» можно встретить и размышление о реках, явно ставшее результатом обсуждения экологической катастрофы в Асио. Подобно своему предшественнику Утимуре Кандзо, Макигути выражал восхищение логикой природы, создавшей изобилие вод и регулировавшей жизнь на Земле. При этом он предупреждал, что леса являются ключом к экологической гармонии и плохое обращение с ними приводит к ухудшению состояния рек. Он писал следующее:

> В старинные времена люди заботились о лесах и берегли их, так, что любой мог получить благословение от рек; ныне некоторые глупцы позабыли о ценности лесов и стали вырубать их, как им заблагорассудится, от чего проистекает вред. […] Где же японцы, которые не помнят о собственном долге [перед реками] и в то же время терзаются страшным вредом? [Макигути 1976 [1908]: 248–249]

География, катастрофа на медном руднике и охрана природы — к началу 1900-х годов эти три понятия оказались теснейшим образом связаны. Происшествие в Асио также поспособствовало разметке двух путей развития науки, в которой низовой географии противопоставлялась география институционализированная.

Конкуренция географических концепций в начале XX века

Скорость реализации и успех модернизационной программы Мэйдзи зависели от науки, техники и точности. Как показали историки, от административного управления эта программа требовала скрупулезного измерения территории страны. Джеффри Хайнс приводит многозначительную директиву Министерства финансов 1884 года, в которой утверждалось следующее: «в земельных реестрах каждый дюйм территории страны должен быть описан без упущений и ошибок, с корректным измерением границ, уточнением направлений (север должен изображаться в верхней части карты) и границ областей, а также указанием владельцев» [Сато 1987: 427][46]. Действительно, то, что, по словам Джеймса Скотта, называлось необходимостью прозрачности государства, было применимо как к Японии, так и к другим модернизирующимся нациям [Скотт 2005 [1998]: 38].

Через несколько десятилетий картография заметно обогатилась новыми методами и исследованиями. После реставрации Мэйдзи правительство усердно вкладывалось в развитие геодезии — науки точного измерения и картографирования Земли, — применяя, кроме всего прочего, и новейшие методы триангуляционной съемки. С целью координации сведений и укрепления статуса страны как современного государства Япония посылала своих представителей в международные научные институции, включая Международную ассоциацию геодезии [Fedman 2012: 207]. Триангуляция заморских территорий прошла и в Корее вскоре после ее аннексии в 1910 году.

Практики геодезической съемки и картографии дают понять, до какой степени официальные лица времен Мэйдзи пытались контролировать (как в реальности, так и концептуально) территорию страны. Альянс между последними достижениями науки и принципом стандартизации сделал этот контроль эффективным. В то же время он привел к тому, что фрагменты пространства оказались не местами взаимодействия человека с землей, а объ-

---

[46] Цит. по: [Hanes 1997: 485–495].

ектами для изучения. Геодезия и картография могут представать экстремальными примерами этого официального умонастроения, но тем не менее с их помощью можно понять, что занимало «низовых» географов в их попытках «регуманизировать» науку.

Гнев Танаки Сёдзо из-за катастрофы в Асио частично проистекал из его разочарования в современной науке. В ходе долгого процесса оценки причин этой катастрофы и масштаба нанесенного ею вреда правительство прибегло к опыту ряда действующих или бывших профессоров Токийского императорского университета [Кано 1983: 35–36]. В 1897 году между членами созданного правительством Исследовательского комитета по проблеме загрязнения в Асио прошел язвительный обмен мнениями, во время которого фракция инженеров открыто высказалась за продолжение работы рудников и выступила против идеи их временного закрытия, которую поддерживала фракция агрономов[47].

Танака оказался в числе первых тех, кто связал академизм — в особенности инженерное дело — с поддержкой девиза *фукоку кёхэй* («богатая страна, сильная армия», 富国強兵), воплощающего в годы Мэйдзи принципы модернизации. Он критиковал академический снобизм и наблюдал за тем, как заботы ученых становятся все более отстраненными от повседневной жизни людей. В 1903 году он написал в своем дневнике: «Нынешние студенты университетов похожи на воздушные змеи: чем выше они поднимаются, тем больше удаляются от оснований жизни»[48].

Развитие фолк-науки и кристаллизация разнообразных понятий географической мысли происходили в контексте разочарования в некоторых аспектах современной науки. Как показано в этой главе, такое разочарование возникло на базовом уровне в силу разного понимания того, как наука должна описывать отношение человека к земле. С одной стороны, с применением

---

[47] В 1897 году правительство создало Исследовательский комитет по вопросу инцидента на медном руднике в Асио (*Асио Додзан Кодоку Дзикэн Тёса Иинкай*).

[48] Цит. по: [Кано 1983: 39].

новых научных методов географии Земля начинала выглядеть абстрактной, то есть измеряемой и эксплуатируемой территорией, которая овеществлялась и оказывалась в некотором смысле обнаженной, поскольку проживаемое на ней оценивалось как вторичное по отношению к ее существованию в качестве объекта изучения (или, в некоторых случаях, символа нации).

С другой стороны, в качестве противодействия подобному овеществлению возникло мощное течение гуманитарной географии. Путем признания конкретного и разнообразного взаимодействия человека с Землей оно пыталось поместить в центр науки проживаемое индивидом. Более того, низовые географы занимались не только перемещением акцента на взаимодействие человека с окружающей средой. Они также предлагали видение гуманитарной географии, ключевым параметром которого являлась взаимосвязь всех объектов и явлений Вселенной. Суть такой взаимосвязи на Земле иллюстрируется особым значением лесов в экосистеме рек, которое осознавали Танака и Макигути и подразумевал Утимура. «Дневник путешествия к реке» Танаки также точно и подробно иллюстрирует этот аспект.

Взаимодействие Исикавы Сансиро с идеями Элизе Реклю с начала 1910-х годов необходимо рассматривать в контексте зарождения на рубеже веков низовой географии, не только ставшей питательной средой для рефлексии по поводу роли географических познаний как инструмента критики модернизационной траектории Японии, но и заложившей основу для революционных практик повседневной жизни, которыми характеризовалась деятельность ее адептов. Другими словами, низовая география Японии XX века открыла путь транснациональному географическому мировоззрению, которое является основной темой этой книги.

Глава 2
Позднемэйдзийские радикалы и формирование географического мировоззрения

Если реки стали объектом интереса Танаки Сёдзо в последние годы его жизни, то Исикаве Сансиро они были знакомы с детства[1]. Деревня Санъодо, где он родился 23 мая 1876 года, находится в верхнем течении великолепной реки Тонэ, второй по длине в Японии. Сейчас эта деревня вошла в состав города Хондзё префектуры Сайтама, который раскинулся на равнине Канто примерно в полутора часах езды на поезде от Токио и выглядит навеки погруженным в сонливость, объявшую его по завершении в 1980-х годах периода «экономики пузыря». Однако ко времени рождения Исикавы этот район представлял собой оживленный транспортный узел. В годы правления клана Токугава река Тонэ служила внутренней водной магистралью, связывающей регион со столицей Эдо, и в начале эпохи Мэйдзи все еще играла главную роль в региональной системе коммуникаций.

Дом Исикавы находился на берегу реки. Его отец занимался оптовой продажей лодок — занятием, которое пользовалось особыми коммерческими привилегиями в эпоху Токугава и слу-

---

[1] Исикава — третий сын Игараси Кудзюро и его второй жены Сигэ, но семья Исикава усыновила его как старшего сына. Поэтому у него была другая фамилия, и как старший сын он был освобожден от воинской повинности.

жило источником работы для большинства местных жителей [Исикава 1976: 3][2]. Однако в мае 1884 года между Такасаки на востоке региона Канто и Токио — так стал называться Эдо — открылась железная дорога. Новая железнодорожная сеть, один из столпов программы *фукоку кёхэй* («богатая страна, сильная армия»), резко сократила потребность в речном транспорте, лишив тем самым отца Исикавы и нанимаемых им деревенских жителей работы. Чуть меньше чем через два десятка лет после начала эпохи Мэйдзи река опустела. Как вспоминал Исикава, «новая промышленность новой цивилизации привела к краху нашего дома и нашей деревни». Последовавшая за этим крахом попытка отца Исикавы заняться грузоперевозками потерпела неудачу, однако он ухитрился добывать средства на обучение сына [Исикава 1976: 4].

В своих заметках Исикава подчеркивает, что годы после реставрации Мэйдзи оказались весьма бурными и изменили жизнь очень большой части населения Японии. Будучи выходцем из почтенной и обеспеченной семьи, он пережил в юности полное разорение, что недвусмысленно показывает, как быстро модернизация повлияла на все слои общества. Историки продемонстрировали, что реформы Мэйдзи оказали влияние не только на торговцев, но и на огромное количество сельского населения, и даже более заметно. Новый налоговый режим, введенный правительством в 1873 году, привел к тому, что все большее количество крестьян, будучи не в силах выплатить долги, оказывались вынуждены уступать землю. Дефляционная политика Мацукаты, которую тот начал проводить в 1881 году, привела к колебанию цен на рис и еще сильнее дестабилизировала деревню.

Именно тогда по обедневшим аграрным регионам страны прокатилась череда крестьянских восстаний. Кульминацией длительной серии протестов стало кровопролитное восстание Титибу, которое произошло в ноябре 1884 года в префектуре Сайтама, неподалеку от Хондзё. За ним последовали репрессии властей — да и само подавление восстания заняло целых десять дней. Историк культуры Ирокава Дайкити придавал огромное

---

[2] См. также [Китадзава 1974: 13].

значение этому событию как выражению веры бунтовщиков в либеральные обещания «Движения за свободу и народные права», которое в 1880-х годах выступало за эти права и против концентрации власти у мэйдзийских элит. Он подчеркивал роль прогрессивного крыла Либеральной партии «Дзиюто», указавшей движению направление. Ирокава считал, что в глазах крестьян-бунтовщиков Либеральная партия представляла собой «визионерскую партию революции», а ее лидер, Итагаки Тайсукэ (1837–1919), служил воплощением истинных демократических принципов, в которых нуждались люди [Irokawa 1985: 155–157].

Не менее важно, что годы становления Исикавы Сансиро прошли в семье, где открыто восхищалась Итагаки Тайсукэ. Как он отмечал в одной из автобиографических статей, «у нас дома висел большой портрет Итагаки», и вспоминал также, что Либеральная партия повлияла на его деятельность в качестве политического активиста [Исикава 1963: 196]. Движение способствовало пробуждению осознанности по отношению к таким понятиям, как естественные права человека и отрицание бесконтрольной власти государства, осуществляемой за счет народа. Особенно важно, что влияние этого движения распространилось и на местных уровнях [Irokawa 1985: 65]. Другими словами, демократические устремления процветали вне центра, и семья Исикавы оказалась одним из звеньев цепи повсеместного распространения либеральных идей, некоторые из которых содержали в себе также зерна революционного активизма. Но также не менее важно, что Исикава вырос в сельской местности, где наблюдалось отторжение низших классов крестьянства от выгод модернизации. И действительно, общественную деятельность Исикавы-журналиста в начале 1900-х годов определили заботы о судьбе жителей деревень.

В настоящей главе позднемэйдзийский социализм рассматривается через призму инициированной Русско-японской войной вовлеченности Исикавы в политику, вплоть до его отъезда в Европу через три года после «Дела об оскорблении трона» 1910 года (*Тайгяку дзикэн*) в связи с последствиями этого дела. Высказывается предположение о необходимости видеть различие между существовавшими в то время двумя видами социализма.

Первый, ориентированный на города и фабричных рабочих, вплоть до сего момента доминировал в историографии Японии эпохи модерна. Второй вид социализма был обращен к жителям деревень и аграрным экономическим условиям. Горячая симпатия к образу жизни крестьян не просто оказала влияние на этот далеко не второстепенный аспект японского социализма начала XX века, но и вдохновляла одно из главных его течений и служила поддержкой сообществу интеллектуалов и активистов на протяжении нескольких десятилетий[3]. Одним из главных представителей «социализма для деревни» стал Исикава.

Естественно, внимание Исикавы к сельским проблемам было вызвано реальными обстоятельствами — довольно большой долей аграрного сектора в экономике. К началу века целых 72 % активного населения Японии были вовлечены в сырьевые отрасли промышленности (фермерство, рыболовство и лесоводство) — по сравнению с 9 % в Великобритании. Подобным же образом в 1898 году 82 % населения Японии жили в городах и деревнях с населением менее 10 000 человек [BOJ 1966: 14, 374]. В силу этого внимание к проблемам сельского хозяйства явилось следствием прагматического понимания структурных экономических различий между Японией с одной стороны и Великобританией и другими первыми промышленными державами с другой. С этой точки зрения Исикава и его коллеги оказались не просто досужими мечтателями. Скорее, их деятельность основывалась на реальном положении дел куда больше, чем даже деятельность идейных марксистов, которые обращались лишь к сравнительно небольшой прослойке фабричного пролетариата, вели агитацию на основе тенденций, получивших распространение в других странах, и не имели времени заниматься деревней.

Исследование деятельности социалистов того времени прежде всего показывает, что в связи с их сосредоточенностью на аграрном вопросе деревня определялась ими в качестве места потенциального освобождения от власти государства и капиталисти-

---

[3] Благодарю профессора Умэмори Наоюки и профессора Иманиси Эйко за обсуждение этих идей со мной.

ческой эксплуатации. Еще одним аспектом этой деятельности оказывается восприятие сельского мира как территории неопосредованного — и, следовательно, не подверженного компромиссу — контакта между людьми и окружающей их средой, то есть как места активного взаимодействия человека и природы. Вместе с тем они рассматривали это взаимодействие как управляемое повседневными практиками сотрудничества, в отличие от конкуренции. Иначе говоря, они были выразителями некой формы географического мировоззрения, определяемого идеями освобождения, неопосредованного взаимодействия с физической средой и кооперативными усилиями.

Пренебрежение разрывом между городом и деревней в социалистической мысли конца эпохи Мэйдзи нанесло ущерб историографии. Прежде всего, отсутствие должного внимания ученых к роли Исикавы как представителя социалистического движения привело к ложному пониманию анархизма в Японии начала XX века в целом. «Социализм для деревни» проложил путь анархистским принципам общественно-политической организации, которые тот выказывал в 1920-е годы. Все это, в частности, проливает свет на взаимодействие Исикавы с идеями Элизе Реклю, выступавшего за сбалансированные взаимоотношения между человеком и окружающей его средой, а также за ценности сотрудничества и отсутствия иерархичности — и на то, как это способствовало формированию самостоятельного течения ненасильственного анархизма, представителем которого Исикава был в довоенный период.

Далее, существование в начале 1900-х годов ориентированного на деревню социализма требует переоценки истоков и целей политической агитации в деревнях, которая имела место в конце эпохи Тайсё и начале эпохи Сёва. Традиционное подведение этой агитации под общую категорию «аграрного национализма», который, в свою очередь, способствовал подъему довоенного милитаризма, нуждается в прояснении. На самом деле участие Исикавы в середине 1920-х годов в создании самоуправляемых крестьянских советов было некоторым образом вдохновлено активностью социалистов конца эпохи Мэйдзи и идеологически отличалось от других форм радикализма. Подробнее об этом говорится в пятой главе.

Понимание сути разногласий между «городским» и «сельским» социализмами также выводит на первый план разницу в отношении некоторых активистов к тем, кого они торжественно обещали поддерживать и организовывать. Заявление о том, что японский социализм начала века представляет собой «едва более чем философское движение интеллектуалов и для интеллектуалов» [Gordon, Nimura 1997: 200], представляется упрощающим картину. Подчеркивая горькую долю крестьянства, Исикава и другие политические инакомыслящие, с которыми он взаимодействовал, выражали позицию, выходившую за пределы чисто интеллектуальной и в конечном счете покровительственной точки зрения. Несмотря на то что сами эти активисты не принадлежали к числу крестьян, они пытались проникнуться условиями жизни небольших крестьянских хозяйств на бытовом уровне, а в некоторых случаях даже проводили собственные сельскохозяйственные эксперименты. В этом смысле их активность встраивалась в те самые практики, которые вдохновляли их политические наклонности.

Готовность «стать одним из них» контрастирует с позицией лидера анархо-синдикализма Осуги Сакаэ (1885–1923), который вплоть до своей насильственной гибели в 1923 году ориентировался на городских рабочих и занимал позицию недосягаемого идеолога, далекого от масс, которые он обещал спасти от эксплуатации[4]. Это различие показывает, что «сельский социализм» по природе своей был куда более направлен на воплощение практик, а не на теоретические высказывания. В случае Исикавы *габитус* деревни, даже идеализированный, послужил позднее основой политических экспериментов по приобретению автономности и созиданию пространства, которое не могли поглотить ни капитализм, ни государство.

---

[4] Например, [Осуги 1996]. Однако Петер Дуус и Ирвин Шнайер видят в японском социализме нечто большее, чем идеологический эксперимент. См. [Duus 1988: 667–668].

Хотя взгляд на деревню как на кладезь практик сотрудничества и место неопосредованного взаимодействия с окружающей средой отчетливо подсвечен романтизмом, в процессе контекстуализации эти точки зрения помогают нам также конкретизировать понимание трудностей, являвшихся движущей силой политического инакомыслия в переломный момент эпохи Мэйдзи. Таким образом, в этой главе особое внимание уделяется обеднению деревни, конкуренции между национальными государствами, воплотившейся, в частности, в Русско-японской войне, и деградации окружающей среды.

Социализм в конце эпохи Мэйдзи

Дорога Исикавы к публичному взаимодействию с социализмом, ознаменованному накануне Русско-японской войны вступлением в «Хэйминся» (平民社), «Общество простого народа», заняла несколько лет. Тем не менее эти переходные годы явились периодом становления сами по себе. Они характеризуются интересом Исикавы к христианству, особенно под впечатлением, которое произвели на него взгляды Утимуры Кандзо [Китадзава 1974: 89]. Он также познакомился с Эбиной Дандзё (1856–1937), одним из главных японских проповедников христианства и основателем «Конгрегационалистской церкви Хонго». Все, однако, закончилось разочарованием Исикавы в религии, отчасти вызванным тем, что Эбина оказался яростным сторонником войны[5]. После спора с Эбиной в 1905 году Исикава покинул церковь Хонго и больше не вступал в религиозные организации [Охара 1987: 15]. Однако в юности христианство отвечало его желанию посвятить себя улучшению человеческого общества [Исикава 1977, 8: 92]. Утверждение братства, «любви и уважения» соответствовало его впечатлительному характеру [Китадзава 1974: 92].

Дружба с Фукудой Хидэко (1865–1927) еще сильнее укрепила бунтарский дух Исикавы. Сторонница социализма и феминист-

---

[5] О связях японского христианства и империализма см. в [Anderson 2014].

ка, Фукуда оказала огромное влияние на развитие женского освободительного движения в Японии. Будучи старше Исикавы более чем на десять лет, она, по всей видимости, оказала сильное влияние на его политические предпочтения. Фукуда впервые появилась в поле зрения публики после своего ареста в контексте инцидента в Осаке 1885 года, когда она присоединилась к большой группе агитаторов, собиравшихся поднять восстание в Корее с целью проведения там реформ. Она сыграла активную роль в «Движении за свободу и народные права» и, несомненно, была одной из самых заметных активисток Японии того времени. Познакомившись с ней весной 1893 года, Исикава поддерживал отношения с ней вплоть до самой смерти Фукуды, находя возможность оказывать ей финансовую помощь даже во время своего добровольного изгнания.

К лету 1901 года Исикава также окончил Правовой колледж в Токио, однако не смог сдать квалификационный экзамен по адвокатской практике. Тем не менее осенью 1902 года ему удалось удачно устроиться на работу в газету «Ёродзу Тёхо» («Утренние новости») секретарем издателя этой газеты Куроивы Руйко (1862–1920). Куроива создал «Ёродзу Тёхо» в 1892 году с целью критики правительства, выявления коррупции и публикации историй для массовой аудитории. С этой целью он нанял таких талантливых авторов, как Котоку Сюсуй, Утимура Кандзо и Таока Рэйун [Tierney 2015: 25].

Некоторое время Исикава работал в этой газете помощником редактора, однако уволился из нее в ноябре 1903 года в знак протеста против изменения позиции издания и поддержки им Русско-японской войны. Как член «Хэйминся», он писал в газету «Сюкан хэймин симбун» («Еженедельник простого народа», далее СХС), первую социалистическую газету Японии, которая выступала с яростной критикой войны. Все это только укрепило его связи с Котоку Сюсуи и Сакай Тосихико (1871–1933), основавшими вместе с Нисикава Кодзиро (1876–1940) это новое социалистическое издание[6].

---

[6] О целях и достижениях «Хэйминся» и их позиции по вопросу Русско-японской войны см. в [Tierney 2015: 96–114].

Будет преувеличением сказать, что этот шаг превратил Исикаву в «социалиста» де-факто. Однако его членство в только что созданном обществе стало первым проявлением его идеологической приверженности к радикализму. Правильнее будет называть его не социалистом, а сторонником социализма, или радикальным активистом, который находился под влиянием социализма. Слово «социализм» здесь используется в связи с тем, что именно этим словом Исикава и его товарищи описывали свои политические наклонности, которые не всегда, впрочем, строго соответствовали социалистическому курсу. Они были сторонниками антиавторитарной политики, делая акцент на равенстве и общественном владении средствами производства. В реальности социализм, коммунизм и анархизм были подвержены процессу слияния, и между этими идеологическими течениями не наблюдалось особых различий, что позже охотно признавал и сам Исикава [Исикава 1977, 8: 89]. Мнения представителей его группы единомышленников в отношении подробностей и средств достижения заявленных ими целей часто отличались.

Таким образом, социализм в специфическом контексте создания «Хэйминся» представал скорее эмоциональным откликом на восприятие нарушений власти и неравенство, чем тщательно проработанной теоретической позицией. Символический девиз Французской революции — свобода, равенство, братство — оказался уместным в качестве первых слов первого выпуска нового еженедельника. СХС стал плодом воззрений группы убежденных диссидентов, скрывавших недостаточный консенсус по вопросу идеологических убеждений за общим призывом к международному союзу угнетаемых классов. В этом смысле они находились на волне антиимпериалистического дискурса fin de siècle, представителями которого среди других проповедников модернистского видения гуманизма были Лев Толстой, Эмиль Золя и Август Бебель [Миддлтон 1999: 134–193]. Конфликт между Россией и Японией также предоставил особый контекст, который помог слиянию их коллективной энергии.

Тем не менее столь открытая политическая оппозиция оказалась источником «сильного шока среди прогрессивных интеллектуалов Японии» [Исикава 1977 8: 89]. Историки рассматривают первое социалистическое издание как рупор Котоку, который сеял семена марксизма и радикального анархизма, ставших позднее доминантными признаками радикальной политической оппозиции. Роль в «пацифистском» движении, ранняя критика империализма периода модерна, признанный литературный талант и буйный характер способствовали известности Котоку. Его переход к тактике анархизма в 1907 году и состоявшаяся в 1911-м казнь вместе с 11 другими противниками правительства за участие в заговоре с целью убийства императора Мэйдзи сделались ориентирами в исторических трудах, посвященных той эпохе, обозначая тем самым сильную, но недостоверную связь между всеми представителями японского анархизма и политического насилия. «Дело об оскорблении трона», ставшее причиной гибели Котоку, заставило политический радикализм умолкнуть более чем на десятилетие, и, как вспоминал Исикава, сделало его имя «на долгие годы невозможным для произнесения на публике» [Исикава 1977, 8: 248][7].

В сравнении с Котоку Исикава выглядел в процессе своего сотрудничества с СХС как неопытная, не особо убедительная фигура, даже несмотря на высказывания современников, которые отмечали, что за его природной застенчивостью скрывалась страстная и решительная личность [Hiratsuka 2006: 209; Исикава 1963: 209]. Вскоре он стал подменять Котоку во многих делах, что примечательно, присоединился к сторонникам пацифистского движения, а в 1907 году заступил на пост редактора оказавшегося недолговечным проекта СХС газеты «Никкан хэймин симбун» («Ежедневник простого народа»), для которой писал статьи в соавторстве с Котоку. Это свидетельствует о том, что Исикава был облечен в среде социалистов конца эпохи Мэйдзи большей ответственностью, чем та, которая ему обычно приписывается. Котоку выступал в роли его наставника и друга, человека, кото-

---

[7] См. также недавний анализ контекста и наследия «Дела об оскорблении трона» в [Gavin, Middleton 2013].

рого Исикава уважал и почитал за верность идеям и народу. Увы, воспоминания Исикавы о нем остались навсегда омрачены опытом получения в тюрьме тела Котоку после казни [Исикава 1977, 8: 227][8].

Не только различие в характерах, но и многочисленные идеологические причины могли оказаться как причиной раздора, так и основой согласия между товарищами. В отличие от Исикавы, который несколько лет поверхностно интересовался христианством, Котоку вовсе отрицал западные религиозные учения. Его решительный выбор анархистской тактики прямого действия расходился с откровенно амбивалентной позицией Исикавы, отражавшей его желание «быть просветителем, а не агитатором» [Исикава 1974: 245]. О своем наставнике Исикава писал, что того «больше интересовала революция, чем идеальное общество» [Исикава 1977, 8: 243]. Схожим образом энтузиазм Котоку в отношении к анархисту П. А. Кропоткину не разделялся его осторожным молодым протеже, который приписывал русскому радикалу крайне механистический взгляд на анархизм и пристрастие к агитации — по крайней мере, в ранние годы [Исикава 1974: 25; Исикава 1977, 8: 439; Исикава 1977, 3: 231].

Тем не менее членов группы «Хэйминся» объединяло сострадание к тем, кого они полагали бессильными жертвами модернизации. Они старались обращаться к эмоциям читателей, говоря, например, об «отчаянных голосах [ищущих работу], которые разносятся над горами и реками, лугами и лесами Японии» [СХС 1953, 1: 27]. Страстное неприятие нищеты и эксплуатации компенсировало идеологическую слабость их политических трудов. Однако их выражение недовольства, достигшее пика в этот короткий период времени существования почти ничем не сдерживаемой оппозиции, оказалось не просто риторикой. В статьях и действиях группы «Хэйминся» ощущалась истинная эмпатия. Как писал Исикава в своих мемуарах:

---

[8] Сам Исикава избежал этой участи отчасти потому, что во время полицейского расследования мнимого заговора находился в тюрьме. По выходе из тюрьмы в июле 1910 года он был допрошен без предъявления обвинений.

> Сейчас мне представляется, что философская позиция группы «Хэйминся» была крайне наивной, даже романтической. Но в том, что хаос той новой эры оказался проникнут высоким духом гуманизма (*такай хюманидзуму-но сэйсин,* 高いヒューマニズムの精神), есть та красота, которую я не могу забыть и поныне. Я считаю, что японский социализм, коммунизм, анархизм и подобные течения росли в то время на здоровой и плодородной почве [Исикава 1977, 8: 101].

Внимание к мрачным последствиям индустриализации всерьез проявилось в Японии через два десятка лет после реставрации Мэйдзи 1868 года. Социальные репортажи наподобие «Нихон-но касо сякай» («Низшие классы Японии»), публиковавшиеся в середине 1890-х Ёкоямой Гэнноскэ (1871–1915), который провел некоторое время среди угнетенного простонародья, представляли собой объемный портрет представителей низов японского общества, изображенных с чувством глубокой симпатии (*кёкан,* 共感). Сторонники социалистических идей быстро восприняли такую «социальную человечность» [Ёкояма 1972, 1: 648]. Подобные тексты, адресованные по большей части фабричным рабочим и городскому населению, прежде всего приводили к осознанию того, что капитализм не только нес собой освобождение от феодального рабства, но и сам приводил к новым формам зависимости в виде невыносимых рабочих условий и прекарности[9].

Выражение *сякай мондай* (общественные проблемы) часто мелькало в прессе, в частности, во влиятельном издании «Кокумин-но томо» («Друг нации»), которому Исикава приписывал зарождение интереса к социализму еще до начала XX века [Котоку, Исикава 1927: 353]. Миссию внедрения социализма в Японии подчеркивали частые экскурсы в жизнь городской бедноты Великобритании. Первый лидер рабочих, Катаяма Сэн (1859–1933), использовал *сякай мондай* по большей части для обоснования

---

[9] См. недавнюю работу о жизни на краю бедности в эпоху Мэйдзи [Huffman 2018].

своей деятельности. Вместе с проповедником-унитаристом и профессором экономики Абэ Исо (1865–1949) он принадлежал к первому поколению социалистов эпохи Мэйдзи, для которых социализм был пропитан христианским духом милосердия и которые отдавали предпочтение городским проблемам, возникшим вледствие быстрого экономического роста[10]. На этой стадии их критике подвергались социальные последствия ничем не сдерживаемого капитализма, но не сама идея экономического прогресса. Другими словами, такой социализм не противоречил националистическим и материалистическим наклонностям его сторонников [Duus 1988: 663].

Однако вместе с началом пацифистского движения и публикациями СХС интонации активистов изменились. В дискурсе появилась тема противодействия самому государству, а не его невысоким управленческим возможностям и коррупции. В одной из своих статей, вышедшей в январском номере еженедельника в 1904 году, Исикава коснулся этой темы настолько страстно, что за публикацией последовали запрет продаж издания и заключение в тюрьму двух основателей «Хэйминся»[11]. Молодой журналист не просто порицал войну за те жертвы, к которым она принудила народ. Он говорил, что единственный путь избежать конфликта проистекал из полного отрицания идеи государства — «этой коллективности, основанной на самозабвении и амбиции» — и научения детей быть гражданами мира [СХС 1953, 4: 76]. По его словам, только разрыв связи между индивидами и государственным управлением может помочь людям перестать отождествлять себя с эгоцентричными, провоцирующими войну действиями правительства. Вера в безграничный гуманизм, который превзошел бы институциональную власть и привел бы к революционным изменениям через образование, вдохновляла философию Исикавы до конца его дней. Однако политическое инакомыслие, выра-

---

[10] Катаяма также интересовался английским муниципальным социализмом (*тосисякайсюги*).

[11] Семь месяцев для Нисикавы Кодзиро (1876–1940) как издателя и пять для Котоку как редактора.

жавшееся на страницах СХС, было свидетельством отхода от традиционного городского социализма, сторонниками которого до тех пор были общественные деятели вроде Абэ и Катаямы.

На стороне крестьян

В своей работе по японскому анархизму начала XX века Сё Кониси приписывает Русско-японской войне особенное историческое значение события, сыгравшего ключевую роль в прояснении конкурирующих видений будущего. Он указывает на появление в это время анархистских воззрений на прогресс, в которых ценность придавалась повседневной жизни обычных людей и которые не отождествлялись с принуждающим правовым субъектом, каковым было национальное государство [Konishi 2013: 142–208]. Наблюдение за формированием в начале 1900-х годов социалистического подхода к проблемам крестьянства обнажает схожий паттерн. Исикава Сансиро и входившие в его группу радикальные интеллектуалы приняли сторону крестьян. В этом процессе они предложили видение деревни как места освобождения от государственной власти и хранилища несущих в себе революционный потенциал практик сотрудничества.

Русско-японская война усилила остроту сельских проблем (*носон мондай*), на которые обращали внимание значимые публицисты из числа социалистов, среди которых выделялись Котоку и Исикава. Этих авторов объединяло осознание постоянно ухудшающихся условий жизни деревни, к числу которых относились рост бедности, конфликты между помещиками и крестьянами-арендаторами, загрязнение окружающей среды и общее пренебрежение по причине предпочтения городской модернизации. Они также осуществляли личное взаимодействие с местными жителями во многих далеких сельских регионах. Активисты путешествовали по деревням в качестве миссионеров-разносчиков, продавая бумагу, книги и брошюры и добираясь до таких далеких префектур, как Ямагути и Вакаяма. Это позволяло им не только распространять социалистические идеи, но и обеспечивать себя финансово [Tierney 2015: 110].

Сотрудники СХС начали диалог, в котором просили читателей рассказать о деревенской жизни, особенно обращая внимание на трудности крестьян, цену на удобрения и слияние земельных участков [СХС 1953, 1: 250]. «Как, — ответил арендатор из небольшого крестьянского хозяйства, находящегося в префектуре Яманаси, — мы можем позволить себе платить за дорогие удобрения? Все заканчивается тем, что нам приходится брать под высокий процент деньги у помещиков, влезать в долги, а когда вырученных за урожай денег не хватает для того, чтобы выплатить долг, мы быстро теряем дома, скот и лошадей, а потом и землю» [СХС 1953, 1: 250]. Подобным же образом социалистический еженедельник предоставил крестьянам площадку для жалоб. Один из бедствующих крестьян префектуры Окаяма спрашивал: «Ах! Сколько слез нам придется пролить под гнетом помещичьей системы?» [СХС 1953, 1: 250]. В том же ключе в газетных колонках говорилось о проблемах крестьян, которым приходилось менять профессию, о выгоде, которую они бы получили от создания потребительских кооперативов, об удержании риса помещиками, о внедрении земледельческих монополий как причине заката деревень — или просто приводились различные иллюстрации сельского отчаяния [СХС 1953, 2: 11–12, 2: 241; 1: 98–99; 3: 301; 4: 60].

Столь серьезная озабоченность неравенством в деревне нашла свое отражение и в кампании за равноправие, тон в которой задавали социалисты конца эпохи Мэйдзи. Котоку ясно объяснил это в книге «Японский социализм» («Нихон сякайсюги»), которую он написал в сотрудничестве с Исикавой в 1907 году. В этой книге он с горечью рассказывал о том, что в начале 1890-х годов никто, включая представителей прогрессивных партий того времени, не говорил всерьез о необходимости снизить налог на землю и перераспределить ее. По его словам, система представительства, появившаяся вместе с новым парламентом, была предвзятой: «никто из трех сотен членов парламента не работал на благо мелких крестьян-арендаторов. Иными словами, демократические партии (*минто* 民党) были просто партиями для землевладельцев»¹². Он добавил, что «мы выступали за всеобщее избирательное право для того, чтобы представить интересы всех крестьян, а не только фабричных рабочих» [Котоку, Исикава 1927: 350]. В феврале 1905 года Котоку критиковал за сосредоточение на рабочих и забвение крестьян даже российских социал-демократов [Crump 1983: 50]. В 1907 году в декларации на первой полосе ежедневника «Хэймин симбун» он призывал: «к братскому объединению арендаторов, недовольных жестокостью землевладельцев» [Мэйдзи сякайсюги 1961, 4: 1]¹³.

Хотя Котоку, как известно, изменил свои взгляды на достоинства парламентской системы и перешел в 1907 году к тактике прямого действия, тяжкая участь крестьян никогда не считалась проблемой, которую можно было отбросить, как неподходящую для социалистической деятельности. Однако в том, чтобы занимать сторону крестьян и прибегать при этом к марксистской теории, существовала некая двусмысленность. 13 ноября 1904 года в СХС вышел перевод «Коммунистического манифеста» Маркса, в предисловии к которому подчеркивалась вся важность этого текста для истории социализма и отсутствие совпадения в том, что он опубликован в первую годовщину существования японского еженедельника [СХС 1953, 4: 102]. Правительство запретило продажу выпуска.

Неясно, понимали ли в 1904 году японские авторы передовиц общие последствия сделанного в «Манифесте» утверждения Маркса, гласившего: «Буржуазия [...] создала огромные города [...] и вырвала таким образом значительную часть населения из идиотизма деревенской жизни» [Маркс, Энгельс 1882 [1848]]. Судя по всему, публицисты СХС ориентировались не на вызванное развитием промышленного капитализма уничтожение класса крестьян, а на грядущую эру независимых сельских тру-

---

¹² Речь идет о политических партиях «Дзиюто» («Либеральная партия») и «Касинто» (Прогрессивная партия»), созданных в связи с «Движением за свободу и народные права».

¹³ Издание прекратило свое существование 14 апреля 1907 года.

жеников, свободных от экономического подчинения помещикам. Вместо спасения от *идиотизма* они надеялись на спасение от *нищеты* деревенской жизни. Если они и прибегали к марксистским идеям для оппозиции мэйдзийскому режиму, то явно не обращали внимания на пренебрежительный отзыв «Манифеста» об этой жизни[14]. Быстрое распространение марксизма среди японских интеллектуалов в 1920-е годы только усилило тренд отрицания деревни в целом, за исключением разве что ее существования в качестве объекта теоретической дискуссии[15].

Для Исикавы же, напротив, деревня представляла собой проживаемую реальность. Она также служила территорией быстрого изменения взаимодействия человека со средой по причине резкой модернизации. В редакционной статье от 24 июля 1904 года Исикава выразительно прокомментировал два случая сельского протеста [СХС 1953, 3: 99–100]. Первый был связан с восстанием жителей деревни Хигаси-оидзава в префектуре Ибараки, которые, вооружившись мотыгами и вилами, разрушили дамбу, созданную путем изменения русла реки Кудзи. Хотя обратный ток воды (*гякурю*, 逆流) благоприятствовал созданию в регионе рыбного порта, он угрожал затоплением рисовых полей. Второй случай имел место в префектуре Сайтама. Для усмирения крестьян из района Кодама, которые хотели уничтожить дамбу, приносящую пользу хозяйствам выше по течению, но лишившую их поля необходимой воды, пришлось вызвать полицию.

«В одном случае — страх затопления, в другом — страх недостатка воды» — так подытожил ситуацию Исикава. Он заметил, что «для людей нормально сражаться друг с другом, как сейчас государства сражаются во имя человеческой справедливости». Для него эти насильственные действия демонстрировали только

---

[14] Традиционно ученые оценивали недостаток сочувствия к сельской жизни у Маркса как нечто глубоко укорененное и подпитываемое игнорированием фактических условий жизни деревенской бедноты. Например, см. [Mitrany 1951]. Однако недавно ученые обнаружили в поздних работах Маркса свидетельство интереса к примитивному деревенскому сообществу. См. [Stedman-Jones 2007].

[15] См. [Hoston 1986].

достойное сожаления, слепое преследование личных интересов. Состязание в отсутствие причины и морали испортило человеческие взаимоотношения, и теперь этот дух соперничества, направлявший государства друг против друга, заразил деревню, как яд — чистую реку. Исикава не обращал внимания на то, что многочисленные раздоры между деревнями или перепланировка русла рек и их окружения с использованием строительной инженерии имели место и до реставрации Мэйдзи[16].

Как бы то ни было, в этой статье Исикавы появились первые проблески тех проблем, которые станут занимать Исикаву всю дальнейшую жизнь: бессмысленность прогресса ради прогресса, утрата сбалансированного взаимодействия с природой и недостаток легитимности государственного насилия. Все это ассоциировалось у него с вредоносным нарушением течения вод и распространением яда. В его аргументации таилось убеждение, что ценности солидарности и честности приобретают свое самое ясное выражение в сельских условиях. Концептуальный тандем эгалитарных идеалов и отрицания государственной власти Исикава начал использовать в годы Русско-японской войны.

Как позже признавали Исикава и Котоку, недовольство крестьян в конце XIX века оказалось плодородной почвой для включения стремления к равноправию в политический проект. Основание в 1882 году недолговечной, но знаковой «Тоё сякайто» («Социалистическая партия Востока») показало, что эгалитарная политика уже воплощалась в исключительно аграрном контексте. В 1907 году оба публициста с энтузиазмом воспринимали столь недолго продолжавшуюся деятельность «Тоё Сякайто», в которой они видели предтечу анархизма. Эта партия, как они отмечали, заслуживает признания по причине столь очевидных в ее программе крайне эгалитаристских, этически сильных негосударственных амбиций, которые вдохновляли, пусть и недолго, социалистическое движение на его ранней стадии. «Соизмерять наши слова и поступки с нормами морали; распространять принципы равенства; жить вне хозяйского

---

[16] О речной инженерии до эпохи модерна см. в [Brown 2015; Brown 2013].

гнета: [...] не истинное ли это выражение принципов анархизма?» [Котоку, Исикава 1927: 353].

Еще четверть века потребовалась японским историкам на то, чтобы «переоткрыть» «Тоё сякайто» в 1930-е годы, когда они просматривали выпуски «Токио нитинити симбун» («Ежедневная газета Токио») и наткнулись на объявления и декларации одного из основателей этой партии, Таруи Токити (1850–1922) [Умэхара 1973: 128]. Впрочем, это была не формальная политическая структура, а собранная на скорую руку в апреле 1882 года организация крестьян из района Хидзэн в префектуре Нагасаки, которая просуществовала лишь несколько недель и была вынуждена прекратить свое существование по указу правительства. Тем не менее у нее появилось несколько сотен последователей из разных мест. По словам Таруи, его «Социалистическую партию Востока» было нельзя путать с западными социалистическими партиями, так как «Тоё Сякайто» вдохновлялась «Клятвой Пяти пунктов» 1868 года и неспособностью «Движения за свободу и народные права» добиться равных прав для всех. Пресса того времени приводила следующий текст: «наши убеждения, основанные на истинном пути Неба и Земли и почтенно принятые от Высшего указа, который требует уничтожения отживших обычаев прошлого, заключаются в морали и достижении равноправия» [Умэхара 1973: 131][17].

Упоминание императора с целью авторизации общественно-политического мировоззрения, отрицающего само понятие власти, может показаться парадоксальным. Таруи, однако, взял на вооружение традиционное конфуцианское понимание императора как доброжелательной фигуры и символа солидарности, а не политического деятеля, от которого ожидалось дарование его подданным прав и равенства, чего не смогло обеспечить «Движение за свободу и народные права»[18]. И нигде необходи-

---

[17] «Злые обычаи прошлого» отсылают к четвертому пункту «Клятвы Пяти пунктов» 1868 года.

[18] О роли императора в политической идеологии конфуцианства см. в [Watanabe 2012: 16–17].

мость такого императорского дара не ощущалась сильнее, чем в сельских районах. Как отмечал Джон Крамп, «Тоё Сякайто» оказалась итогом многих влияний, среди которых были и российские народники [Crump 1983: 39]. Интересно, что это движение черпало вдохновение и в буддизме с даосизмом. Общая собственность на землю, продвигаемая организацией Таруи, отсылала к буддийскому выражению *тэммоцу кёю* («плоды натуры делятся всеми», 天物共有) [Shields 2017: 141]. Все это содержало в себе осуждение неравных отношений между хозяевами и земледельцами, но в знакомых понятиях.

К концу 1880-х годов Японии достигли работы американского политика и экономиста Генри Джорджа (1839–1897), по большей части благодаря их популяризации в периодическом издании «Кокумин-но томо». Указание Джорджа на то, что «признание частной собственности на землю является отрицанием естественных прав других отдельных личностей», только убедило японских прогрессивных мыслителей в том, что существующие системы землевладения являлись важным источником общественных проблем [Джордж 1896 [1879]: 406]. Исикава считал, что «Тоё сякайто» была выразителем общественного движения в его бессознательной стадии, перешедшей в осознанную благодаря журналам вроде «Кокумин-но томо» [Котоку, Исикава 1927: 345]. Таким образом, когда радикалы конца эпохи Мэйдзи защищали социалистические предпосылки коллективной собственности на землю и капитал, они имели в виду жизненные условия крестьян. Иначе говоря, существовала естественная взаимосвязь между конкретными иностранными текстами и местной реальностью бедственного положения деревни.

Поздние призывы Таруи Токити к паназиатскому союзу между Японией, Кореей и Китаем затмили его ранние достижения. Для Исикавы, возможно, Таруи стал первым создателем структуры, названной социалистической партией, но его вдохновение было по большей мере «чисто анархистским» [Исикава 1928: 81]. Более того, в эпоху модерна неожиданную силу этому вдохновению придали не промышленные рабочие, а крестьяне. В этом можно увидеть очевидную преемственность, восходящую к крестьянским бунтам против власти и нечестного распределения ресурсов, *хякусё икки*, которые столь часто вспыхивали в годы Токугава. Однако это были спонтанные и спорадические бунты, вроде восстания Титибу 1884 года. И только политически организованная позиция, появившаяся с основанием «Тоё сякайто» в 1882 году, обозначила собой изменение в осознании возможных форм протеста и трансформации.

Деревня и город

Для авторов СХС конфликт с Россией воплотил собой образ деревни как священной жертвы модернизации на фоне предоставленной городам возможности стремительного развития. Исикава и группа его единомышленников обращали особое внимание на крестьянские сообщества, поскольку тем раньше всех пришлось испытать разрушительное воздействие войны на повседневную жизнь. Навязываемые им требования поставлять людей и ресурсы для осуществления империалистической программы экспансии, продвигаемой центральными властями, еще сильней усугубляли ситуацию [СХС 1953, 2: 12]. Разрыв между городом и деревней проиллюстрировала новогодняя открытка, опубликованная в первом выпуске СХС 1905 года, в верхней части которой были изображены хорошо одетые горожане, которые занимались своими делами, внизу же сгибались под тяжестью работы крестьяне; подпись гласила о необходимости забыть глупости прошлых лет [СХС 1953, 4: 284]. Для социалистов конца эпохи Мэйдзи обещание процветания касалось только городов, деревне же предстояло оставаться в бедственном положении.

Схожим образом проблема неравного развития освещалась и в массовой прессе, в редакторских колонках которой отмечался растущий разрыв в уровне благосостояния, вызванный продвижением материалистической цивилизации[19]. На протяжении долгого времени аграрный сектор поставлял индустриализации

---

[19] Ёмиури симбун, «Дзинуси-то косакунин», 25 сентября 1901.

огромные налоговые средства поддержки[20]. Все это, вместе с медленным разрушением уз долга и благодеяния, связывавших земледельцев и помещиков, сделало крестьянство крайне чувствительным к экономическим кризисам и административным указам[21]. Под влиянием экономических трудностей все большее и большее количество сельских жителей бежало в города в надежде найти там работу, лишая тем самым сельские сообщества динамизма. Периоды голода в деревнях, особенно в середине 1880-х, обостряли чувство бессилия.

Растущий разрыв между городом и деревней сделался наиболее болезненно очевидным благодаря прямому влиянию подготовки к войне. Мобилизация огромного количества солдат — около 1,088 миллиона на войну 1904–1905 годов — стала еще одним ударом по семьям крестьян, которые потеряли столь нужную им рабочую силу [Shimazu 2009: 56]. Ужесточение правил предоставления отсрочки от службы и предпочтение, которое армейские командиры выказывали крепким сельским рекрутам, делали призыв абсолютно неизбежным [Shimazu 2009: 55]. Котоку предупреждал, что солдаты, которые не смогут уклониться от призыва, по возвращении обнаружат «опустевшие поля» [CXC 1953, 1: 303]. Отправка сыновей в армию, писал он, приведет к тому, что крестьяне будут плакать кровавыми слезами, наблюдая за тем, как пустеют их поля, и ощутят спазмы голода в животе [CXC 1953, 1: 294]. Для сообществ, которые и без этого были измучены неудачами и горем, призыв оказался точкой кипения. Как с горечью писал в мае 1906 года Исикаве Танака Сёдзо, в деревне Янака населению пришлось бороться с загрязнением воды, которое отравило их землю, а пока молодежь воевала в Маньчжурии, правительство украло их накопления [Танака 1977–1980, 16: 486].

Еще один критик политики правительства и близкий друг Исикавы, Акаба Ганкэцу (1875–1912), со схожими чувствами

---

[20] 80,5 % с 1875 по 1879 год и 85,6 % между 1882 и 1892 годами. См. [Hane 1982: 17].

[21] Об отношениях между помещиками и крестьянами в начале XX века см. [Waswo 1977; Waswo, Nishida 2003].

описывал могилы солдат в Янаке и порицал пагубные жертвы, на которые им пришлось пойти ради государства, оставляя за спиной разрушенные семьи и уничтоженные дома [Мэйдзи сякайсюги 1961–1963, 3: 114]. Утияма Гудо (1874–1911), буддийский священник и еще один сторонник социализма, казненный вместе с Котоку в результате «Дела об оскорблении трона», яростно отвергал призыв в армию и страстно обращался к крестьянам в брошюре, которую он тайно напечатал в 1908 году. Он настойчиво утверждал, что измученные налогами и требованиями помещиков крестьяне с трудом выживали. Но каким бы низким ни был уровень жизни, потом в эту жизнь входил призыв в армию:

> Если бы только все кончалось этим! Но вот у вас сын: долгие годы вы растили его в бедности; вы хотите расширить пахотную площадь, хоть на одно поле, и чуть подзаработать, чтобы не брать денег в долг, но тут ему 21 год, и его забирают в армию. Три года вам приходится высылать ему деньги, пока его учат убивать. Но грянет война — либо убивает он, либо убивают его, на залитой кровью земле [Утияма 1979 [1911]: 178].

В работах социалистов конца эпохи Мэйдзи крестьяне представали людьми отчаянной уязвимости и беспомощности, наряду с внутренней целостностью и жертвенностью. О них говорится как о самых сознательных гражданах (*тюрё нару симмин*, 忠良なる臣民), которые сами зарабатывают себе на жизнь, платят налоги и обеспечивают призыв в армию. Однако все, что они могут, это оплакивать недостаток компенсации, а их дух невинной искренности навлекает на них одни только обиды [СХС 1953, 1: 280]. Для Танаки Сёдзо естественная изоляция сделала из деревенских жителей Янаки людей с «нехваткой желания, знаний и возможности (*муёку*, 無欲, *мути*, 無知, *муно-но дзиммин*, 無能の人民)», которые не могли бросить вызов бездушию нынешней бюрократии [Танака 1977–1980, 16: 486]. Они — невинные жертвы (*мудзяки-но дзиммин*, 無邪気の人民), беззащитные перед административным давлением [Танака 1977–1980, 16: 478]. Для Акабы общество в целом лживо. Только крестьяне, которые в первую очередь связаны с почвой и природой, а не с другими людьми, честнее прочих: «чисты и наивны, как цветы лотоса, растущие из корней, испачканных землей» [Акаба 1929].

Движение к исследованию естественного мира как защиты от ловушек модерности — согласия с природой, а не противостояния ей — возникло во время протестов против загрязнения рудника в Асио, за которыми стоял Танака Сёдзо и которые были поддержаны социалистами конца эпохи Мэйдзи. Исикава выступал в поддержку Танаки и на стороне жителей деревни Янака, которую правительство решило снести. Для него это движение стало точкой отсчета, пробудившей в нем осознание своей миссии. И свой написанный в 1925 году первый философский труд, «Хисинкарон-то дзинсэй» («Теория антиэволюции и человеческая жизнь», 非進化論と人生), он посвятил Танаке и позднее жалел о том, что не распространял призывы этого сторонника защиты окружающей среды в Европе, как обещал ему [Исикава 1977, 7: 277].

Роберт Стольц показал, что Танака поначалу был ярым сторонником официального проекта *буммэй кайка* («цивилизация и просвещение») и что его героический темперамент не проявлялся вплоть до поздних стадий экологического конфликта [Stolz 2014a: 62], когда он уверенно отошел от своей ранней риторики в поддержку позиции правительства и, наконец, нашел поддержку у Котоку и его товарищей в борьбе за защиту прав жертв загрязнения. Хорошо известна помощь Котоку в создании петиции, которую в 1901 году Танака пытался предоставить императору. Исикава восхищался достоинством и упорством зрелого Танаки. После их первой встречи он написал старшему коллеге, что, будучи полон стыда за свою слабость, он, благодаря встрече с ним, «прикоснулся к духу величия» [Исикава 1977, 7: 14]. Поворотным моментом в его интеллектуальном развитии стал отказ от идеологических максим и агитации в пользу общественной деятельности, воплощенной в практиках повседневной жизни.

С середины 1880-х годов жизнь вокруг рудника, находящегося к северу от Токио, отравляли экологические проблемы. Например, используемая в горнодобывающей промышленности серная кислота вызывала гниение лесов и порчу сельскохозяйственных экосистем в окружающих долинах. Усиленный наводнением вред непосредственно влиял на здоровье местных жителей и качество производимых ими продуктов питания. Бесконтрольная эксплуатация рудника коснулась примерно 30 000 человек из пяти регионов (современные префектуры Тотиги, Гумма, Сайтама, Ибараки и Тиба) [Арахата 1970 [1907]: 11]. Поначалу правительство отвечало на жалобы, направляя хозяевам рудника требования принять меры для смягчения последствий катастрофы. Но в 1903 году оно сменило тактику и решило разработать систему предупреждения наводнений и план реорганизации системы водохранилищ рек Ватарасэ и Тонэ. Вместо того чтобы видеть непосредственную причину вреда в человеческой деятельности, власти возложили вину на наводнения, то есть на природу [Stolz 2014a: 88–91].

Следствием этих новых мер по контролю вод стал снос деревни Янака, территория которой, как предполагалось, должна была стать водосборным бассейном для отравленных потоков. Это влекло за собой насильственное перемещение сообщества из 1200 домохозяйств, жизнь членов которого на протяжении поколений зависела от взаимодействия с рекой. В знак солидарности и поддержки сопротивления в июле 1904 года Танака Сёдзо приехал в Янаку, чтобы разработать просветительскую общественную кампанию ради сохранения деревни. Судьбоносная стойкость жителей Янаки и непоколебимость Танаки в их поддержке представляли собой форму сопротивления истеблишменту, встроенную в проживаемый опыт.

Как говорил Исикава, Танака «внедрился в крестьянство» (*номин-но нака-ни хаиттэ итта,* 農民の中に入っていった), тем самым выведя общественное взаимодействие на конкретный уровень повседневной жизни среди тех, кого он хотел спасти от административного насилия [Исикава 1977, 8: 142]. Хотя к 1907 году Янака была полностью уничтожена, горстка ее жителей возвели бараки и поселились в них с тем, чтобы продолжить борьбу. Объединение с ними Танаки представляло собой пример гражданского неповиновения. Это была своеобразная форма контроля пространства, которая почти ничем не отличалась от анархистских сидячих забастовок нынешнего антиглобалистского движения или сопротивления крестьян Санридзуки постройке аэропорта Нарита в 1960-е и 1970-е годы. Деревенские жители, которые хотели выстроить в Янаке заново разрушенные правительственными чиновниками дамбы, пытались тем самым вернуть себе пространство своей повседневной жизни.

Совместная деятельность Исикавы и Танаки относится к 1906 году, когда первый из них проявил особенную активность в движении против обязательных продаж земли, навязанных правительством деревенским жителям. Используя возможности ежемесячного журнала «Синкигэн» («Новая эра»), а позднее — феминистского журнала «Сэкай фудзин» («Женщины мира»), в число основателей которых он входил, Исикава сыграл важную роль в освещении тяжкой доли деревни. Будучи убежден, что тактика Танаки имеет большее значение, он отклонил предложение своего друга, Сакаи Тосихико, вступить в новую Социалистическую партию [Исикава 1977, 8: 142]. Нелюбовь Исикавы к институциональной политике и предпочтение ей непосредственного взаимодействия с условиями жизни крестьян предполагало его принятие впоследствии преобразующего потенциала повседневных практик.

«Синкигэн», преемник СХС, а формально — христианское социалистическое издание, открыто выражал заинтересованность вопросами загрязнения, и за год его существования в нем появились целых 33 статьи об Асио и Янаке [Комацу 2006: 57–73]. Несмотря на свою репутацию эксцентрика, Танака Сёдзо, по мнению журнала, олицетворял собой «новую жизнь *хэймин*» (*хэймин-но синсэймэй*, 民の新生命), человека, отстранившегося от капиталистических интересов и наделенного моральной силой бросить вызов коррупции и государственному угнетению [Мэйдзи сякайсюги 1961–1963, 3: 169–170]. На фоне демонстрировавшейся многими христианами поддержки Русско-японской войны авторы «Синкигэн» критиковали церковь. Журнал подчеркивал свое участие в активном социалистическом строительстве, где понятие братства стояло выше идеологии, а классовая война как таковая не являлась целью. Социалистическое издание «Хикари» («Свет»), «соперник» «Синкигэн», было сосредоточено на теоретических проблемах. В науке оба издания обычно рассматриваются как стоящие на позициях христианского социализма и диалектического материализма соответственно, но их другое, не менее важное расхождение, проявилось во внимании, которое они уделили сельским и городским проблемам.

Таким образом, «Синкигэн» мог претендовать на социалистическую принадлежность к социалистическому лагерю из-за общей оппозиции капитализму и озабоченности вредоносным влиянием на население индустриализации. В нем создавалось видение освобождения рабочего класса — в особенности крестьянства — от эксплуатации и провозглашался принцип общей собственности на средства производства. Однако в своем отказе от революционной борьбы и предпочтении опоры на низовой активизм «Синкигэн» ориентировался на особый, ненасильственный подвид анархизма. В этом контексте сопротивление в Янаке оказалось судьбоносным.

Весной и летом 1906 года Исикава несколько раз посетил Янаку. Невозможность (из-за укусов блох) заснуть рядом с Танакой, можно сказать, познакомила его с прозаическими тяготами повседневного активизма [Исикава 1977, 8: 146]. Однако, по сути, он оказался главным средством коммуникации между Токио и изолированной деревней на равнине Канто[22]. Танака признавал важную роль Исикавы, утверждая в письме к нему, что «Синкигэн», наконец, «пробил дыру в железной стене», разделявшей деревенских жителей и бессердечных столичных бюрократов [Танака 1977–1980, 16: 486–487]. В то время Танака отвернулся от государства, полагая любого обладающего официальной институциональной принадлежностью либо испорченным, либо бесполезным, и опираясь вместо таких людей на неформальную сеть сторонников. Для Исикавы этот опыт стал переломным, вдохновляя его духовную трансформацию и открыв новые возможности активизма [Исикава 1963: 211].

---

[22] В те годы Янака находилась примерно в двух часах езды от Токио на поезде.

Рис. 1. Танака Сёдзо (в центре, с тростью) вместе со своими сторонниками в Токио, 1910 год. Исикава второй справа в первом ряду, сидит рядом с наставником

Как показали очерки и описания современников, за эти годы происходящее в Асио приобретало все большее и большее эмоциональное значение для всех его участников. Героические жесты Танаки служили отражением неизбывного ощущения предательства и гнева, которые объединяли в то время Исикаву и его единомышленников и находили у них отклик многие годы спустя. Степень всеобщего эмоционального накала демонстрировал очерк Исикавы о визите Танаки в хижину больного крестьянина. Слезы потекли по лицу старика, когда тот понял, что причина болезни крестьянина заключалась в предчувствии невыносимого расставания с родиной [Исикава 1977, 8: 149].

Революционное откровение явилось Исикаве, когда весной 1906 года он забрался на самый верх дамбы с тем, чтобы обратиться к протестующей толпе. Он описал это событие в соответствующих событию крайне эмоциональных терминах [Исикава

1977, 1: 431]. Янака пробудила в нем чувство удовлетворения от общественного активизма, не просто как деятельности в защиту деревенских жителей, но в условиях полного отождествления с ними. В этом очерке Исикава вспоминал кровавые слезы и с жалостью писал о печальном состоянии уничтоженной природы, обвиняя и в том, и в другом само государство [Исикава 1977, 1: 369].

Ощущение невыносимого ужаса пронизывало реакцию социалистов конца эпохи Мэйдзи на экологический скандал в Асио. Киносита Наоэ (1869–1937), основавший вместе с Исикавой «Синкигэн», а позднее — биограф Танаки, утверждал, что главной целью правительства было сокрытие проблемы загрязнения, а не управление водными потоками [Комацу 1994: 62]. Арахата Кансон (1887–1981) скептически оценил то, что, по его мнению, являлось маниакальным стремлением мэйдзийского правительства к физическому уничтожению Янаки и сокрытию всех следов загрязнения[23]. Скупка земли приводила к уничтожению идентичности деревенских жителей. По его словам, «рудник сожрал людей» [Арахата 1970 [1907]: 9].

Если страх истребления деревни был реальным, то же самое относилось и к исчезновению симбиотических отношений между человеком и его природными условиями. Путем устранения следов загрязнения правительство пыталось отрицать актуальность и вредоносное воздействие разрушения этой взаимосвязи между человеком и природой. В этом смысле историю модернизации Японии могли бы рассказать ее реки, например Ватарасэ и Тонэ. Они стали немыми свидетельницами материальных и интеллектуальных изменений и решающими аргументами сил, которые сражались друг с другом в ходе эры стремительного развития. Танака Сёдзо лучше всего выразил силу и опасность этих изменений, используя, в частности, понятия *нагарэ* («поток» 流れ) и *доку* («яд», 毒), которые он сформулировал в ходе протестов у рудника Асио [Stolz 2014a: 92–100].

---

[23] В то время публикация этой книги была запрещена, и она была переиздана в 1970 году в свете послевоенных экологических проблем.

Танака предполагал, что природа находилась в постоянном движении и что необходимо предоставить свободу ее объединяющему принципу, присущему ей процессу движения. Этому процессу можно было помогать — например, с помощью сельского хозяйства, — но ни в коем случае нельзя было в него вмешиваться или пытаться обратить его вспять. Изменение естественного потока стимулировало выработку яда, который влек за собой последствия для самой природы и человечества[24]. Таким образом, *доку* появлялось, когда Путь природы и Путь человека не были согласованы [Stolz 2006: 425]. В философии Танаки подчеркивалась взаимосвязь между естественным и общественным и предполагалось, что в основе общественно-политической организации должно лежать исследование природы. Он предложил видеть в течении реки микрокосм баланса природы, который должен стать моделью для мира людей.

В ранее упомянутом «Касэн дзюнси никки» («Дневник путешествия к реке»), который Танака вел ближе к концу жизни, он изучал влияния искусственных воздействий на речные потоки. Дневник представлял собой шаг в сторону выработки географического мировоззрения, бросающего вызов модерности. С точки зрения Танаки человеческое вмешательство в дела природы должно было подчиняться уже прописанному в природе порядку, а следовательно, знания о ходе природных процессов являлись непременным условием осуществления общественной деятельности. Как вскоре это обнаружит Исикава, такой взгляд на основанную на познании природы общественную организацию разделял Элизе Реклю.

Опыт, полученный Исикавой в Янаке, стал началом его долгого взаимодействия с наследием Танаки Сёдзо, которым он восхищался не только по причине свойственного тому альтруизма, но и в связи с творческим взглядом того на взаимодействие между

---

[24] С этим бы не согласились проектировщики и инженеры, ухитрившиеся в конце 1800-х годов повернуть вспять течение реки Чикаго. Они пытались удалить из реки яд, накопившийся в виде отходов человеческой деятельности, и им это удалось. Их достижение стало не только свидетельством подвига тогдашней инженерии, но и примером нарушения хода природы с целью получения положительных результатов.

человеком и природой — то есть географическое мировоззрение. В своих мемуарах Исикава вспоминал:

> Душа Танаки всю жизнь безотказно боролась за гуманность (*дзиндо*, 人道), и в ней не оставалось места на размышления о вопросах жизни и смерти. [...] С точки зрения простых людей это был чрезвычайно необычный человек, однако для самого Танаки все было крайне естественно (*сидзэн*, 自然). Его можно было бы назвать чудаком или праведником, но для него самого все эти наименования были неподходящими. По существу, вся его крайняя необычность коренилась в том, что он был естественным (*сидзэндзин*, 自然人). Он был прирожденным анархистом [Исикава 1977, 8: 153].

В отличие от всеобщего восприятия Танаки как экстравагантного персонажа, Исикава видел в нем врожденную естественность — другими словами, глубокую связь с естественным порядком, распространявшимся и на человеческие общества, которые были его частью. Танака обладал способностью общаться с людьми и имел достаточно веры, чтобы вносить изменения в узоры повседневной жизни[25].

Освобождение крестьян

Даже после уничтожения Янаки жизнь крестьянских сообществ оставалась главной заботой радикалов конца эпохи Мэйдзи. Однако к началу периода Тайсё некоторые из них уже пре-

---

[25] Интересно, что этот же фрагмент в биографии Танаки перевел Кеннет Стронг [Strong 1977: 166]. Он приводит его для характеристики личности Танаки, но переводит «натуральный» как «искренний», тем самым упуская как элемент его укорененности в естественной среде, так и дихотомию *нагарэ* и *доку*. Он также трактует понятие *дзиндо* как «человеческая справедливость», что может подразумевать кодекс созданных человеком правил, а не присущее человеку от природы чувство, которое имел в виду Исикава. Наконец, он опускает последнее предложение об анархизме. В итоге интерпретация Танаки у Стронга ассимилирует его личность в рамках нагруженных западными ценностями политических терминов, что принижает его истинный масштаб и, конечно, восприятие Исикавой его значимости.

ждевременно покинули этот мир, а с ними ушли и надежды на освобождение, которые на протяжении примерно десяти лет давали импульс «социализму для деревни». Двое друзей Исикавы, Моритика Умпэй (1881–1911) и Утияма Гудо, вместе с Котоку попали в 1910 году под следствие в связи с «Делом об оскорблении трона». Акаба Ганкэцу умер в 1912 году в тюрьме Тиба, куда он был заключен за публикацию в 1910 году «Проповеди крестьянам» («Номин-но фукуин»), вызывающего эссе, распространение которого было запрещено правительственными цензорами. Каждый из них наделял социализм конца эпохи Мэйдзи, а также методы и способы освобождения крестьян своим особым смыслом. Не менее важно, что в этот период стало заметным движение радикалов, в круг которых входил Исикава, от социализма к более ясным анархистским позициям.

Так называемая «самая трагическая жертва» «Дела об оскорблении трона», Моритика Умпэй получил известность как склонный к теоретизации, но в то же время и вдумчивый прагматик, внимание которого было сосредоточено на быте небольших крестьянских хозяйств. Его казнили через несколько дней после его 30-летия, и эта смерть положила конец его трудам по экономической реабилитации деревни [Васэда 1974: 302]. Свои спорадические связи с Исикавой Моритика поддерживал в основном через «Хэйминся», затем, в силу своей редакторской деятельности, в «Осака хэймин симбун». Они виделись на неформальных социалистических встречах, а в 1906 году оба принимали участие в протесте против повышения тарифов на железнодорожные перевозки. Когда Исикава находился в тюрьме, Моритика посылал ему открытки с теплыми словами [Васэда 1974: 162–163].

Моритика родился в крестьянской семье в префектуре Окаяма, обучался в местном сельскохозяйственном колледже, а затем нашел работу в Министерстве финансов в префектуре Хиросима. В 1902 году он перешел в правительство префектуры Окаяма, где взял на себя ответственность за сельское хозяйство. Он проводил систематические обзоры экономического состояния крестьянских сообществ, что сформировало его взгляд на аграрное общество [Васэда 1974: 294]. Наблюдая быстрое распространение товарного земледелия в родной провинции, которая специализировалась на производстве хлопка и ткачестве, он столкнулся с разрушением традиционного уклада, к которому привело развитие капитализма. Его первые попытки примирить землевладельцев и арендаторов путем создания объединения, проводящего обязательные инспекции риса, за которые, в конце концов, платили вторые, потерпели неудачу [Моритика 1983: 768]. Позднее, пытаясь уничтожить классовые барьеры внутри крестьянства, он много размышлял о возможных формах крестьянских объединений. Однако его истинной целью стало спасение мелких арендаторов от негативных последствий модернизации.

В декабре 1903 года споры между арендаторами и земледельцами несколько раз возникали и в префектуре Окаяма, в том числе в районах Асакути и Аида. Моритика, с учетом его положения в местном правительстве, был подробно осведомлен о финансовом давлении, которому подвергались мелкие крестьяне[26]. Он безуспешно предлагал создать основанные на взаимопомощи кооперативы производителей, которые предоставляли бы под невысокий процент кредиты на покупку машин и удобрений, а также помощь по другим вопросам, вроде продажи и использования оборудования. Моральным фундаментом таких кооперативов должны были стать доверие, сотрудничество и бережливость. Такие союзы создавались бы в рамках недавно принятого закона о производственных кооперативах (*Сангё кумиайхо*) 1900 года и предоставляли бы помощь мелким арендаторам. При этом они должны были работать без бюрократического вмешательства, отдавая приоритет решениям, принятым «снизу вверх» [Моритика 1983: 769–771].

Разочарование Моритики в эффективности правительственных мер для решения проблем сельского хозяйства привело его к социализму. Кроме этого, он ощущал несоответствие между требованиями Русско-японской войны и своим статусом чиновника. Во время своей поездки по префектуре летом 1904 года

---

[26] См. [СХС 1953, 1: 250].

с целью добиться увеличения производства риса для японских солдат он видел кругом только гнет, которому подвергались крестьяне. Для Моритики война представала «сплошным горем без какой-либо выгоды», и он предполагал, что пассивное сопротивление, например отказ деревенских сообществ участвовать в обязательных военных займах, могло бы прекратить конфликт на этом этапе [Моритика 1983: 783]. Сочувствие нуждам сельского населения, измученного ужасами войны, только усилило противодействие Моритики государству и неприятие им государственных институций. К тому же времени он начал писать для СХС и активно участвовать в пропаганде социализма.

Взгляды Исикавы и Моритики на некоторые аспекты теории кардинально расходились. Одним из таких аспектов был вопрос о необходимости и значимости классовой борьбы. Критикуя опубликованную в журнале «Синкигэн» статью Исикавы, предупреждавшую об опасностях эскалации классового антагонизма в силу того, что тот может завести «в тупик», Моритика утверждал, что столкновение интересов капиталистов и рабочего класса неизбежно и находится в самом сердце социалистической мысли [Моритика 1983: 105]. Однако подобное расхождение в доктринах никоим образом не влияло на их общую ориентацию на крестьянство.

Симпатии Моритики к тем, кто оказался за бортом модернизации, и гнев на тех, кто за нее отвечал, сосуществовали примерно в равных пропорциях. Пока его друзья-социалисты возмущались капиталистами, военными, землевладельцами, аристократией, бюрократами и другими представителями власти в целом, гнев Моритики был направлен в основном на некомпетентность правительства и нехватку знаний. В запрещенной цензурой статье он критиковал бюрократов и ученых, которые, предположительно, разрабатывали меры для улучшения положения деревни, но никогда не держали в руках плуга и своими действиями делали крестьянству только хуже [Мэйдзи сякайсюги 1961–1963, 5: 383].

В апреле 1906 года он выступил в журнале «Хикари» с большой статьей, в которой возражал против налога на импорт риса, введенного с целью сбора средств на Русско-японскую войну.

По словам Моритики, такие меры искусственно взвинчивают цены, но в долгосрочной перспективе никак не способствуют истинным потребностям крестьянских сообществ. Он резко критиковал идею налога как защиты сельскохозяйственного сектора и предполагал, что от него выгадают только немногие крупные землевладельцы [Моритика 1983: 96–98]. Главной темой его обвинений стали некомпетентность чиновников и их сговор. Он постоянно искал практическую альтернативу жутким условиям жизни крестьян в форме повышения продуктивности и опоры на собственные силы. Все это привело его к мысли о необходимости замены монопольной системы общим владением и использованием сельскохозяйственных земель.

В 1907 году Моритика посвятил теме социализма и сельского хозяйства одну из глав своей книги, в которой он объяснял, почему социалистические принципы хорошо подходят для облегчения участи деревни[27]. Он отрицал конвенциональную идею социализма как применимого только к пролетариату, но признавал, что естественная предрасположенность крестьян к консерватизму и их резкий отток в города представляли собой проблему. Будучи верен теоретическим основам социализма, он настаивал на бескомпромиссной классовой борьбе как на неотъемлемом факторе освобождения крестьян [Моритика 1983: 551]. Несмотря на высказываемую им приверженность историческому материализму, к концу главы он все-таки отступил к менее жесткой — анархистской — интерпретации взаимодействия человека и природы. Романтизируя крестьянский труд, Моритика утверждал, что конкурентная борьба за существование не удовлетворяет требованиям сельского хозяйства и приводит к тому, что работа в полях теряет свою красоту и удовольствие. При этом он также предупреждал о последствиях разрыва между человеком и природой. В последней он видел источник разнообразия и то, что создало человека. Таким образом, «культивация разных растений при условии должной

---

[27] Название книги — «Сякайсюги-но коё». См. [Моритика 1983: 298–299]. Хотя она вышла за подписью Сакаи Тосихико, по большей части ее написал Моритика.

почвы, вне зависимости от экономии земли и труда, является лучшим методом для наслаждения трудом, что представляет собой естественное право человека» [Моритика 1983: 553–554].

В своей предсмертной записке к супруге Сигэко, написанной в день его казни, он выразил надежду, что та будет счастлива и что их ребенок получит достойное образование, и напоследок добавил:

> Чтобы деревня всецело оставалась под самоуправлением, необходимо бросить все силы на управление ее лесами. Расскажи другим людям, что в истории других стран найдется множество примеров сильной взаимосвязи между взлетами и падениями лесов — и взлетами и падениями наций [Моритика 1983: 755].

Слова о долге человека перед природой и о необходимости опоры на собственные силы стали последними словами Моритики. Вместе с ним за государственную измену был казнен буддийский священник Утияма Гудо, которому еще не исполнилось 37 лет[28]. Исикава, однако, отметил, что, как подготовленный священник-буддист школы Сото Дзэн, он встретил смерть с самообладанием и достоинством [Исикава 1963: 212–213]. Исикава также вспомнил, что в последний раз он случайно встретился с Утиямой в начале 1910 года в общественной бане, когда направлялся в Токийскую тюрьму в Итигая, чтобы отбыть срок заключения [Исикава 1963: 223]. Его стихотворение «Хакаба» («Могила») открыто нарушило законы о печатных изданиях своим неприкрытым отрицанием капиталистической и империалистической системы, которая, среди всего прочего, уничтожила «почтенную временем независимость деревни»[29]. По счастливому случаю это заключение спасло Исикаву от привлечения к «Делу об оскорблении трона». Позже Утияма также оказался в тюрьме за публикацию оскорбительных статей и хранение взрывчатых веществ. Однако его это не спасло. По причине близких связей Утиямы с Котоку

---

[28] Хотя он также известен под религиозным именем Гудо, ради последовательности здесь и далее я называю его по фамилии — Утияма.
[29] Перевод «Хакаба» см. в [Schnick 1995: 54–58].

его обвинили в соучастии в заговоре с целью убийства императора Мэйдзи[30].

До ареста Утияма служил настоятелем небольшого храма Рисэндзи в Охирадай, в горах префектуры Канагава. Возвращаясь из Янаки в апреле 1906 года, Исикава провел там несколько дней в медитациях и попытке разобраться со своими чувствами как революционера и общественного деятеля. В этом же храме его друг тайком установил за храмовым алтарем печатный станок с целью изготовления и распространения пропаганды. Находясь в Охирадай, Утияма мог изучать деревни и воочию наблюдать горькую участь крестьян, отправляясь порой в недельные паломничества по полям и деревням [Моринага 1984: 160]. Его живое участие к тяжкой доле деревни подчеркивал его рано сформировавшийся интерес к Сакуре Согоро (1605–1653), селянину-мученику XVII века, который был казнен за просьбы к хозяину об освобождении крестьян.

Утияма ужасался жутким условиям существования сельских жителей своего округа, и порой даже помогал улучшить скудный рацион своих прихожан плодами с собственного огорода. Он сознательно внушал молодежи социалистическую мораль и говорил Исикаве, что «единственный способ спасти местных жителей — быть готовым умереть на их земле» [Моринага 1984: 68–69]. 10 сентября 1904 года Исикава познакомил жителей Охирадай с принципами социализма на лекции, на которую пришли 30 человек [Татэяма 1966: 164]. Поначалу предпочтительным методом осуществления общественной революции для Утиямы была пропаганда (*дэндо,* 伝道). Потом он заколебался. В письме 1907 года к Исикаве он выражал намерение проконсультироваться с ним о взглядах на проблему [Васэда 1974: 19]. Похоже, благодаря тесной связи с Котоку и особенно после жестоких

---

[30] Историки обычно упоминают Утияму наряду с Сэноо Гиро (1889–1961) как одно из немногих исключений среди обычно терпимо относящихся к войне буддистов Японии эпохи модерна. См. [Ives 2009; Large 1987: 153–171; Victoria 1997; Shields 2017]. Фабио Рамбелли также рассматривал связь между буддизмом и анархизмом в жизни Утиямы, изучая подобие религиозной философии и политических убеждений. См. [Rambelli 2013].

репрессий, которые последовали в июне 1908 года за «Делом о красном флаге», он проявил бо́льшую склонность к тактике прямого действия, которая не исключала и насильственные революционные методы [Rambelli 2013: 23–24].

Тайно выпущенная им в том же году брошюра «Анархо-коммунистическая революция (в память о заключении)» в подстрекательских выражениях подталкивала неимущих крестьян к освобождению от государства и землевладельцев путем пассивного сопротивления[31]. Текст с подзаголовком «Почему страдают мелкие крестьяне-арендаторы? (*косакунин ва надзэ курусий-ка*, 小作人ハナゼ苦シイカ)» представлял собой обращенное к таким крестьянам недвусмысленное воззвание, призывавшее их объединяться, прекращать отправлять сыновей в армию, платить ренту землевладельцам и налоги государству. Но чтобы начать делать это, они сначала должны были избавиться от предрассудков (*мэйсин*, 迷信), которые возникали у них по причине государственной идеологической индоктринации. По мнению Утиямы, мировоззрение крестьян подверглось обработке, поскольку они полагали, будто обязанности накладывались на них лишь в качестве платы за возделывание земли, безопасность и независимость государства, однако эти предрассудки существовали только для того, чтобы гарантировать послушание. Призыв последнего абзаца «не бойтесь бросать динамит» служил демонстрацией критичности ситуации, и все же остальной текст не содержит подобных призывов к насилию.

В унисон радикальной повестке того времени, Утияма также утверждал, что «император, богачи и крупные землевладельцы — клещи, которые сосут вашу кровь» [Утияма 1979 [1911]: 198]. Критикуя императора, он тем самым подписал себе смертный приговор. В некоторых текстах молодой священник выражал ярость, схожую с той, которая подогревала реакции социалистов эпохи Мэйдзи на катастрофу в Асио. Его раскаленный чуть ли не добела гнев был направлен на всех капиталистов, императора

---

[31] Тираж составил тысячу экземпляров, которые были распространены среди читателей «Хэймин симбун».

и ореол организованных предрассудков, удерживающих систему от распада. Утияма был не теоретиком, а страстным активистом. Однако сосредоточиваясь вместе с Исикавой и другими членами их группы на сельских проблемах, он способствовал формированию определенного направления радикализма.

Утияма предвидел пробуждение социализма — точнее, анархо-коммунизма — в среде крестьян, поскольку осознавал, что деревня не просто нуждалась в радикальных изменениях, но сама по себе представляла собой их возможность, будучи естественной территорией эгалитарных практик. Несмотря на свою критическую риторику, объявлявшую крестьян политически вялыми и безропотными, этот текст видит их потенциальными проводниками эмансипации. С юности лет Утияма активно ратовал за земельную реформу и право женщин участвовать в политике [Ёсида 1959: 438]. Эти требования дополняли его видение общества равных и освобожденных крестьян.

В бумагах, найденных после казни священника в январе 1911 года, был найден написанный от руки незаконченный текст, над которым Утияма, по всей видимости, работал в тюрьме [Инагаки 1993: 155]. Рукопись под названием «Обыденное сознание» (*Хэйбон-но дзикаку,* 平凡の自覚) отчасти читается как завуалированная клятва верности П. А. Кропоткину. В ней отстаивается общая собственность на землю и средства производства, а также сотрудничество как необходимая основа взаимодействия человеческих сообществ. Понятие «обыденного сознания» означало форму просветления и политической осознанности, начинавшейся на индивидуальном уровне и простиравшейся до уровней семьи, города, фабрики, нации и далее вплоть до мирового сознания, что предполагало системное отрицание угнетения с целью достижения освобождения[32]. Таким образом, обыденное сознание несло в себе потенциал освобождения [Rambelli 2013:

---

[32] Понятие постепенного пробуждения через самовоспитание также глубоко укоренилось и в конфуцианской философии. Оно исходит из предположения, что нравственное воспитание генерирует импульсы, движущиеся от индивида к обществу, что является неотъемлемой частью хорошего управления. См. [Watanabe 2012: 21].

22]. Также важно отметить, что за этим стояла возможность постепенной общественной трансформации через революционные практики повседневности на основе «самопробуждения». Связь между (буддийской) интроспекцией и политикой социальных изменений занимала также и Исикаву[33].

Таким образом, религия играла роль в революционных убеждениях обоих, несмотря даже на то, что оба не считали строгую приверженность религиозной доктрине чем-то важным. Буддийский священник писал Исикаве, что в конечном итоге имеет значение только сила нашей веры [Васэда 1974: 24]. Они могли использовать понятия из христианского или буддийского словаря, но в то же время верили в универсальность своей миссии. Утияма называл себя *буккё-но дэндося* (仏教の伝道者), «буддийским проповедником», который видел общность целей веры и политики:

> «Все разумные существа имеют натуру Будды», «вся дхарма одинакова, не выше и не ниже», «все разумные существа суть мои дети». Вот золотые правила нашей религии. Я обнаружил, что эти идеи столь точно сочетаются с социалистическими максимами, что после этого уверовал в социализм [СХС 1953; Ishikawa 1998: 87–115].

Буддийские заповеди не являются предписаниями для жизни в обществе. Они представляют собой абстрактные понятия о природе Вселенной, однако Утияма сознательно увидел в них путь к действию, к актуализации буддийских идеалов через социализм [Ishikawa 1998: 101; Rambelli 2013: 12]. Религия оказалась для него одним из каналов выражения гнева по отношению к экономическому неравенству и эксплуатации. Проведенный Фабио Рамбэлли анализ религиозных референций Утиямы подчеркивает слияние в его мировоззрении элементов буддизма и христианства. Но восхищение, которое Утияма испытывал перед Иисусом и его учениками, готовыми

---

[33] Это явно выразилось в «Кёму-но рэйко», эссе, написанном Исикавой во время пребывания в тюрьме в 1907–1908 годах. См. следующую главу.

пожертвовать своей жизнью ради спасения, также подчеркивает привлекательность христианства как религии, отвечавшей глубокой эмоциональной природе его взаимодействия с крестьянством [Васэда 1974: 23].

Позднее Исикава отмечал, что хотя в процессе его работы в ежемесячнике «Синкигэн» христианские верования оказали на него влияние, он все-таки считал себя сторонником гуманизма (или гуманности, *дзиндосюгитэки*, 人道主義的), а не верующим. Он уважал Христа как личность, но христианство совершенно не соответствовало ни одному элементу его мировоззрения [Исикава 1957: 67]. Его товарищ по социалистической деятельности, Арахата Кансон (1887–1981), избавил христианский социализм от набожности или религиозности, заметив: «в те дни вместо того, чтобы говорить о пропаганде (*сэндэн*, 宣伝), мы говорили о проповеди (*дэндо*, 伝道), понятии с душком христианства (*ясокёкусай*, ヤソ教くさい)» [Арахата 1976, 5: 275].

Схожая риторика обвинений правящего класса и ненависти к нему встречается и в трудах Акабы Ганкэцу. Исикава вспоминал о нем как о поэте и человеке выдающихся познаний, постоянно терзаемом гневом перед лицом несправедливости и неравенства [Исикава 1977, 6: 116–117]. Оба они участвовали в пацифистском движении, Акаба — еще со времени своей жизни США с декабря 1902-го по июль 1905 года. После этого они часто встречались, поскольку Акаба сотрудничал с «Синкигэн», а потом и с «Сэйкай фудзин». Они объединили свои усилия в ходе кампании по спасению деревни Янака. Акаба описывал правительство Мэйдзи как «обиталище демонов», отрывавших детей Янаки от их земли и уничтожавших их законные территории [Мэйдзи сякайсюги 1961–1963, 3: 114].

В своей «Проповеди крестьянам» («Номин-но фукуин», 農民の福音), единственном полномасштабном тексте, написанном Акабой после его поворота к социализму в 1910 году, он рассматривал причины покорности крестьян и их неспособности сражаться за улучшение собственной участи, но приходил к выводу, что в них можно вселить революционный дух, из которого вызреет бунт. На его взгляд, революция была скорее трудом разума (*дори-но сигото,* 道理の仕事), чем эмоций, и неимущие крестьяне должны были как можно скорее осознать собственные права [Акаба 1929: 25]. При этом он не порицал прямое действие как средство достижения освобождения и продолжал настаивать на том, что крестьяне должны учитывать свои собственные интересы и «требовать смертной казни для землевладельцев», забирая рис из их амбаров силой [Акаба 1929: 34, 38]. Он также призывал их объединяться с тем, чтобы не платить земельный налог (*нэнко-о хавару домэй,* 年貢を払わぬ同盟) [Акаба 1929: 36].

Призыв к бунту и возврату к деревенскому сообществу, организованному на принципах взаимопомощи, демонстрирует серьезное влияние П. А. Кропоткина, чьи труды в то время уже нашли дорогу к японским радикалам. Действительно, порой «Проповедь крестьянам» читается как вариация на тему «Хлеба и воли», сочинения Кропоткина, написанного им в 1892 году и переведенного Котоку в 1909-м, только в роли хлеба выступал рис. Акаба подчеркивал важность базового питания, которого не получали мелкие крестьяне, поскольку им приходилось отдавать рис с тем, чтобы выплатить ренту и налоги. Он видел иронию в том, что буржуа относились к ним как к лошадям и коровам, одновременно настаивая на том, что те были корнем нации [Акаба 1929: 35]. И, как правоверный сторонник Кропоткина, он полагал, что после ликвидации гнета землевладельцев наступит блаженное состояние *мусэйфу кёсан* (анархо-коммунизма) [Акаба 1929: 35].

Однако в разделении человека и земли как главного источника жизни Акаба видел ощутимую опасность. Он напоминал о необходимости помнить, что люди — «дети земли» (*тоти-но ко,* 土地の子) и что без возможности ощущать прямую связь с землей «они погибнут, как рыба, вытащенная из воды» [Акаба 1929: 6]. Наперекор христианскому мировоззрению, наделяющему человека уникальным статусом венца творения, он утверждал, что, если человек кормится от земли, он ничем не отличается от червяка [Акаба 1929: 5]. По сути, неуважение к природе приведет к ужасным последствиям. С точки зрения Акабы, «главную ярость природы» (*сидзэн-но дайнару фундо,* 自然の大なる憤怒)

вызывало невыполнение долга перед ней. Власть природы можно было восстановить только путем искоренения из этого мира неравенства, доминирования и лжи [Акаба 1929: 9].

Будучи вдумчивым экологом и защитником крестьянства, Акаба пошел по следам Танаки Сёдзо[34]. Главными свидетелями деградации природы, к которой привела модернизация, оказались крестьяне. Особый вклад Акабы заключался в способе, которым он связывал политический потенциал освобождения крестьян и необходимость поддержки сбалансированного отношения человека и природы.

К концу эпохи Мэйдзи деревня сделалась источником вдохновения географического мировоззрения, которое смогло отразить страдания мелких арендаторов-крестьян. Кроме всего прочего, выступление Танаки в поддержку лишенных своей земли жителей деревни Янака подчеркивало значение места. Путем разделения жизненных тягот с теми, кто оставался на месте разрушенной деревни, он продемонстрировал, что привязанность к земле не была просто абстракцией. Она была следствием реального взаимодействия с землей — в данном случае в форме сельского хозяйства — в конкретный момент времени. Подобным же образом он пытался ненасильственными средствами дать пространству новое назначение, прибегая к той форме активизма, которая стала особенно важной в контексте современной радикальной географии[35].

Активизм Исикавы и его единомышленников начала XX века состоял также и в яростном обличении отношений власти, кото-

---

[34] Схожие мысли высказывал и Фурукава Рикисаку (1884–1911), самопровозглашенный анархо-коммунист, оказавшийся одной из забытых жертв «Дела о государственной измене». В тексте, который он, судя по всему, написал перед казнью в тюрьме, Фурукава утверждал, что человек — всего лишь одно из многих сотворенных существ, и что «природу ни в коем случае не следует подчинять». См. [Фурукава 1964, 1: 172].

[35] Способы изменения назначения пространства путем активизма описаны у Саймона Спрингера. Пространство и все с ним связанное предстают, таким образом, не как место, ожидающее революции, но как место постоянной социальной трансформации. Спрингер развивает эту мысль в контексте истории радикальной географии. См. [Springer 2014: 254].

рые развивались в деревенских условиях. Критикуя невежество и неуступчивость правительственных чиновников, призывая к коллективному сопротивлению злоупотреблениям властью землевладельцев или же порицая отход современников от «пути природы», Исикава и его товарищи подвергали сомнению доминирующую географию эпохи, которая основывалась, по их мнению, на вредоносном капиталистическом производстве и соперничестве национальных государств. Они заменяли ее видением деревни как места потенциального освобождения от государственной власти, осмысленного взаимодействия с физической средой и практик сотрудничества. Другими словами, они пытались заново осмыслить настоящее в соответствии с тем, что они считали новыми, более человечными принципами организации общества.

Глава 3
Прорываясь через границы

В некоторых отношениях национализм представляет собой отсутствие воображения. Привязанность к границам и правилам суверенного государства уводит в тень потенциал истинного космополитизма и транснациональных связей. И несмотря на частое злоупотребление понятием «гражданин мира», оно все еще остается важным для понимания истоков и чаяний анархизма эпохи модерна. Ведь, когда в марте 1913 года Исикава сел в Йокогаме на французский корабль по причине того, что тесное общение с Котоку и другими казненными фигурантами «Дела об оскорблении трона» сделало его положение в Японии крайне шатким, он не просто пытался избежать таким образом опасности. Он также воплощал тем самым способ существования в мире, политическая эффективность и ценность которого лежали именно в существовании не ограниченного в размерах сообщества единомышленников и активистов, разбросанных по нескольким континентам.

Готовность Германии вторгнуться в Бельгию поставила Исикаву в новые рискованные обстоятельства. Судьба и устремленность перебрасывали его из Франции в Бельгию, из Великобритании в Марокко, и в этот период его существование большей частью зависело от доброй воли анархистов и сторонников анархизма. Он участвовал в обмене идеями, обзаводился знакомствами и усиливал свою политическую активность. На первый взгляд кажется, что мало что из этого имело хоть какое-нибудь влияние вне его собственной жизни. И действительно, в контексте драматичной геополитической турбулентности той поры его зарубежные путешествия кажутся довольно легковесными. Однако при более детальном рассмотрении Исикава, чья приверженность к социализму к тому времени уже превратилась в сознательный анархизм, оказывается ключевым элементом в сложной сети интеллектуальных связей, имевших влияние на глобальном и локальном уровнях. Такие связи были питательной средой анархистского дискурса инакомыслия, которому помог перестроиться геополитический хаос той поры.

Прослеживание путей Исикавы в 1910-е годы позволяет увидеть эти связи, которые помогли распространению этого дискурса и росту его значимости для глобальной интеллектуальной истории[1]. В настоящей главе рассматривается важный период добровольного изгнания Исикавы в Европу между 1913 и 1920 годами и его наследие. Она дает возможность увидеть, что пересечение границ оказалось не только физическим — воплотившимся в географическом перемещении, которое стало результатом бегства за границу, — но и интеллектуальным. Исикава принадлежал к широкой сети мыслителей и деятелей, которые также отрицали свою принадлежность к государству и легитимность институций и ставили своей целью преодоление рукотворных границ, рассматривая это в качестве первого этапа создания человеческого сообщества, свободного от государственного контроля. В широком смысле они искали способ дать взгляду человека на свое место в мире новое определение, основанное на понятиях эгалитарности и антииерархичности. Для них люди представали точками пересечения сложных взаимоотношений глобального порядка, который в идеале должен был управляться взаимосвязью, а не конкуренцией, свободой, а не принуждением.

В годы своего добровольного изгнания Исикаве вместе со всей сетью интеллектуалов, к которой он принадлежал, пришлось задаться вопросами об обоснованности искусственных бинарных оппозиций, таких как Запад и Восток, буддизм и христианство, человек и природа, «я» и «Другой», высшие и низшие классы, а также расовых и социальных разделений. Его начавшийся

---

[1] О плюсах и минусах глобальной интеллектуальной истории см. [Subrahmanyam 2015: 126–137; Gänger, Su 2013: 347–351; Moyn, Sartori 2013; Manjapra, Bose 2010].

в 1913 году обмен идеями с Эдвардом Карпентером выдвигает на первый план роль нерациональных модусов познания в общественной трансформации, а также влияние на огромное количество концепций, в том числе и на анархизм, интереса к мистике и духовности, проявившегося на Западе и в Восточной Азии в начале века. Жизнь в доме Поля Реклю и участие в политической деятельности в годы Первой мировой войны помогли Исикаве оспорить легитимность установленных общественных категорий, обнажив перед ним в то же время неопределенности преданности негосударственным идеям. Наконец, интерес к гуманитарной географии Элизе Реклю, возникший у Исикавы в Европе и продлившийся до конца его дней, оказал сильное влияние на его анархистскую концепцию отношений между человеком и природой.

Исследование транснационализма Исикавы в этой главе помогает рассмотреть историю анархизма с двух новых ракурсов. Сначала оно обращается к личной субъектности и проживаемому опыту как к движущим механизмам артикуляции анархистских идей и активизма. Акцент делается на том, как перемещения Исикавы в пространстве повлияли на циркуляцию знаний в более широком мире. На этот подход оказали влияние недавние исследования, в частности, работы Бенедикта Андерсона о роли личных связей в развитии глобального анархизма. В книге «Under Three Flags» путем изучения жизней и путешествий филиппинских интеллектуалов конца XIX века, Хосе Ризала (1861–1896) и Изабело де лос Рейес (1864–1938) Андерсон дает возможность увидеть расширение взаимосвязей транснационального активизма [Anderson 2005].

На самом деле, в настоящее время историки разделяют мнение, что организационные связи наподобие тех, что возникли в процессе создания Первого интернационала, не могут полностью объяснить размах анархистского движения. Чтобы объяснить устойчивость анархистской мысли и практик, по крайней мере вплоть до Первой мировой войны, они подчеркивают роль простирающихся через границы неформальных связей[2]. В частности,

---

[2] См. [Bantman 2013; Bantman, Berry 2010; Bantman, Bert 2017; Turcato 2012].

путем сосредоточения на индивидуальных траекториях настоящее исследование помогает пролить свет на роль случайных встреч и непредвиденных путешествий в формировании идей общественных изменений. Такие идеи, как, например, приверженность пацифизму, иногда представляются противоречащими стандартным анархистским идеологическим принципам. Исследование субъектности на примере Исикавы предоставляет уникальную возможность проследить некоторые неожиданные повороты в формировании глобальной анархистской мысли.

Далее предложенная в настоящей главе историческая интерпретация отрицает простые рамки понимания «центр — периферия»[3]. Вместо этого в фокусе оказываются интеллектуальные зоны согласованности и флюидности обмена, что помогает оспорить предположение об односторонней передаче знаний с Запада на Восток. Анархизм пересматривается в качестве динамического набора понятий и практик со спектром источников вдохновения и амбициями, как заимствованными, так и собственными.

Историки конвенционально рассматривали анархизм в Восточной Азии через призму влияния европейских идей. Они изучали, как эти идеи трансформировались в местных условиях, как, например, в эпоху модерна в Китае[4]. В первых трудах по японскому анархизму [Crump 1983; Harootunian, Najita 1989; Large 1977: 441–467; Notehelfer 1971; Stanley 1982] наблюдалась та же схема анализа, в связи с чем непропорциональное количество внимания было уделено двум ключевым фигурам: Котоку Сюсуй и Осуги Сакаэ[5]. Их смерть от рук государства только придавала блеск ауре мелодраматического насилия, возникшей в историографии анархизма, хотя более тщательное рассмотрение, например, Исикавы предоставило бы возможность иного взгляда.

---

[3] О необходимости «провинциализировать Европу» до сих пор ведутся споры, которых нельзя избежать в исследованиях, посвященных анархизму. См. [Чакрабарти 2021].

[4] Репрезентативные работы включают в себя Chan, Dirlik 1991; Krebs 1998; Scalapino, Yu 1961; Zarrow 1990].

[5] Исключения: [Crump 1993a; Raddeker 1997].

В более недавних работах западная модерность уже не рассматривается как единственный инструмент интерпретации. При этом в развитии японского анархизма подчеркиваются отечественные и транснациональные факторы [Konishi 2013a]. Также понятие анархизма расширяется само по себе, оказываясь не просто описанием формы политической активности, но и интеллектуальным шаблоном, при помощи которого в то время происходила и переконфигурация культурных, общественных и научных сфер. Схожим образом демонстрируется, что взаимодействие Исикавы с сообществом его товарищей распространялось за пределы исключительно политического взгляда на инакомыслие и революцию и даже отклонялось от него. Если критика государственной власти как принципа общественно-политической организации оставалась для них важной, то более всего их интересовал модус такого существования в мире, при котором иерархические отношения во всех формах проживаемого опыта полностью отбрасывались.

До сих пор Исикава вызывал у историков Японии эпохи модерна ограниченный интерес. В работах, которые отмечают его активную роль в истории японского анархизма, эта роль оценивается, скорее, с теоретической точки зрения. В соответствии с этим подходом Исикава предстает одним из вдохновителей экологической критики поспешной индустриализации страны [Stolz 2014a: 117–158; Stolz 2014b: 307–323]. В качестве альтернативы его изображают членом активной в начале 1900-х годов группы христианских анархистов [Crump 1983: 220]. Философские воззрения Исикавы также помещаются в контекст течения «кооперационного анархизма», которое хлынуло в Японию в начале XX века [Konishi 2013a: 326–327, 339–340]. Хотя все вышесказанное справедливо, в нем отсутствует информация о роли Исикавы как путешественника во плоти и посредника между людьми и идеями. Его транснациональный опыт важен как раз в силу установления в годы его добровольного изгнания трансграничных связей и их достаточно долгого существования впоследствии.

Критика цивилизации

Отъезд Исикавы из Токио был организован впопыхах. После публикации «Истории общественных течений Запада», сразу же запрещенной цензорами в начале 1913 года, его допросила полиция. Терять время было нельзя. В начале апреля, после прибытия в Брюссель через Марсель, Исикава нашел себе временное пристанище и через общих знакомых начал искать помощи у других революционеров. Присутствие во Франции и Бельгии китайских революционеров, в том числе и Чу Миньи (1884–1946), члена республиканского движения и позже Гоминьдана, оказалось полезным[6].

Летом 1913 года, благодаря Чу, Исикава впервые пришел в гости к Полю Реклю, племяннику Элизе. Хозяин сразу же показал ему фотографию 1904 года, сделанную в связи с первой годовщиной «Народного еженедельника» [Исикава 1977, 8: 18]. На этой фотографии Исикава был запечатлен вместе с основателями и главными сотрудниками издания: Котоку Сюсуй, Сакаи Тосихико и Нисикава Кодзиро. Фотография оказалась за рубежом во времена «Дела об оскорблении трона» и демонстрировала, что Исикава уже известен в европейских анархистских кругах[7]. Как он вспоминал, «с первой встречи я был почти что членом семьи» [Исикава 1977, 8: 20][8].

---

[6] Чу Миньи известен как участник коллаборационистского правительства Ван Цзивэя, которое существовало на оккупированной Японией территории Китая в годы Второй мировой войны, и был казнен в 1946 году как предатель нации. Тем не менее он получил в Японии, Франции и Бельгии блестящее образование и в течение многих лет был активным участником Гоминьдана.

[7] Во Франции фотография даже продавалась в качестве открытки с подписью «Японские мученики (Токио, 24 января 1911 года)» («Les martyrs japonais (Tokio, 24 janvier 1911)»). На ней указана дата повешения Котоку Сюсуя в результате «Дела об оскорблении трона». См. [Gavin, Middleton 2013: 85].

[8] После Парижской Коммуны 1871 года Поль Реклю с семьей находился в ссылке в Швейцарии, затем, с 1895 года, провел 20 лет в Великобритании, Шотландии и Бельгии. В 1905 году, после отмены во Франции указа о его высылке, он остался в Бельгии. В 1907–1908 годах и в 1910 году за нарушение общественного порядка Исикава провел несколько месяцев в тюрьме.

Рис. 2. Фотография, сделанная в ноябре 1904 года в ознаменование основания СХС — «Сюкан хэймин симбун» («Еженедельник простого народа»). Сверху, по часовой стрелке — Сакаи Тосихико, Нисикава Кодзиро, Исикава Сансиро и Котоку Сюсуй

Добровольное изгнание предоставило Исикаве также долгожданную возможность встретиться с Эдвардом Карпентером, радикальным интеллектуалом, чья критика цивилизации была созвучна настроениям японских инакомыслящих. Резкая критика Карпентером современной (западной) цивилизации, особенно в его работе 1889 года «Цивилизация: причины и лечение», отвечала смутному недовольству, возникшему в Японии в связи с давлением модернизации на рубеже веков. Для инакомыслящих интеллектуалов его взгляды служили противоядием от вездесущих социал-дарвинизма и рационализма как основы мышления. Литературный критик Таока Рэйун отмечал, что чтение работ Карпентера помогло ему сформировать взгляды на то, что он называл «инверсией прогресса», которую демонстрировала нынешняя эпоха [Loftus 1985: 191–208].

В «Цивилизации» Карпентера яростно выражалось его разочарование в современной науке, которая, по его мнению, сделала ряд важных открытий и имела ряд возможностей полезного использования, но в то же время сделалась «высоколобой», отстраненной от реальностей человеческого опыта. По его определению, современная наука оказалась посвящена созданию законов или утверждений «путем разглядывания только небольшой порции фактов» [Carpenter 1921: 87]. В предисловии к полному (и 16-му) изданию книги 1921 года он подводил итог:

> [...] истинное поле науки находится в Жизни, и лучший способ *познать* вещи — *испытать* их значение и отождествить себя с ними через Действие. Из изучения этих принципов сразу же явит Наука истинно человеческая и творческая, уверенная и способная выстроить истинный дом для человека — вместо той призрачной, лихорадочной и обманывающей себя, которая занимается этим сейчас [Carpenter 1921: 9–10].

До встречи с Исикавой Карпентер некоторое время переписывался с ним по инициативе последнего. Признавая общность их взглядов, в 1910 году Карпентер писал:

> Как приятно получать известия от вас с края света и знать, что те же мысли, что и здесь, на берегах Атлантики, движут вами вдали, в Стране восходящего солнца! Те же вдохновения, те же надежды на новое, истинное человеческое общество, и те же борьба и битвы против Тирании[9].

Непрекращающийся обмен письмами между ними свидетельствует о том, что с годами эта дружба только крепла[10].

Исикава уважал философию Карпентера. В 1912 году он опубликовал книгу под названием «Карпентер: поэт и пророк», экземпляр которой отправил другу. Позднее он признавал, что видение жизни и Вселенной у Карпентера, совершенно отличное от воззрений других мыслителей, спасло его от ощущения крайней неудовлетворенности, вызванной недостатком целостности в его мыслях, чувствах и повседневной жизни [Динамикку 1974: 2].

Таким образом, в ноябре 1913 года Исикава активно искал возможность встретиться с человеком, который вдохновил его размышления о прогрессе и цивилизации[11]. Благодаря помощи японца из команды корабля, который отправлялся из Антверпена, он смог ненадолго оказаться в Великобритании [Исикава 1977, 7: 406]. В Лондоне Исикава узнал адрес Карпентера и навестил его в Милтропе, неподалеку от Шеффилда, где у англичанина был коттедж. Карпентер приобрел его в 1883 году, желая наслаждаться простой сельской жизнью вдали от общественного вырождения, вызванного индустриализацией и тем, что он считал пороками своего класса. Исикава провел в этом коттедже три дня и сохранил яркие впечатления о жизни и интеллектуальной проницательности его хозяина [Исикава 1977, 8: 336; 7: 24–28]. В автобиографии Карпентер детально описал первую встречу с Исикавой и отметил его место в широком кругу деятелей, которых он ценил [Carpenter 1916: 276–279], упомянув его ум и сообщив также:

---

[9] Письмо Карпентера Исикаве от 18 февраля 1910 года // Foreign Correspondence, n. 6. Исикава Сансиро канкэй сирё, Библиотека города Хондзё.

[10] В Библиотеке города Хондзё. Обзор переписки см. в [Tsuzuki 1972: 1–9].

[11] Были и другие встречи, одна в марте 1914 года, другая в январе 1915 года и последняя — перед возвращением Исикавы в Японию летом 1920 года.

> Трудно было представить революционера менее заметного. Невысокий, робкий, с весьма нежным голосом, он воплощал собой скромность и сочувствие. Нетрудно было, однако, в этом случае, как и у многих японцев, обнаружить за этой хладнокровной внешностью целый омут решимости и храбрости [Carpenter 1916: 278].

Карпентер был достаточно впечатлен — или даже очарован Исикавой настолько, чтобы помочь ему найти работу, когда в декабре тот вернулся в Великобританию после неудачной попытки найти средства к существованию в Брюсселе. Он даже поместил в «Манчестер Гардиан» объявление, упомянув навыки «молодого и образованного японца», который ищет «легкую работу на складе или конторе, в корабельном или в другом деле» [Manchester Guardian 1914: 1]. Объявление не помогло, но благодаря Карпентеру в декабре 1913 года Исикава нашел временное пристанище и работу в Руйслипе, графство Миддлсекс. Опять же, посредничество Карпентера позволило Исикаве в апреле 1914 года поселиться у Поля Реклю в Брюсселе.

Вокруг Карпентера существовал широкий круг друзей и знакомых, как на родине, так и за границей. По удачному выражению, которое Цудзуки Тюсити употребил в заглавии своей книги, он был «пророком человеческой общности», тем, кто верил не только в ценность человеческих связей, но и в их фундаментальную способность сформировать искреннее и честное общество [Tsuzuki 1980]. Широта его личных контактов была воплощением его надежды на создание мира мужчин и женщин, связанных друг с другом не только рамками класса и институциональных структур, но и духовным ощущением братства[12].

Он также выражал веру «в окончательный триумф простых людей» [Tsuzuki 1980: 4], что изложил в одном из своих самых значимых трудов, «К демократии»:

---

[12] Коттедж в Милтропе стал особым местом для осуществления подобных контактов. См. [Rowbotham 2008: 229–243].

> Если я не на одном уровне с теми, кто ниже всех, я никто; и если я не понимаю, что самый сумасшедший безумец в деревне мне равен, и не буду гордиться тем, что он идет рядом со мной, как друг, и не буду горд так, чтобы он гордился мной, то я не напишу ни одного слова — ибо в этом моя сила [Carpenter 1949 [1905]: 15].

Схожие эгалитаристские надежды питал и Исикава, что выражалось в его неоднократных отождествлениях себя с *хэймин*, простым или обычным человеком, упоминавшимся в названии изданий, с которыми он сотрудничал. Своей миссией он видел сближение с простыми людьми [Исикава 1977, 3: 103, 115]. Для него это слово также обозначало людей морально стойких, вроде Танаки Сёдзо, которые могли помочь вызвать к жизни новую эру, свободную от угнетения и иерархических предрассудков [Мэйдзи сякайсюги 1961–1963, 3: 169–170].

Понятие *хэймин* официально обозначало класс простолюдинов, в который входили все, кроме аристократов и бывших самураев. Последние стали таким исключением благодаря властям эпохи Мэйдзи в 1870 году, вместе с тем они получили и новые привилегии. Однако во время Русско-японской войны радикальные интеллектуалы придали этому слову моральную нагрузку и политический смысл. *Хэймин*, городские или деревенские, были объявлены антиподом властных групп (*бацу*) — политических, финансовых и других, — воплощавших для этих интеллектуалов капиталистический контроль и задававших его воинственные тенденции[13].

Схожие цели в то время преследовал и этнограф Янагита Кунио, давший определение «верного традициям народа» (*дзёмин*, 常民). *Дзёмин* являлись олицетворением местных, в основном сельских традиций, которым удалось избегнуть деструктивного

---

[13] Об использовании понятия *хэймин* после Русско-японской войны см. в [Konishi 2013a: 160–177; Tierney 2015: 101–107]. Тирни прослеживает, как идеалы Французской революции оказали влияние на понятия *хэймин* и хэйминизм. Он отмечает, что, по определению Котоку, *хэймин*, простой человек, противостоял *кокумин*, подданному государства, который был связан с национальным единством. Понятие *хэймин* относилось к связанным узами солидарности людям, находящимся вне нации.

влияния капитализма[14]. Но если Янагита стремился дать определение некоторой эссенциальной «японскости», внимание Исикавы было обращено на признание простолюдинов вне зависимости от их гражданства, социального происхождения, этнической принадлежности и пола. В его представлении *хэймин* не просто оказывались противниками капитализма в силу самой своей природы: они также несли в себе дух противоречия по отношению к любому угнетению, истоки которого Исикава в поздние годы возводил к крестьянским восстаниям в Японии до эпохи модерна [Исикава 1977, 1: 206–208; 2: 318].

В 1910 году Карпентер писал Исикаве, что «будущее человечества ведет нас за пределы патриотизма к гуманности»[15]. Оба они разделяли широко понимаемую анархистскую философию, которая предполагала создание стоявшего выше государства человеческого сообщества, сила которого лежала в эгалитарных принципах.

Их мысли сходны и в отношении утверждения универсального в индивидуальном. Ключом к достижению подлинно демократических идеалов Карпентер видел «космическое сознание». Он называл его третьей стадией человеческого сознания, следующей за стадией животного сознания и стадией самосознания[16]. Как объясняет Кирстен Харрис, под космическим сознанием понималось осознание взаимосвязи всех людей и всей материи, существовавших в прошлом, настоящем и будущем [Harris 2012: 226–235][17]. Это осознание вело к точке, в которой исчезали все кастовые и классовые различия, а равенство и свобода воистину становились принципами жизни в обществе. Но это могло случиться только тогда, когда все индивиды понимали, что являются частью «универсального эго» [Harris 2012: 233]. Таким образом Карпентер связывал достижение космического сознания с побе-

---

[14] См. [Harootunian, Najita 1989: 145].

[15] Письмо Карпентера Исикаве от 21 мая 1910 года // Foreign Correspondence, n. 6. Исикава Сансиро канкэй сирё, Библиотека города Хондзё.

[16] Карпентер также называл это «космической вселенской жизнью». См. например [Carpenter 1920].

[17] См. также [Tsuzuki 1980: 104].

дой над самосознанием, процессом, который, по его словам, должен был сопровождаться озарениями или некими мистическими откровениями [Carpenter 1920].

Схожим образом в той деятельности, которой занимался Исикава, общественная трансформация рассматривалась как результат личного пробуждения, которое само по себе требовало постепенного процесса самовоспитания и медитативных практик. Подобная склонность к духовному, почти мистическому пониманию общественного активизма ощущалась, например, в упоминаниях Исикавы о революционном откровении, которое он пережил в деревне Янака во время кампании против экологического загрязнения на руднике Асио в апреле 1906 года. По его словам, это откровение пришло к нему с чувством экстаза, которое наполнило его во время медитации [Исикава 1963: 212]. Такая практика была важна для него лично и также указывает на тесную связь между политическим активизмом и духовностью[18].

Еще более отчетливо эта связь проявилась в первом полномасштабном эссе Исикава, «Кёму-но рэйко» (虚無の霊光), название которого я перевела как «Хаотичная духовность»[19]. Этот текст Исикава писал с апреля 1907-го по май 1908 года во время своего тюремного заключения, которому он подвергся из-за череды нарушений общественного порядка, совершенных им в качестве редактора нового ежедневного издания «Хэймин симбун». После выхода Исикавы из тюрьмы его действия привлекли к себе внимание правительственных цензоров, которые предотвратили публикацию эссе[20]. Оно состояло из 11 коротких

---

[18] Рут Харрис вдумчиво изучила связь между духовностью и политикой; см. [Harris 2013: 579–600].

[19] Хотя понятие *кёму* обычно переводится как «пустота», я выбрала термин «хаос», чтобы показать неупорядоченное состояние сознания, которое приводится в порядок медитацией. Для Исикавы *кёму* означает не пустоту или чистое не-существование, но состояние существующей неосознанности. См. ниже.

[20] Исикава надеялся опубликовать его в журнале «Сэкай фудзин», но этим планам не суждено было сбыться. Текст впервые стал доступным для публики в его Собрании сочинений 1978 года. Два его фрагмента оказались утрачены.

глав и было написано вязким и непонятным языком, в связи с чем исследовавшие его ученые пришли к множеству противоречивых толкований [Гото 2006: 81–112; Итагаки 1987: 90–93; Охара 1987: 149–155].

И все же этот текст остается содержательным материалом для изучения политической мысли Исикавы. Он не только дает надежные подсказки для понимания анархистского видения, которое тот впоследствии разработает, но также демонстрирует воздействие всего противоречивого множества интеллектуальных течений, как западных, так и восточных, которые оказали во второй половине эпохи Мэйдзи влияние как на самого Исикаву, так и на его современников. Обращение к таким мыслителям, как Лао Цзы, Жан-Жак Руссо, Артур Шопенгауэр, Аристотель, Ван Ян-мин и Спиноза, и к таким текстам, как, среди прочих, буддийские писания, Библия, «Лунь Юй» и «Кодзики», отражает широту интеллектуального кругозора Исикавы и предстает непростым упражнением в синкретизме. «Кёму-но рэйко» демонстрирует существование синергии идей, которая вдохновляет систематизированную критику цивилизации.

Исикава писал о человеческой судьбе в метафизических понятиях, давая возможность ощутить бессмысленность человеческого сознания в безграничном пространстве и времени. По отношению к материалистическим утверждениям эпохи он выражал закоренелый скептицизм, указывая на ненасытность человеческих страстей как на корень всех бед. По его словам, люди стремились вслед за мирскими желаниями (*буцуёку*, 物欲), но в конце концов оказывалось, что на самом деле они преследовали тени этих желаний, не в силах отличить эти тени от настоящего. И истоком этого ошибочного восприятия оказывалось отчуждение от изначального природного состояния [Исикава 1976: 10–11].

Вдохновляясь даосизмом, Исикава предположил, что это отчуждение возникло по причине опоры человека на знание, превосходящее то, которое было изначально дано ему в этом мире [Гото 2006: 93]. Важнейшим инструментом для такой критики модерности являлась «Дао де цзин», по крайней мере в ее современной интерпретации, с апологией естественного порядка вещей и вечных этических принципов. Согласно «Кёму-но рэйко», люди попадали в ловушку бед и невзгод из-за заблуждений в процессе познания[21].

Но из текста также следует и неплохая осведомленность Исикавы в области дзен-буддизма. Этот религиозный источник придает названию эссе смысл, очерчивая при этом авторскую концепцию политического активизма[22]. Обращения к «Хэкиган-року» («Речения с лазурного утеса», 碧巌録), одному из главных сборников дзенских коанов, а также его критика показывают близость Исикавы к учению Юцюань Шэньсю (606–706), духовного лидера так называемой Северной школы китайского Дзена. В свою очередь оно предполагает и понимание просветления как чего-то, что *достигается* путем практики медитации и олицетворяет собой постоянную очистку сознания от его грязи и желаний, контрастируя тем самым с учением Южной школы, где практика и просветление не объединены причинно-следственной связью [Dumoulin 1979: 49].

Как следствие, понятие *кёму* у Исикавы стоит рассматривать как аллюзию не к пустоте, как его обычно переводят, но к состоянию хаоса (*му*, 無), которое предшествует просветлению. Другими словами, это понятие подразумевает, что поначалу разум являет собой не полную пустоту (*ку*, 空), но как еще не обретшее форму вместилище, которое обретет эту форму путем самореализации. Хотя такое объяснение довольно упрощено, оно тем не менее явно указывает на убежденность автора в потенциале изменений путем постепенного процесса, который закрепляется в личном опыте и определяется выбором.

Действительно, на следующем этапе своих размышлений Исикава предполагал, что единственным способом воссоединиться с изначальным состоянием природы является углубленный поиск внутри собственной души. Только это дает возможность

---

[21] Экскурсы в даосизм часто встречается в работах Исикавы. См. [Исикава 1977, 5: 392]; см. также его статью о Лао Цзы [Исикава 1938: 476–479].

[22] Благодарю профессора Саваи Кэйити за его комментарии по этой теме.

отличить желания от теней. Сомнения можно рассеять только стоя лицом к свету, а не повернувшись к нему спиной [Исикава 1976: 11]. Исикава называл такое самосозерцание или поиск в душе *найкан дзисэй* (内観自省), что ассоциируется с упомянутыми выше буддийскими практиками интроспекции, направленными на очистку и утверждение сознания. Он обращал внимание на важность саморазвития для достижения высшей истины, которая имплицитно отрицает ограничения, накладываемые государством, правом и общественными обычаями. Как он также объяснял, высшая истина — это не более чем сознание вселенной (*утю,* 宇宙), другими словами, природы (*сидзэн,* 自然) [Исикава 1976: 13].

Революционное кредо Исикавы принимает менее абстрактный характер во второй части текста. Там он сравнивает взгляды Маркса и П. А. Кропоткина, критикуя первого за обманчивое убеждение в том, что созданию свободного и равного общества может способствовать централизованная сила. Он предпочитал модель анархистского коммунизма Кропоткина, высказывая, однако, сомнения в возможности ее реализации на нынешней стадии развития революционного движения [Исикава 1976: 19]. Во Вселенной, которая виделась ему как нечто изначально децентрализованное, существующее в процессе постоянного обновления в отсутствие доминирующего принципа управления, исключительное значение Исикава приписывал свободе человека [Исикава 1976: 15]. Но потенциал этой свободы лежал исключительно внутри его «Я». Только постоянная рефлексия и самовоспитание могли освободить дух от цепей, которые накладывали на него человеческие знания. Наконец, только тренировка сознания — пробуждение каждой индивидуальной клетки общества — сыграла бы решающую роль в трансформации этого общества [Исикава 1976: 25].

Яркой особенностью «Кёму-но рэйко» является не логика аргументации, которая представляется неряшливой с точки зрения философии как науки, но намеренное обращение к духовному или мистическому вокабуляру для ее поддержки. Исикава бросал вызов возможностям современной науки и рациональности предложить адекватные средства познания мира. Если человек хочет осознать свое место в иерархии Вселенной, он не может полагаться исключительно на механистические и эмпирические методы познания, навязываемые современной цивилизацией. Другими словами, эссе предостерегало от сведения обретения знания к простому абстрактному мышлению и формированию категорий сознания и побуждало читателей не игнорировать более духовные формы познания реальности, будь то космическая интуиция, религиозный опыт или иное мистическое вдохновение.

На пристрастие Исикавы к духовному измерению знания могла повлиять его учеба в 1894–1895 годах в Токио Тэцугакукан, предшественнике университета Тоё. Основателем этого заведения был Иноуэ Энрё (1858–1919), известный буддист, а также создатель дисциплины «Ёкайгаку» (妖怪学), или «изучения сверхъестественного». Вне всякого сомнения, Исикава был погружен в культурные тенденции эпохи, проникнутые стремлением к активному поиску способов выйти за пределы того, что в те годы воспринималось как ограничивающие рамки научного мышления и западной рациональности[23]. Понятие *симпинсюги* (神秘主義), которое японские ученые применяют к подобному увлечению мистическим и духовным, охватывает явления в диапазоне от простого интереса к таинственному до исследования сверхъестественного или непосредственного опыта с философской точки зрения[24].

Движение возникло в конце 1890-х годов после японо-китайской войны. Его кульминация пришлась на эпоху Тайсё и сопровождалась ростом репутации таких фигур, как философ Нисида Китаро (1870–1945) и дзен-миссионер Судзуки Дайсэцу (1870–1966) [Цуруока 2001: 34]. Истоки этого движения до конца не

---

[23] Джеральд Фигал предлагает обзор такого мировоззрения в [Figal 1999], хотя его анализ по большей мере сосредоточен на литературном воплощении тренда.

[24] Перевод этого понятия как «мистицизм» не охватывает полностью весь диапазон значений, заключенных в слове «симпинсюги», поэтому в главе приводится японская транслитерация термина. См. [Каваи 2012: 231–250; Цуруока 2001: 33–43].

ясны, но его появление во многом обязано тем вопросам, которые возникали у западных художников и интеллектуалов на фоне тоски, охватившей их в эпоху fin de siècle. Критик и религиовед Анэдзаки Тёфу (также Масахару) (1873–1949) стал одним из первых энтузиастов немецкой философии, в частности, работ Артура Шопенгауэра, чье увлечение Востоком и чьи познания в области восточной мысли широко известны[25]. Путешествия Анэдзаки в Германию, Великобританию и Индию на рубеже веков помогли ему найти подтверждение существованию понятия религиозного духовного измерения, необходимого для осознания сути науки и эстетики. Он попытался предложить метафизическое видение мира, в котором брахманизм и буддизм сочетались бы с христианским мистицизмом [Цуруока 2001: 36; Каваи 2012: 239].

Его современники, например философ Цунасима Рёсэн (1873–1907) или писатель Ивано Хомэй (1873–1920), демонстрировали подобную увлеченность. Первый провел бóльшую часть своей короткой и трагичной жизни в попытках справиться с аномией и ощущением приближающейся катастрофы, оказавшимися всепроникающими в условиях быстрой модернизации. Он также пытался примирить религиозные учения Запада и Востока, находя много идей в трудах Вильяма Джеймса (1842–1910), особенно в его «Многообразии религиозного опыта» [Цуруока 2001: 37]. С другой стороны, Ивано интересовался такими авторами, как Морис Метерлинк (1862–1949), Ральф Уолдо Эмерсон (1803–1882) и Эммануэль Сведенборг (1688–1772), исследуя их понимание природы с тем, чтобы дать формулировку собственной интерпретации *симпинсюги*. Он вкладывал в это понятие желание преодолеть дуализм души и тела, а также пытался дополнить свои аргументы использованием образа полузверя-полубога [Цуруока 2001: 38].

Эти предпосылки помогли распространить концепцию мистического среди интеллектуалов. Сходным образом в формирова-

---

[25] Урс Апп подробно изучил интерес Шопенгауэра к восточной мысли. См. [App 2014].

нии мировоззрения тогдашней интеллигенции сыграло роль краткое увлечение теософией, росту интереса к которой способствовали в 1889 году успешные гастроли по Японии Генри Стил Олькотта (1832–1937) [Yoshinaga 2009: 110–131]. Лет десять спустя такие слова, как «эзотеризм», «оккультизм» и «спиритизм», приобрели вес, а академики отчаянно спорили о возможности религиозного измерения в восприятии реальности. Шопенгауэром и теософией увлекался молодой литературный критик Таока Рэйун [Loftus 1985: 196; Yoshinaga 2009: 129]. А обращения Исикавы к работе ученого и проповедника Генри Драммонда (1851–1897) «Восхождение человека» («The Ascent of Man») предполагают, что он воспринимал социализм не просто как политическое, но и как духовное предприятие [Исикава 1976: 13].

В движении *симпинсюги* существовало много аспектов и некоторых противоречий, а политические пристрастия его сторонников были совершенно разными[26]. Однако его основа оказалась достаточно прочной для того, чтобы так или иначе повлиять на рефлексию огромного количества мыслителей той эпохи. Особенно интересна попытка этого движения преодолеть дихотомию Востока и Запада в поисках религиозного или философского универсализма. Благодаря повороту к духовной и мистической мысли, под влиянием Запада, где стали пользоваться спросом различные мировоззрения Востока, японские интеллектуалы смогли вспомнить собственные традиции.

С европейской точки зрения внимание к нерациональным способам познания также воплощало собой критику западной цивилизации. Эта критика, в свою очередь, вдохновила внимание ряда мыслителей к источникам восточной традиции, особенно духовным и религиозным[27]. Восточная философия оказалась важным ресурсом интеллектуального развития Карпентера.

---

[26] Между фанатичным национализмом Ивано, апологией японского империализма у Таоки и эгалитаристскими общественными взглядами Анэдзаки имеются весьма существенные различия.

[27] Кульминацией подобных антизападных настроений станет «Закат Европы» Освальда Шпенглера, опубликованный в Германии в конце Первой мировой войны. См. [Шпенглер 1993 [1992]].

Он возвел свое понимание «Универсального "Я"» к давней философской традиции, к которой принадлежали священные трактаты индусов, «Упанишады», а также буддизм и даосизм [Rowbotham 2008: 271]. С этой точки зрения Исикава оказался ценным собеседником для Карпентера, питавшего искренний интерес к духовным практикам Востока и с восторгом обсуждавшего с ним при встрече практики дзен и синто [Tsuzuki 1972: 5; Rowbotham 2008: 349].

В этом смысле использование Исикавой даосских учений могло стать результатом движения по такому непрямому пути. Частью того же процесса оказался и его интерес к идеям Эдварда Карпентера. Конечной целью, однако, было не возвращение к традициям per se, не акцент на нативизм, но, скорее, поиск подобий, путем которого осуществлялась выработка определенной концепции человеческой природы или сущности (*нингэнсэй*, 人間性), превосходящей искусственно созданные границы. Эта концепция концентрировалась на значимости общих для всех чувств, настроений, человеческих ощущений и эмоций, что противопоставлялось главенству рациональности и материализма.

При рассмотрении в контексте растущего интереса к духовности среди интеллектуалов на рубеже веков такое эссе, как «Кёму-но рэйко», помогает прояснить надежды радикалов конца эпохи Мэйдзи. Для Исикавы и многих его друзей возможность использовать нерациональный способ восприятия реальности сыграла роль в формировании политического активизма. Этот способ предполагал возможность таких изменений в обществе, которые, как они верили, зависели от постепенного пробуждения человека, а не от простого механистического процесса классовой борьбы[28]. С этой точки зрения их взгляды на социализм и анархизм имели больший потенциал в практиках повседневной жизни, чем в политической идеологии.

Увлеченность Исикавы мистицизмом или духовным пробуждением отчасти проливает свет на его отрицание марксистско-

---

[28] См. переписку Сакаи Тосихико и Исикавы о классовой борьбе как цели или средстве социальной революции в [Исикава 1976: 27–34].

го социализма и предпочтение, отдаваемое им той форме анархизма, которая предполагала революционную трансформацию в отсутствие рамок партийной принадлежности и исторической закономерности[29]. Другими словами, для него революция должна была стать плодом внутреннего процесса, а не быть навязанной снаружи. И Карпентер, и Исикава связывали свои общественно-политические воззрения с понятием опыта откровения. К 1910-м годам оба они пришли к схожим выводам о возможности установления высшего эгалитарного порядка и ее реализации как «дела сердца, а не политических убеждений» [Carpenter 1949 [1905]].

Всеобщее братство

Случайная встреча с общественными деятелями, основателем Гуманитарной лиги Генри Солтом (1851–1939) и его женой Кейт (1857–1919), состоявшаяся благодаря Карпентеру, дала Исикаве повод для дальнейших размышлений о связи между восточными религиозными традициями и анархизмом. Он познакомился с супругами в Милтроп-коттедже в ноябре 1913 года. Еще в Японии Исикава читал статьи Солта в журнале «Гуманитарий», о чем Солт позднее высказывался с некоторым удивлением[30].

Близкий друг Карпентера, разделявший с ним склонность к простой жизни, Генри Солт, известный исследователь Генри Торо и энтузиаст этического социализма, интерес к которому познакомил его с Джорджем Бернардом Шоу (1856–1950), Уильямом Моррисом (1834–1896) и Джоном Рёскиным (1819–1900), остается одним из забытых визионеров той эпохи. Сегодня вспоминают его яростное вегетарианство и порицание жестокого отношения к животным, оставляя в тени широкий круг его

---

[29] В 1906 году Исикава отверг предложение Сакаи Тосихико вступить в заново создаваемую Социалистическую партию [Исикава 1977, 1: 127].

[30] Письмо Солта Исикаве от 14 ноября 1913 года // Foreign Correspondence, n. 40. Исикава Сансиро канкэй сирё, Библиотека города Хондзё.

взглядов. Схожим образом смелая и предусмотрительная защита Карпентером гомосексуальности затмевает его другие достижения в качестве общественного реформатора, политического мыслителя, поэта и защитника окружающей среды[31].

Солт верил в универсальное братство всех созданий и с готовностью противопоставлял христианской снисходительности к земным тварям буддийский акцент на святости всего живого [Tsuzuki 1980: 110; Hendrick, Hendrick 1989: 12]. Он отрицал общепринятое разделение человечества и животных, высказывая мнение, что «необходимо признавать общую связь человечности, которая объединяет все живые существа во всеобщем братстве» [Salt 1894: 8]. Будучи убежден, что человек является частью природы, а не ее хозяином, он осуждал разграбление окружающей среды в то время, когда экологическое сознание было еще не так развито, как сейчас.

Название последней книги Солта, «Принцип братства» («The Creed of Kinship»), полностью отражает характер убеждений ее автора. А о его работе «В защиту вегетарианства» («A Plea for Vegetarianism») (1886) сам Ганди сказал, что эта предположительно первая прочитанная им английская книга на указанную тему «крайне помогла укрепить мою веру в вегетарианство»[32]. Исикава был явно заинтересован практикой вегетарианства. Ведь, помимо всего прочего, его придерживался и Элизе Реклю[33].

Значение, которое Солт придавал идеям всеобщего братства и Гуманитарной лиги, иллюстрируется наличием ряда специфических понятий из области морали, активно используемых в интеллектуальном кругу, к которому тот принадлежал. Среди этих понятий особая роль отводилась присущему людям сочувствию (sympathy), которое возникало вне зависимости от любых

---

[31] См., например, [Copley 2006].

[32] Письмо Ганди Солту от 12 октября 1929 года, цит. по: [Hendrick 1977: 110]. В том же письме Ганди пишет об аналогичном влиянии, которое оказали на него труды Солта о Торо.

[33] См. [Reclus 1901]. Исикава, видимо, дотошно изучал этот вопрос, что следует из его переписки с немецким анархистом и историком Максом Неттло (1865–1944).

различий в статусе или этнической принадлежности. Исикава разделял подобные взгляды, что выражалось в его привязанности к понятию *хэймин*, определявшему до той поры его активизм. По возвращении в Японию он перенес внимание на схожее понятие *ниндзё* (чувство, 人情), отчетливо человеческое этическое сознание, инициирующее и поддерживающее общественные изменения: «со всеми этими многообразными феноменами космоса как внешней силы, *ниндзё*, внутренний фактор, влияющий на человеческое общество, существует и в древние времена, и в нынешние, на Западе и на Востоке» [Исикава 1925: 8].

Интерес Исикавы касался связей, которые он обнаружил между принципами Гуманитарной лиги Солта и теми, которые выдвигали адепты «нового буддизма» в Японии. В письме к своему старому другу Такасиме Бэйхо (1875–1949), ярому стороннику прогрессивного буддизма и основателю издательства «Хэйго», он писал о приглашении в гости к Солтсам и интересовался желанием Такасимы получать посвященный защите животных журнал «Гуманитарий» («The Humanitarian»), который Генри Солт предлагал отправить тому в Японию [Исикава 1977, 7: 95–96].

Сам Такасима слыл ярым сторонником защиты животных, что дополняло его другие моральные приоритеты: отмена проституции, воздержание и равенство полов. Как активист, он был одним из основных участников «Нового буддийского общества»[34]. В этом качестве Такасима оказался в числе тех многих, кто занимался в эпоху Мэйдзи реабилитацией буддизма, особенно после его ухода в тень в результате утверждения синтоизма, ставшего следствием Реставрации[35]. Эта реабилитация принимала различные формы, такие как подъем научного буддизма в университетах и появление различных реформистских движений, вроде тех, инициатором которых было «Новое буддийское общество». Эти реформистские движения находились в сложных отношениях с христианством. Расширение последнего в процессе модерниза-

---

[34] Основано в 1899 году как «Общество чистого буддизма», в 1908 году переименовано в «Новое буддийское общество». См. [Hoshino 2008].

[35] См. [Ketelaar 1990].

ции Японии представляло собой проблему, вместе с которой пришло и осознание того, что христианство можно брать за образец, особенно с учетом методов его распространения и кампаний поощрения нравственного поведения [Thelle 1987: 198–201]. «Новое буддийское общество» сохраняло прямой интерес к унитарным практикам, например к поддержке воздержания. На этом фоне сосредоточившиеся на духовном мыслители эпохи Мэйдзи находились не так далеко от точки зрения универсалистов, стремившихся к созданию мировой религии [Ketelaar 1990: 41; Thelle 1987: 218; Duara 2001: 102].

Даже в таком случае доктринальные различия часто казались непреодолимыми, что, например, можно увидеть на примере спора между пантеистическим взглядом на мир, в соответствии с которым все космические феномены отражают божественную реальность, и монотеистическими представлениями. Проще говоря, существовало различие между имманентным буддийским видением и трансцендентным христианским, и эта проблема также занимала Исикаву и Такасиму, пока в процессе руководства изданием «Синкигэн» Исикава не отошел от христианства[36].

Их переписка в годы добровольного изгнания Исикавы касалась положительных сторон медитации, литературной критики и проблем географических перемещений [Исикава 1977, 7: 73, 79, 80, 98]. Исикаву также радовало, что Такасима читал журнал «Гуманитарий» [Исикава 1977, 7: 99]. Его письма публиковались в «Синбуккё», выпускаемом «Новым буддийским обществом» журнале, который стал важной площадкой для размышлений Исикавы над судьбой цивилизации и ссылкой, и на протяжении многих лет служил местом обмена идеями между христианами и прогрессивными буддистами [Thelle 1987: 211][37].

Прогрессивная позиция «нового буддизма» означала, что некоторые его сторонники оказались близки к социалистам конца

---

[36] Письмо Такасимы к Исикаве от 11 сентября 1906 года // Исикава Сансиро канкэй сирё, Correspondence, n. 363.

[37] Исикава представил в журнале труды Эдварда Карпентера и Элизе Реклю, см. номера 13: 4 и 15: 1, цит. по: [Ёсида 1959: 413–414].

эпохи Мэйдзи. Личные отношения Исикавы с Такасимой начались еще во время их учебы в одном университете, при этом так или иначе связаны с обществом или с журналом оказались такие фигуры, как Сакаи Тосихико, Моритика Умпэй, Киносита Наоэ и Котоку Сюсуй. Социалисты посещали регулярные встречи новых буддистов, не считавших себя социалистами, но подвергавшихся усиленному полицейскому надзору. Обе группы, однако, объединяли стойкие реформистские воззрения, приверженность свободе и оппозицию правительственной власти [Ёсида 1959: 395; Mohr 2014: 112–114].

В мемуарах Такасима вспоминал, что решение опубликовать последнюю статью, написанную Котоку перед казнью, далось ему непросто. Ему было прекрасно известно, насколько роковой (*тимэйтэки,* 致命的) могла оказаться вероятность слишком близкой связи с социализмом [Такасима 1951: 136]. Статья называлась «Ниспровержение Христа» («Кирисуто массацурон», 基督抹殺論) и содержала опровержение мифа об Иисусе. Ее автор знал, что она выйдет после его смерти — и это будет его последнее слово, — что, возможно, и побудило Такасиму согласиться на публикацию. Логично, что одной из характерных черт «Син Буккё» стало исследование различных взглядов на христианство. Но также очевидно, что Такасима благоговейно восхищался смелостью и ощущением свободы, которые исходили от инакомыслящих социалистов конца эпохи Мэйдзи, главными воплощениями которых были Котоку и Исикава [Такасима 1951: 134–138; Ёсида 1959: 397]. Он общался с одиноким японским изгнанником, как с одним из представителей группы, которому удалось выжить, несмотря на репрессии государства.

В работах ученых показано, что амбиции «нового буддизма» выходили за пределы переосмысления и смены установок традиционного буддизма перед лицом репрессивных мер мэйдзийской власти. В реальности же это движение имело дело не только с исключительно религиозными соображениями, но также с аспектами мистики и самосовершенствования, которые занимали многих мыслителей того времени, пытаясь увязать их с проектами общественно-политических реформ [Yoshinaga 2009; Тэдо 2001: 31–43]. Роль Исикавы как связующего звена между идеями и людьми отражала эту тенденцию и усиливалась тем, что он видел сходство между «Гуманитарной лигой» Солта и «новым буддизмом» Такасимы Бэйхо. Их объединяло не просто негативное отношение к жестокому обращению с животными, но и общее видение этических задач.

На протяжении нескольких лет Исикава поддерживал связь с Солтами, и всегда оставался благодарен им за щедрость и тактичность, которую они проявили по отношению к нему во время его пребывания в Великобритании [Исикава 1977, 6: 197]. Кейт экспрессивно упоминала в переписке сообщество мужчин и женщин, которые переступили границы, и желала Исикаве «всей той свободы, которая приходит к тем, кто понимает, что такое Свобода»[38].

Таким образом, Исикава тихо работал над воплощением в жизнь человеческого братства, представляемого им вместе с Карпентером. После возвращения в Японию он также переписывался с Эдит Мэри Мур (1871–1949), с которой однажды встретился во время своих визитов в Великобританию. Плодовитая писательница и эссеистка, ныне, впрочем, основательно подзабытая в литературных кругах, Мур была прогрессивной мыслительницей, которая занималась вопросами городской бедности и хотела достичь в обществе гендерного равенства[39].

Мур также обожала Карпентера, которому посвятила свой написанный в 1920 году роман «Слепой стрелок», использовав для этого следующие выражения: «вы, кто так много мудрого написал о триединой совокупности нашей трудной жизни — тело, душа и дух — поймете, где я ошиблась, а где — преуспела в описании всех трудностей и страхов одной женской жизни» [Moor 1920: 6]. Её явно интересовали и духовные аспекты бытия.

---

[38] Письмо Кейт Солт Исикаве от 17 марта 1914 года // Foreign Correspondence, n. 39. Исикава Сансиро канкэй сирё, Библиотека города Хондзё.

[39] Сведения о жизни и трудах Эдит Мур доступны в Orlando Project: [Orlando 2006].

В своем письме 1922 года она спрашивала у Исикавы, знаком ли тот с «Tertium Organum» П. Д. Успенского (1878–1947), книгой, которая посвящена четвертому измерению и которую она нашла «крайне любопытной»[40].

Как бы в подтверждение наличия у них общих идеалов она добавила, что за этот год смогла понять, что нужно расходовать любовь не на отдельных людей, но на род (человеческий)[41]. В ее работах выражалось, пусть еще и не воплотившееся, стремление к преодолению различий, искусственно навязанных созданными людьми категориями. Почти через 20 лет после их последней встречи она писала Исикаве:

> Я всегда с удовольствием вспоминаю ваши визиты, потому что, хотя очень многие писали, что Восток и Запад друг друга никогда не поймут, я часто говорила друзьям, что никогда не ощущала себя более уютно с кем-нибудь еще, кроме вас. Может быть, потому — хотя мне не хватает вашего опыта — мы оба с надеждой ждем времени, когда и мужчины, и женщины смогут жить в совместном, понимающем братстве[42].

Озабоченность Мур положением женщин привела к тому, что в 1935 году она написала длинную статью «Поражение женщин» («The Defeat of Woman»), в которой речь шла о мире после их эмансипации, где женский характер оказал бы положительное влияние на решение, в том числе, социальных и экологических проблем [Orlando 2006]. Исикава, бывший в 1907 году наряду с Фукудой Хидэко редактором социал-феминистской газеты «Сэкай фудзин», возможно, сыграл роль посредника и здесь.

---

[40] Письмо Мур Исикаве от 11 августа 1922 года // Foreign Correspondence, n. 30. Исикава Сансиро канкэй сирё, Библиотека города Хондзё. Петр Демьянович Успенский (1878–1947), ученик Георгия Гурджиева, желавший примирить духовные искания и точные науки.

[41] Письмо Мур Исикаве от 11 августа 1922 года // Foreign Correspondence, n. 30. Исикава Сансиро канкэй сирё, Библиотека города Хондзё.

[42] Письмо Мур Исикаве от 28 января 1937 года // Foreign Correspondence, n. 30. Исикава Сансиро канкэй сирё, Библиотека города Хондзё.

Статья дошла до него, и он доверил другу ее перевод, хотя непонятно, была ли эта работа завершена[43]. Но сам текст и отстаиваемые в нем идеи гендерного равенства оказались в Японии, что особенно примечательно, поскольку это случилось в результате единственной встречи единомышленников, состоявшейся в Великобритании 1910-х годов.

Война и анархисты

Размышляя в начале 1914 года о рискованном возвращении в Японию по причине крайнего истощения финансовых и умственных ресурсов, Исикава получил известие, что Поль Реклю и его жена Маргерит будут рады приютить его в одном из кварталов на юго-востоке Брюсселя. Он переехал туда в апреле и, получив работу художника и декоратора, смог наконец-то добиться некоторой финансовой стабильности после года странствий, заставивших его ощутить себя «одиноким путешественником в пустыне» [Исикава 1977, 7: 78]. Реклю и Исикава могли поделиться друг с другом схожим опытом преследований и изгнания, который только укрепил их дружескую связь[44].

Последовавшее за этим столкновение с Первой мировой войной только упрочило эту дружбу, и в то же время снова поставило Исикаву в тяжелое положение. С первого дня наступления немцев на нейтральную Бельгию 4 августа 1914 года до его побега во Францию шесть месяцев спустя он оказался втянут в ужасы глобального конфликта. Первые слова его «Дневника осады»

---

[43] Письмо Исикавы Мур от 26 декабря 1937 года. Открытка любезно предоставлена семьей Эдит Мур. Нет указаний на то, что перевод был закончен. Исикава упоминает, что его друг заболел и был вынужден прервать работу. Он также оплакивает подъем национализма и фашизма в Японии.

[44] В первый раз Поль был сослан в Швейцарию в 1871 году после Парижской Коммуны, во второй — в Великобританию и Шотландию после 1895 года в результате обвинения в связи с анархистом-террористом Огюстом Вайяном. В 1903 году Поль переехал в Бельгию, чтобы помочь дяде Элизе с редактурой книги «Человек и земля».

Рис. 3. Исикава у Поля и Маргерит Реклю в Брюсселе во время немецкой оккупации города. Октябрь 1914 года

(«Рюдзё никки») выражали его гнев по отношению к «гражданам, которые вдруг стали жестокими, дикими зверями, которые охотятся друг на друга, ненавидят, проклинают, ставят ловушки» [Исикава 1977, 2: 13][45]. Далее в тексте утверждалось:

> Так называемое современное цивилизованное человечество организовало убийственное, грабящее, разбойничье предприятие под названием государство, и оно столь же проклято, как и ядовитое насекомое природой. [...] Если мне удастся выжить, то история этой осады даст мне повод для размышлений на всю оставшуюся жизнь [Исикава 1977, 2: 14].

---

[45] Он вел дневник в Бельгии с 19 августа 1914-го по 6 января 1915 года.

Сообщения о поджогах, мародерстве и убийствах, сопровождаемых неописуемыми глумлениями, вызывали недоверие у Исикавы и его друзей [Исикава 1977, 2: 18]. За ними поступили новости о разрушении университетского города Левена, которое сопровождалось депортациями и казнями без суда и следствия, при этом старинная библиотека вместе с окружающими ее постройками была полностью стерта с лица земли [Исикава 1977, 2: 31, 67]. Убийство жителей в городке Анденн на юге страны дополнило картину вырождения европейской цивилизации [Исикава 1977, 2: 66]. Узнав о новых жестокостях, Исикава выразил надежду, что «японская армия, которая построена по модели немецкой, окажется куда разумнее» [Исикава 1977, 2: 78].

Такая критика, как и неприятие дискриминации по этническому признаку, была выражением типичного анархистского антиимпериалистического подхода. Как указывал Исикава, «к несчастью, эта война — битва великих капиталистических держав [за их расширение], и дух их ненависти к черным и желтым людям перешел на них же» [Исикава 1977, 2: 176]. В то время, когда начало войны в Японии было воспринято как «божественная помощь» развитию страны[46], взгляд Исикавы был противоположностью такому восприятию. Он осуждал претензии японского правительства на немецкие колонии залива Цзяочжоу на китайском полуострове Шаньдун, сравнивая Японию с воспользовавшимся пожаром вором, который рискует самым опасным образом ввязаться в мировой конфликт [Исикава 1977, 2: 127]. В октябре 1914 года Исикава предупреждал, что подобное проявление тщеславия может стать шагом к будущей войне к США, потому что вызовет тревогу европейцев и американцев относительно доступа к китайским территориям [Исикава 1977, 2: 172].

Исикаве было хорошо известно, что Бельгия, небольшая страна, которой не повезло с географическим местоположением, представляла собой искусственно созданное в стратегических

---

[46] Приведены слова старшего государственного деятеля Иноуэ Каору; см. [Dickinson 1999: 239].

целях великих держав национальное государство, и как отмечает Ларри Цукерман, была для них «тряпичной куклой, из-за которой соседи могут ссориться» [Исикава 1977, 2: 121; Zuckerman 2004: 8]. Исикава замечал, что в этом смысле Бельгия была похожа на Корею, аннексированную Японией несколько лет назад, отметив также, что рессентимент, испытываемый французами к своим бывшим противникам по причине действий тех во время войны 1870 года, похож на те чувства, которые тайваньцы и корейцы испытывали к японским властителям [Исикава 1977, 2: 37, 47, 109].

Но, как прямо говорится в дневнике Исикавы военных лет, ежедневные заботы и страх за безопасность занимали его в неменьшей степени. Тревоги, связанные с уменьшением запасов провизии и снижением доходов от работы, не покидали его во время «осады» Брюсселя [Исикава 1977, 2: 18–19, 35, 83, 105]. После захвата города немцами к ним добавился страх ареста. Исикава выходил на улицу с величайшей осторожностью и, пережив ряд опасных ситуаций, ощущал, что притворяться китайцем менее опасно, чем не скрывать японское подданство [Исикава 1977, 2: 26]. В декабре 1914 года, когда Поль и Маргарет отправились во Францию, где было безопаснее, Исикава остался в доме один, испытывая тоску, которую сам он сравнил с тюремным заключением [Исикава 1977, 2: 102].

Дневниковые записи также проникнуты ощущением краха цивилизации. Однажды разбуженный среди ночи артиллерийской канонадой и выкрикиваемыми командами, Исикава заметил, что мир «заражен страшной болезнью, и его вопли доносятся до нас» [Исикава 1977, 2: 79]. Меньше чем через три месяца войны он уже полностью познал как ужасы человеческих жертв, так и неразрешимые моральные вопросы, этими ужасами вызванные [Исикава 1977, 2: 80].

Наступление кризиса цивилизации горячо обсуждалось и на Западе. В конце 1880-х годов в этом обсуждении принял участие и Эдвард Карпентер. Четверть века спустя опустошения Первой мировой войны только укрепили эти взгляды, при этом конфликт прямо продемонстрировал японским интеллектуалам всю порочность предпочтения неизбежного прогресса с его бесконтрольной зависимостью от научных достижений. Перед самой войной военный врач Жорж Дюамель (1884–1966) обличал, среди прочих, жестокость западной цивилизации с ее узкой сосредоточенностью на материальных приобретениях [Adas 1989: 368]. Хотя Исикава был не единственным обличителем проявившегося во время войны лицемерия цивилизации, но, оказавшись по воле случая одиноким изгнанником в осажденном городе, он обличал его с точки зрения японца.

На его взгляд, слепое движение человечества вперед уничтожило связь между человеком и природой. В 1927 году Исикава заключил, что Первая мировая война обнажила перед ним человеческую жизнь во всей ее наготе. Он внезапно осознал, что без непосредственной связи с землей жизнь оказывается только «ложью и иллюзией», и утверждал, что «люди, которые хотят продолжать жить той жизнью, которая строится на основе сил и систем, теряют опору и попадают в объятья страха» [Исикава 1977, 3: 20–21]. Вслед за катастрофой в Асио война самым что ни на есть суровым образом продемонстрировала всю бессмысленность материализма и неограниченного применения технологий. Как Исикава писал в мемуарах, вместо того чтобы говорить о продвижении наций к более высокой стадии развития, война и экологическая катастрофа показали регресс и деградацию врожденной склонности людей к взаимодействию и сотрудничеству [Исикава 1963: 219].

Помимо всего прочего, еще одним необычным следствием войны для Исикавы стало разрушение обычных общественных категорий. После приглашения на обед в японское консульство, в котором оставался один атташе, он заметил, что в тени войны даже пария вроде него (*ватаси-но ё-на эта дзинсю*, 私のようなエタ村人種) смог поужинать с правительственным чиновником [Исикава 1977, 2: 131]. Для человека, который провел годы в черном списке японской полиции и сбежал из страны по причине преследования, такой поворот судьбы выглядел поистине парадоксальным.

И снова, говоря о жизни в Брюсселе, Исикава часто возвращался к понятию *хэймин*, подчеркивая горькую долю простых мужчин и женщин, ставших жертвами «причуд кайзера, царя, императора, короля и президента» [Исикава 1977, 2: 103]. Его позиция была ясна: он стоял на стороне *хэймин*, считал себя простым рабочим [Исикава 1977, 2: 18, 26] и критиковал буржуазное поведение — анти-*хэйминизм* — полагавших себя элитой лидеров Бельгийской социалистической партии, которые в связи с этим не стоили того, чтобы уделять им время [Исикава 1977, 2: 115].

После двух лет войны к предметам особого внимания Исикавы добавились и геополитические заботы. В начале 1915 года ему удалось покинуть Брюссель и переехать в Лианкур, находящийся неподалеку от Парижа. В анархистских кругах соратников Поля Реклю обсуждали возможность аннексии Бельгии, если Франция и Великобритания не победят Германию. Вскоре Исикава и Реклю вместе с другими знаковыми фигурами европейского движения анархистов вошли в число подписантов «Манифеста шестнадцати» (Manifeste des Seize). Этот манифест, датированный 28 февраля 1916 года, отражал проявившуюся к 1914 году разницу в мнениях. В нем выражалась поддержка союзников в их борьбе с Германией. В целом манифест, составленный П. Ф. Кропоткиным с помощью французского активиста Жана Грава (1854–1939), выражал отказ от политики «невмешательства», поддерживаемой большинством анархистов того времени [Maitron 1975, 2: 17]. Сначала он был опубликован в марте 1916 года во французском синдикалистском ежедневнике «La Bataille», а затем, месяц спустя, в выходившем в Лозанне «La Libre Fédération» [Confino 1981: 232].

Манифест обязан своим именем (предполагаемому) числу его первых подписантов, в которое вошли еще один ссыльный революционер, грузинский князь В. А. Черкесов (1846–1925), голландский синдикалист Кристиан Корнелиссен (1864–1942) и французские анархисты Шарль Малато (1857–1938) и Марк Пьеро

(1887–1942)⁴⁷. В последующие месяцы под ним появились еще 107 подписей активистов из Великобритании, Бельгии, Португалии, Италии и Швейцарии [Исикава 1977, 3: 49]. Этот очевидно направленный в поддержку Антанты текст привел к расколу внутри европейского анархистского движения, что, в свою очередь, по мнению некоторых, предвещало его будущий крах, и в то же время стало предтечей противоречий, которые затронут и социалистические партии, особенно после Октябрьской революции 1917 года [Confino 1981: 231]⁴⁸.

Подписанты не только возлагали вину за конфликт на Германию, но и обвиняли ее лидеров в том, что те готовили нападение на Бельгию, Францию и Россию заранее. Они предупреждали, что немедленные переговоры о мире сыграют на руку агрессору, освободят его от репараций и просто закрепят аннексию территорий. Также они заявляли, что правительство Германии обмануло рабочих. Более того, рабочий класс был недостаточно представлен на конференции в Циммервальде, лишив тем самым эту конференцию какого-либо смысла⁴⁹. Подписанты настаивали на отсутствии причин верить в мирные намерения Германии; целью агрессора, по их мнению, была аннексия Бельгии и территорий северной Франции. Таким образом, «мы, анархисты, антимилитаристы, противники войны и страстные сторонники мира и братства народов, находимся на стороне сопротивления и не считаем нужным отделять наши беды от бед населения»⁵⁰.

---

⁴⁷ В действительности подписантов было 15, словосочетание «место для подписи» было ошибочно принято за 16-ю фамилию.

⁴⁸ Об отходе социалистов от принципа непротивления накануне Первой мировой войны см. в [Mulholland 2015: 615–640]; об анархизме в годы войны см., в частности, в [Adams, Kinna 2017].

⁴⁹ Прошедшая в сентябре 1915 года конференция антимилитаристских социалистических партий из нескольких стран, проведенная с целью координации позиции социалистов в международных отношениях и их деятельности по отношению к войне.

⁵⁰ Manifeste des Seize. URL: http://www.encyclopedie-anarchiste.org/articles/s/seize.html (дата обращения: 12.05.2023) (перевод автора).

Однако манифест вызвал град упреков со стороны Лондонской международной анархистской группы. В своем апрельском письме в журнал «Freedom» итальянский изгнанник Эрико Малатеста (1853–1932) выступил с критикой парадоксальной идеи поддержки сотрудничества с правительством и капиталистами одних стран для победы над правительством и капиталистами других стран [Manifeste des Seize]. Позиция Лондонской группы основывалась на конвенциональном анархистском понимании неизбежности войны в условиях капитализма и революционного восстания как единственного средства общественной трансформации.

Нельзя отрицать, что «Манифест» выражал отход от базовых анархистских принципов, на которых до той поры держалось движение. При этом странно обнаружить под документом, посвященным судьбе Бельгии, подпись японца.

В решении Исикавы напрямую включиться в рассмотрение этого вопроса сыграла роль его интуитивная прозорливость, воплотившаяся в дружбе с Полем Реклю. По всей видимости, он был рад оказаться на стороне других изгнанников, вроде Реклю, Кропоткина и Черкесова, которые рассматривали Францию как колыбель свободы и революционных идеалов, а следовательно, как достойную защиты [Bantman 2013]. Исикава разделял подобный взгляд и в своих работах [Исикава 1977, 8: 365–366]. Противопоставляя его безликому немецкому милитаризму, в котором он видел отрицание гуманистических ценностей [Исикава 1977, 2: 167], Исикава предвидел путь, которым Япония пойдет 20 лет спустя [Исикава 1977, 2: 208].

Исикава признавал различие, которое Реклю и П. А. Кропоткин видели между государством и родиной, имеющей право на защиту от сил угнетения [Maitron 1975, 1: 368–379]. В мире, где уверенности становилось все меньше и меньше, он сосредоточился на единственной реальности — незаслуженной участи нейтральной Бельгии, оказавшейся в центре конфликта. Маленькая и на самом деле беззащитная страна [Исикава 1977, 7: 99] оказалась своего рода глобальным *хэймином* в битве империалистических государств и была достойна симпатии. В 1929 году Исикава вспоминал это все так:

> Когда я видел стариков и молодежь, детей и родителей Бельгии и Франции под гнетом и произволом военных оккупантов, которые вели себя, словно хищники, я больше не мог назвать себя пацифистом. Грабители пришли в наш дом и совершили страшное насилие над членами моей семьи. Их можно было выгнать только силой. В этом был смысл нашей декларации [Исикава 1977, 3: 50].

Использование образов «наш дом» и «члены семьи» не было случайным, поскольку они подчеркивали связь между автором и страной, ставшей его временным пристанищем.

Политическая реакция Исикавы на разграбление Бельгии привела к появлению под «Манифестом» вызывающей удивление японской подписи и, в свою очередь, оказалась противоречивой. С идеологической точки зрения ее трудно было соотнести с пацифистской позицией, которую Исикава занял во время Русско-японской войны, даже если принять во внимание различие между родиной и государством. Взаимосвязи Исикавы с европейским анархизмом также вызывают вопросы по поводу провозглашаемого им отрицания насилия. И хотя Исикава настаивал на том, что никогда не считал насилие политическим инструментом [Исикава 1977, 5: 416], он с легкостью вставал плечом к плечу с деятелями вроде Поля Реклю, который, по крайней мере в молодости, выступал за пропаганду действием, и японца Утиямы Гудо, который далеко не всегда отрицал анархистские тактики насилия[51].

География Реклю и транснациональное наследие

Истинным наследием «Манифеста» стало создание сообщества анархистов — приверженцев высших духовных ценностей, которые были заняты восстановлением свободы человеческого волеизъявления, а не спорами о классовой борьбе и революции.

---

[51] Сходным образом П. А. Кропоткин двусмысленно высказывался о насилии. Об Утияме Гудо см. в главе 2 и в [Rambelli 2013].

Тех, кто подписал этот документ, объединяло сопротивление любой форме государственного насилия и отрицание институциональных аффилиаций и идеологических категорий. На протяжении многих лет они распространяли свои идеи через публикации и путем деятельности на местах. Исикава был их главным координатором в Восточной Азии.

Через несколько лет после войны главным средством распространения идей анархизма стал журнал «Plus loin» («Дальше»). Это французское 12-страничное издание позиционировало себя как «журнал об общественном прогрессе и человеческой эмансипации вне рамок партийной принадлежности и классовых привилегий, целью которого является всестороннее — материальное, интеллектуальное и общественное — развитие личностей в свободном обществе»[52]. Одновременно с заботами об общественном прогрессе и условиях труда «Plus loin» также порицал большевизм и колониализм, публикуя, среди прочего, статьи Поля Реклю и его сына Жака Реклю (1894–1984), Жана Грава, Петра Кропоткина и других.

В своих мемуарах Исикава вспоминал неоднократные встречи с редактором этого журнала Марком Пьеро у того дома и в компании Поля Реклю и других товарищей. Он писал о человеке, который исповедовал анархизм не просто на словах, но и в своих исследованиях и в отношении к жизни [Исикава 1977, 6: 261]. Пьеро, врач по образованию и один из подписантов манифеста, воплощал собой амбиции «Plus loin», названия, которое отражало потребность сторонников общественных изменений не останавливаться на предлагаемом большевизмом решении, но идти «дальше» [Исикава 1977, 6: 261]. Таким образом, в первом выпуске журнала появилось письмо анархиста и общественного историка Макса Неттло (1865–1944), призывавшего читателей пересмотреть труды известного географа Элизе Реклю, дяди Поля. Согласно Неттло, открытость и толерантность Элизе находились за пределами мелочной полемики, тем самым помещая его «над движением» [Plus loin, 1: 4]. По-

---

[52] «Plus loin» выходил с марта 1925-го по сентябрь 1939 года.

добно Эдварду Карпентеру и Исикаве, французский географ верил в «добровольный союз людей, стремящихся к общему благу» [Реклю 1906–1909, 6: 524].

Исикава поддерживал связи с «Plus loin» и его сторонниками. В некоторых выпусках журнала встречались статьи анархистов из Японии, французские названия которым Исикава давал сам [Plus loin, 36; Plus loin, 38; Plus loin, 52]. Среди них появилась и «Проповедь крестьянам», написанная другом Исикавы Акабой Ганкэцу перед его смертью в тюрьме [Plus loin 1929, 52]; некоторые статьи написал сам Исикава. Перевод статьи анархо-феминистки Такамурэ Ицуэ (1884–1964) о женщинах в Японии также появился в журнале [Plus loin 1930, 66: 14–15]. Там же был опубликован отчет о дискуссии о жизненных условиях крестьян в Японии, автором которого и другом Поля, благодаря которому он познакомился с Исикавой, был живущий во Франции японец Сиина Сонодзи (1887–1962).

Конфликтующие мнения о манифесте 1916 года вновь обрели жизнь в среде европейских анархистов в 1928 году. Поль Реклю снова утверждал в «Plus loin», что главным врагом является милитаризм, отрицая тем самым влияние патриотизма на его собственные взгляды того времени. Кроме того, он упомянул свой опыт ссылки и объяснил, что его родина «там, где люди сердца и интеллигентности, товарищи и друзья» [Plus loin 1928, 40: 4]. Помещенное в следующем выпуске письмо «от нашего давнего друга Исикавы» демонстрировало, что японский интеллектуал был «полностью согласен» с теми, кто подписал «Манифест», но также, будучи охвачен либеральным настроем демократии Тайсё в своей стране, выражал необоснованный оптимизм в отношении японского милитаризма, «который не может подавить широко популярные демократические движения» [Plus loin 1928, 43: 10].

За годы своих странствий за рубежом Исикава приобрел еще и нечто, занимавшее его на протяжении четырех десятков лет. Став «членом» семьи Реклю, он постепенно ознакомился с корпусом работ Элизе. Исикава знал о политической позиции Реклю до своего побега из Японии в 1913 году. В своей «Истории общественных течений Запада» 1912 года он упоминает французского анархиста и географа[53]. Однако в добровольном изгнании он серьезно и в полной мере изучил его географические труды, которые использовал также и для изучения французского языка[54].

Близость Исикавы к Полю Реклю делала его учебу еще более продуктивной. Отцом Поля был Эли Реклю (1827–1904), известный этнограф, находившийся в постоянном контакте с Элизе и помогавший ему в его интеллектуальных занятиях. Хотя Поль с юности оказался вовлечен в анархистскую деятельность, он был также квалифицированным инженером, а потом унаследовал профессию Элизе, который нуждался на склоне лет в присутствии племянника в Бельгии с тем, чтобы тот помог завершить шеститомный итоговый труд «Человек и земля». Поль переехал в Брюссель в 1903 году и начал работу над рукописью, которая вышла после смерти Элизе в 1905 году. На протяжении всей своей жизни он оставался интеллектуальным соратником своего дяди [Reclus 1964: 185].

Труд «Человек и земля» был предметом особенного интереса Исикавы на протяжении его пребывания в деревне Домм на юго-западе Франции (где Поль с супругой жили после того, как в июне 1916 года они покинули Брюссель) [Исикава 1977, 7: 408; 8: 390]. Там он и провел остаток своего добровольного изгнания, за исключением семи месяцев путешествия в Марокко, где он занимался пахотными работами и изучал технологии сельского хозяйства[55]. Разговоры с Полем помогли ему лучше понять геогра-

---

[53] «История общественных течений Запада» была объявлена угрозой общественному порядку. Японский географ Ямагами Мандзиро (1868–1946) познакомил Японию с некоторыми географическими работами Реклю в 1914 году. См. [Минамото 1989: 476–477].

[54] [Исикава 1977 8: 20]; главные географические труды Реклю включают в себя 19 томов «Nouvelle géographie universelle», вышедшие в Париже между 1876 и 1984 годами, и шесть томов «L'homme et la terre», опубликованных в Париже между 1905 и 1908 годами.

[55] Исикава присматривал за Маргерит Реклю в доме Андре Реклю в Марракеше.

фию Реклю [Исикава 1930: 1–2]. Размышляя над «Человеком и землей», он писал: «С ясностью, подобной которой, как я думал, быть не может, я осознал место, которое я занимал среди людей во времени и пространстве, и ощутил, что могу увидеть все человеческие и естественные феномены» [Исикава 1974: 32]. Холистическая география Реклю лучше всего подчеркивала опасности познания мира, которое основывалось на рукотворных бинарных оппозициях.

По прошествии времени период добровольного изгнания Исикавы предстает случайной последовательностью событий, отмеченной трудностями перемещений, спонтанным возникновением дружбы и интеллектуальными связями, а также тяготами Первой мировой войны, политическим активизмом и знакомством с западными мыслителями. Недостаток структурированности, однако, не должен приводить к недооценке его влияния на глобальный обмен знаниями в начале XX века.

По своей природе анархизм отрицает государство и другие институциональные связи. Годы «дрейфа» Исикавы в Европе отмечены существованием транснациональных связей вне поля видимости официальных площадок интеллектуального обмена, которые, собственно, и сыграли роль в создании специфического анархистского проекта. Подобные свободные от структурной негибкости связи помогают развеять конвенциональное убеждение в том, что идеи, как правило, передаются из более развитого и просвещенного пространства в менее прогрессивное — в данном случае из Европы в Восточную Азию. Как показывает взаимодействие Исикавы с Эдвардом Карпентером и его друзьями, сложное взаимопроникновение восточных и западных концепций послужило фоном для его веры в неиерархические отношения и особенно укрепило связь между политической и духовной сферой. Их общее мировоззрение помогло выработать политику несогласия, которая впоследствии станет развиваться в сфере влияния каждого.

Исследование встреч и перемещений Исикавы также подчеркивает значимость субъектности в формировании транснациональных опытов. Слишком часто историки идей, в том числе и анархизма, интересуются развитием концепций и рассматривают исторических деятелей в качестве простых носителей абстрактных идей, а не личностей, имеющих сложные мотивации. Подпись, поставленная Исикавой в 1916 году на «Манифесте шестнадцати», показывает, что случай и эмоциональные связи влияли на политику анархистов не меньше, чем уже существующие идеологические пристрастия. Эмоциональные привязанности, случайность и непредвиденные обстоятельства, с которыми Исикава столкнулся в годы своего добровольного изгнания, сыграли определяющую роль в его интеллектуальном продвижении и выработке основ мировоззрения.

Глава 4
Домин сэйкацу: солидарность как политическая стратегия

Вскоре после возвращения в Японию, 17 ноября 1920 года, Исикава выступил с речью перед *Синдзинкай* («Общество нового человека») — левой организацией, связанной с Токийским императорским университетом[1]. Лекция была названа «Домин сэйкацу» — буквально «жизнь людей земли». В ней Исикава изложил теоретические принципы оригинальной общественно-политической модели, которую он разрабатывал во время своего добровольного изгнания и надеялся применить в Японии[2]. Хотя он продолжал развивать эти идеи и впоследствии, зерна будущих интеллектуальных проектов были посеяны именно тогда. Недоверие к государственной власти, приверженность сельским традициям и узам солидарности, космологическое понимание общественных явлений — все это составляло суть *домин сэйкацу*[3]. Важно отметить, что видение Исикавы опиралось на практики повседневной жизни как двигатель трансформации общества.

---

[1] Поначалу эта организация получила признание в качестве платформы для обсуждения потребностей молодежи и общественного протеста, но вскоре стала преимущественно марксистской площадкой.

[2] «Сякайсюги» («Социализм»), журнал Социалистической федерации, опубликовал текст лекции в апреле 1921 года.

[3] Кириан Питтелуп сделал отличный комментированный перевод на французский работы Исикавы 1926 года о *домин сэйкацу*, где это также утверждается [Pitteloup 2011: 75].

В качестве другого варианта толкования *домин сэйкацу* Исикава предложил понятие «демократия», значение которого он увязывал с предметом обсуждения на своей первой встрече с Эдвардом Карпентером в 1913 году, когда тот рассказывал о своем сборнике стихов 1883 года под названием «К демократии» («Towards democracy»). Как вспоминал Исикава, в разговоре речь шла о происхождении слова «демократия», где греческое *демос* употреблялось в ныне редко встречающемся значении «люди, которые связаны с землей» [Исикава 1977, 8: 427]. Далее он перевел «демос» как *домин* (土民) — «люди с корнями» или «люди земли», а «кратия» — омофоном *кураси* (くらし или 暮らし), который обозначал «жизнь» и был взаимозаменяемым со словом *сэйкацу*[4]. Но целью выбора Исикавой лексем была не просто игра слов: и *домин* (в значении «укорененность»), и *сэйкацу* (в значении «повседневная жизнь») выражали всю суть его общественной мысли.

Рассказывая о событиях Парижской коммуны 1871 года, участником которых был и Элизе Реклю, Кристин Росс подчеркивает, что солидарность, о которой тот говорил, рассматривалась участниками коммуны в качестве не просто моральной или этической, но политической стратегии [Ross 2015: 7]. Кропоткин называл ее взаимопомощью, а Уильям Моррис (1834–1896), как и Эдвард Карпентер и его круг, использовал понятие «братство»[5]. Солидарность должна была играть активную роль в процессе общественной трансформации, который должен был развернуться в повседневной жизни. Она помогла бы в созидании связей, преодолевающих государственные границы и другие искусственные образования. В свою очередь эти связи способствовали бы

---

[4] Кандзи «土» (*цути*) может переводиться как «почва» или «земля». Я отдаю предпочтение второму варианту, поскольку он лучше выражает видение Исикавой общественно-политической модели, которая, в конце концов, могла бы объединить все человеческие сообщества на Земле.

[5] Например, [Carpenter 1908: 239]. Эдит Мур употребила это понятие в посвящении Эдварду Карпентеру (см. главу 3). Уильям Моррис посещал коттедж Карпентера в Милтропе, и Исикава отмечал в мемуарах, что спал в комнате, где до этого жил Моррис.

изменениям в общественно-политической среде. Еще со времен своей радикальной деятельности в конце эпохи Мэйдзи Исикава высоко оценивал практики сотрудничества, которые он обнаруживал в аграрных сообществах, только что вернувшись из добровольного изгнания, где принимал активное участие в выстраивании братских связей (fellowship-making). Он также занимался сельским хозяйством на юго-востоке Франции. Таков был опыт, на котором основывались предпосылки *домин сэйкацу*.

Несмотря на то что прочитанная в ноябре 1920 года лекция была воспринята с энтузиазмом, вскоре по причине бурных идеологических споров интерес к альтернативной общественно-политической модели Исикавы в кругах левых интеллектуалов поутих [Осава 1990: 273–275]. Причиной этих споров была большевистская революция 1917 года, которая помогла возродить социалистическое движение после спада его активности, вызванного в 1910 году «Делом об оскорблении трона». В 1920 году столкновения между капиталом и трудом еще более усилились, а лексикон противостояния социальных групп интенсивно расширялся [Duus, Scheiner 1988: 683–690]. В кругах левой японской интеллигенции росло влияние марксизма. В начале 1920-х годов споры велись вокруг степени идеологической чистоты различных группировок и форм организационного вовлечения. Внимание растущего рабочего движения также занимали и теоретические вопросы, в обсуждении которых приверженцы тактики прямого действия вели дискуссии со сторонниками парламентской политики. В то же время проявил себя и отделявший себя от чистого анархизма анархо-синдикализм, лидером которого в Японии был Осуги Сакаэ[6].

В настоящей главе созданная Исикавой модель революционных изменений рассматривается через практики повседневной жизни и их значимость в контексте политического и культурного ландшафта межвоенной Японии. *Домин сэйкацу* предстает в этой модели как ненасильственная революционная стратегия, вдохновленная личным опытом Исикавы и его размышлениями как над

---

[6] О чистом анархизме см. в [Crump 1993a].

японскими, так и над иностранными источниками. В этой модели воплощается неприятие того, что расценивалось как репрессивные и эксплуатационные иерархические рамки, и подчеркивается осознанность взаимодействия человека и природы как гарантии сохранения человеческого благополучия. Кроме того, значимость *домин сэйкацу* подкрепляется и тем, что, вернувшись в Японию, Исикава продолжил заниматься сельским хозяйством и участвовал в создании самоуправляемых крестьянских советов. Все эти его начинания имели своей основой убеждение в том, что повседневная деятельность имеет трансформационный потенциал.

Обычно анархистов считают революционерами, что справедливо. Однако само слово «революция» ставит вопросы о приемлемых средствах общественной трансформации. Если целью этой трансформации является свободная организация жизни в обществе в соответствии с принципами товарищества и сотрудничества, то правомерно ли прибегать к силе в процессе изменения и сохранения нового порядка? Другими словами, как можно вообразить радикальные общественные перемены без немедленного и намеренного искоренения существующих властных отношений путем насилия? Для Исикавы, который отрицал парламентскую политику как еще один пример активности иерархического аппарата, ответ заключался в предпочтении «общественной мутации», постепенного изменения способов мышления, бытия и взаимодействия, которое противопоставлялось резкому изменению организационных структур [Исикава 1977, 3: 67–70]. Революция подразумевала переработку масштаба и текстуры повседневной жизни человека [Ross 2015: 123][7].

Историки подчеркивали приверженность анархизма к проживаемому опыту и людям в противоположность ориентации

---

[7] Вопрос масштаба важен, когда некто думает об идеале будущего. Если от сообществ ожидается взаимосвязь друг с другом на основании уз солидарности, то важно, чтобы они были такого масштаба, который подчеркивал бы созидание и пестование этих уз. У анархистов место больших городов тоже находится под вопросом, и разные течения относятся к этому по-разному. Как считает Кристин Росс, главный вопрос состоит в калибровке производства и соответственном масштабе жизни общества.

марксизма на структуры и идеологию. Филипп Пеллетье увязывает анархизм Элизе Реклю и Петра Кропоткина с их обширными географическими познаниями о мире в целом и населяющих его людях, познаниями, которые часто приобретаются в странствиях и работе в полях, и на которые, по его предположению, вряд ли могли претендовать современники этих людей Маркс, Энгельс и Бебель [Pelletier 2011: 3]. Одним из следствий этого внимания к проживаемому опыту является концептуализация анархизма не как реализуемого *проекта*, конечного результата, но как многогранного *процесса*, который непрерывно разворачивается в динамике прямого взаимодействия, взаимопомощи и добровольного сотрудничества. В том анархизме, который проповедовал Исикава, овеществленным структурам уделялось куда меньше внимание, чем индивидам, действующим «здесь и сейчас».

В широком смысле марксисты и анархисты тяготеют к различным взглядам на историю, что явно влияет на их понимание общественных перемен. Акцент марксизма на времени и единой траектории исторических изменений контрастирует с вниманием анархизма к пространству, предстающему в связи с множественными процессами изменений, протекающих в разное время и в разных местах [Colson 2001: 27][8]. И несмотря на то, что в своих взглядах на исторические изменения и марксисты, и анархисты учитывают революционные научные открытия Дарвина, признававшего инстинкт сотрудничества наравне с инстинктом соперничества, с конца XIX века анархисты пытались противопоставить понятию естественного отбора идею взаимопомощи, которую разрабатывал Кропоткин и поддерживал Реклю [Pelletier 2011: 4]. Одной из ключевых идей течения классического анархизма, представленного двумя географами, было предпочтение сотрудничества конкуренции, которому могли следовать в общественной жизни простые люди.

---

[8] Это упрощенная формулировка вопроса, который давно занимал историков, обществоведов и философов. Французские философы Жиль Делез и Феликс Гваттари давно изучили подобное восприятие пространства, например под понятием «ризомы» в [Делез, Гваттари 2010].

Научное измерение, введенное в обиход в последней четверти XIX века, предлагает иной способ восприятия особенностей анархизма того периода. Признание того, что реальность может быть истолкована наукой, и того, что главной характеристикой человека является его положение в естественном порядке вещей, придавало анархизму объективную обоснованность, наделяя его тем самым возможностью действовать в реальном мире [Fleming 1988 [1979]: 121]. Научный анархизм предполагал, что общие законы развития можно познать путем наблюдения за явлениями природы и применить к человечеству. Хотя таким географам, как Реклю и Кропоткин, еще предстояло столкнуться с подъемом анархо-индивидуализма, они верили во врожденную социальность людей, то есть их природную склонность к коллективной жизни. С их точки зрения эта склонность наблюдалась в естественном мире, люди же, как самые развитые позвоночные, могли развить ее до крайних пределов [Pelletier 2013: 274].

Таким образом, главной предпосылкой *домин сэйкацу* стало убеждение в том, что созидание и развитие отношений сотрудничества могло привести к появлению новой формы общественно-политической организации, которая освободила бы мужчин и женщин от подчинения насильственным структурам власти. В этом плане Исикава разделял общие воззрения анархистов, чему помогло его путешествие за границу. Его теоретическая мысль и практические эксперименты также стали плодом тесного взаимодействия с географическими штудиями и анархизмом Элизе Реклю. Как будет показано далее, видение взаимодействия между человеком и природой у Реклю формировало географическое мировоззрение, которое, в свою очередь, служило основой *домин сэйкацу*.

Географическое мышление Элизе Реклю

Элизе Реклю занимает в исторической географии парадоксальное место. Плодовитый ученый с широким кругозором, пионер в своей области, снискавший международное признание еще при жизни⁹, он оставил после себя наследие, которое до сих пор не стало предметом полноценного рассмотрения. Активная и значимая фигура европейского анархизма конца XIX века наряду со своим другом П. А. Кропоткиным, Реклю создавал труды, которые высоко оценивались географами. После себя он оставил феноменальные литературные работы: его размышления на темы географии и политики занимают десятки тысяч страниц книг, брошюр, статей, переписки и иных материалов. Его труд «Земля и люди. Всеобщая география» («Nouvelle géographie universelle»), опубликованный между 1876 и 1894 годами в 19 томах, превышает объемом 17 000 страниц. При этом репутация Реклю оказалась не вполне соразмерной репутации Кропоткина. Поэтому некоторое пренебрежение трудами французского географа в академической среде, где, за исключением спорадического проявления интереса к их автору, его редко удостаивают чем-либо, находящимся за пределами небрежной похвалы, представляет собой интригу¹⁰. В любом случае наше исследование транснациональных связей предполагает, что влияние Реклю на эпоху оказалось куда сильнее и изощренней, чем это казалось ранее.

Становление Реклю пришлось на начало второй половины XIX века. Как следствие, его анархистские взгляды развивались в эпоху, которую в целом можно охарактеризовать ростом требований рабочего класса и крупными потрясениями в сфере науки. Отбросив свое протестантское воспитание, Реклю вскоре сделался ярым противником авторитаризма и сторонником прав рабочих, вступив в Международное товарищество трудящихся

---

⁹ См. [Pelletier 2013: 55]. В 1892 году Реклю получил золотую медаль Парижского географического общества, а в 1894 году — медаль покровителей Королевского географического общества Великобритании.

¹⁰ В англоязычных трудах об анархизме Реклю посвящена единственная монография, см. [Fleming 1988 [1979]]. В других работах он удостаивается лишь короткой главы (например, [Marshall 2008]) или даже нескольких упоминаний: [Miller 1984; Schmidt, van der Walt 2009; Woodcock 2009]. Дэвид Харви несколько раз упоминает его, например, в [Harvey 2009]; см. также [Knowles 2004].

(Первый интернационал) вскоре после его создания в 1864 году. Участие в деятельности Парижской коммуны 1871 года укрепило его позицию как воинствующего анархиста, но также привело к десятилетней ссылке в Швейцарию [Marshall 2008: 340]. К этому времени он полностью отказался от парламентской политики и вместе с Михаилом Бакуниным открыто отвергал мнение Маркса о государственном социализме, разрабатывая вместо этого идею свободного союза человеческих сил, который заменил бы собой государство [Marshall 2008: 342].

Пребывание Реклю в Швейцарии помогло ему подружиться с Кропоткиным и продолжить работать над теорией анархии и ее наглядностью. В недавних научных трудах «швейцарский период» Реклю рассматривается через призму его влияния на идеи Кропоткина и возможного превосходства французского ученого как анархистского теоретика [Ward 2010].

Географические труды Реклю представляли собой неотъемлемый способ выражения его политических взглядов. В его многотомных трудах активно выражалось анархистское мировоззрение, которое с годами приобретало все бо́льшую силу и ясность. Речь в этих трудах шла не только о специфическом понимании взаимодействия между человеческими сообществами и Землей, но и о способах действий для продвижения менее иерархичных и более равноправных человеческих отношений [Dunbar 1978a]. В шести томах «Человека и земли», труда, который Реклю рассматривал как подведение итогов своей научной работы, эти вопросы рассматривались на беспрецедентной глубине и уровне исследования. Все более растущий акцент на взаимодействии человека со средой и на возможных последствиях такого взаимодействия для общества и потенциала изменений выражался для него в понятии «общественной» географии, то есть географии, предметом рассмотрения которой оказывалось и общество [Dunbar 1978a: 64].

Исикава отмечал, что французский географ писал «историю ограниченных и преходящих людских существ, которые живут в нашем временно и пространственно неограниченном мире» [Исикава 1977, 8: 523]. В трудах Элизе Реклю он находил четко сформулированный принцип собственного космологического — и вдохновленного буддизмом — видения, которое основывалось на эфемерной природе существования человека в бесконечной Вселенной. И действительно, на рубеже веков география Реклю не могла не привлечь к себе внимания в силу своих крайне широких временных и пространственных рамок, с которыми она имела дело. Эпиграф перед каждым томом «Человека и земли» гласил следующее: «География по отношению к человеку — не что иное, как история в пространстве, точно так же, как история является географией во времени»[11]. Тезис был не нов, но Реклю впервые применил его системно [Ferretti 2015a: 349].

Это исследование Реклю широко охватывает все регионы мира от доисторических времен до новейших тенденций глобализации, обращая при этом внимание на тот факт, что, «когда появился человек как конечное звено безгранично длинного цикла живых существ, развитие его уже было предопределено формами и рельефом тех областей земного шара, в которых ранее обитали его предки — животные» [Реклю 1906–1909, 1: 4]. Такой междисциплинарный подход, который сочетал в себе географию и историю, представлял собой насмешку над разделением дисциплин и над схоластическим обучением географии в системе школьного образования того времени, которое жестко критиковал Реклю[12]. Федерико Феретти предполагает, что Реклю на несколько десятилетий предвосхитил труды французской школы Анналов, с ее акцентом на долгосрочные исторические структуры и «геоистории» [Ferretti 2015a].

Тем самым Реклю сочетал в своем подходе анализ макроскопических трендов с детальным рассмотрением многообразия мельчайших аспектов жизни на Земле. Он отрицал марксистское,

---

[11] Перевод «La Géographie n'est autre chose que l'Histoire dans l'Espace, de même que l'Histoire est la Géographie dans le Temps».

[12] См., например, речь Реклю об образовании («Sur l'éducation»), произнесенную 25 октября 1895 года в Новом Университете Брюсселя, в [Reclus 1964: 193–202].

глобальное видение истории[13]. Исикаве, указывавшему в своем эссе 1908 года «Кёму-но рэйко» на незначительность существования в невообразимой Вселенной, этот подход был близок. В то же время Реклю никогда не позволял себе недооценивать человеческую деятельность. Он рассматривал человека как полностью дееспособного субъекта в бесконечной и постоянно меняющейся сложности среды. Такое рефлексивное восприятие человечества как постоянно трансформирующего поверхность земли и, в свою очередь, постоянно трансформируемого физическими условиями, означало, что Реклю в значительной степени удалось избежать присущего эпохе географического детерминизма [Pelletier 2013: 104].

Хотя Реклю и отрицал понятие линейного прогресса, которое предписывало развитию человечества определенный путь, он тем не менее стремился распознать конгломерат законов, которые объясняли бы изменения во взаимодействии Человека и Земли. В этих изменениях он отводил большую роль человеческой свободе и способности выбирать. Как он ясно заявил в начале первого тома, свобода Человека составляет один из трех законов, которые можно выделить в гуманитарных науках вместе с классовой борьбой и стремлением к уравновешенности [Реклю 1906–1909, 1: iv-v].

Ссылки на классовую борьбу помещали ход мыслей Реклю в рамки марксистской традиции, пусть даже вовсе не в узком ее смысле, поскольку он прежде всего искал способ оказать сопротивление угнетению и критически относился к любым допущениям механического исторического развития [Pelletier 2013: 107]. Под стремлением к уравновешенности он понимал поиск баланса всеми силами, принимающими участие в постоянном движении жизни на Земле, в том числе и общественными, тяготеющими к справедливости. Как географ, он рассматривал движение как смысл жизни, то, что он называл *динамикой (dynamique)* [Pelletier 2013: 108]. В 1929 году обозначающее это понятие слово Исикава сделал названием своего ежемесячного журнала. Само

---

[13] О противоречиях между анархизмом и марксизмом см. в [Miller 1984].

понятие он обнаружил в философии Огюста Конта (1798–1857), но признавал в нем сходство с тем, о чем говорил Реклю[14]. И, как и было упомянуто в начале этой главы, согласно Реклю, высшая свобода человека состояла в его способности предпочесть солидарность индивидуализму (или конкуренции), поскольку прогресс общества и его бесперебойное функционирование опирались на свободную приверженность его членов базовым принципам [Pelletier 2013: 108].

В основе «Человека и земли» лежит идея, что человек не одинок и что одиночные действия не в его интересах. Однако не менее важно, что все это воплощает понимание человека как составной части естественного мира, неотделимой и неотделяемой от него. Реклю постоянно подчеркивал взаимосвязь человека с окружающей средой и его долг перед ней. Согласно его логике, человечество и Земля имеют общую и неразделимую историю, которая управляется отношениями взаимозависимости. Именно это он имел в виду, когда писал в первом томе своего фундаментального труда, что «человек — это природа, познающая самое себя»[15].

Как говорилось выше, тщательное наблюдение над динамикой взаимосвязей в естественном мире могло преподать уроки жизни в обществе. С точки зрения Реклю, некоторые виды животных, как то: пчелы, муравьи, бобры и луговые собачки, демонстрируют пример общественной жизни, которая также не уступает хаосу, с которым постоянно боролись люди [Реклю 1906–1909, 1: 14–15]. Он являлся главным защитником идеи о возможности применения природных механизмов самоуправления в мире людей [Marshall 2008: 341].

Конечно, Реклю был не первым географом, рассматривавшим природу как живое сообщество, базирующееся на бесконечных взаимосвязях. Еще до него известный прусский исследователь и полимат Александр фон Гумбольдт объявил, что «в этой великой цепи причин и следствий ни единый факт не может рассма-

---

[14] Исикава также читал и переводил Огюста Конта, использовавшего понятие «динамика» в своих философских размышлениях.
[15] «L'Homme est la Nature prenant conscience d'elle-même» [Реклю 1906–1909, 1: i].

триваться в изоляции»[16]. Но во времена Реклю географы рассматривали человека скорее как находящегося вне природы, а не внутри ее — что делало законной позицию наблюдения и изучения [Olwig 1980: 41]. Идея о единстве человека и природы кажется близкой традиционному японскому взгляду, который рассматривает последнюю (*сидзэн,* 自然) не в качестве внешней физической среды, всегда готовой к преобразованию человеком, но как «спонтанный и/или первичный способ существования вещей» [Takeuchi 2000: 209]. Хотя ученые оспаривали ценность такого восприятия и подчеркивали необходимость видеть разницу между *идеей* природы и самой природой, в нем есть зерно истины. Даосская философия, которая оказала (через Китай) влияние на развитие дзен-буддизма в Японии, интересовалась местом человека в естественном устройстве мира, предполагая, что его судьба — быть унесенным экзистенциальным потоком и оставаться крохотной частью гигантского целого. Японский буддизм оказался более готовым к тому, чтобы взять эту идею на вооружение, возможно потому, что она сочеталась с анимизмом синто [Morris-Suzuki 1998b: 39]. В понятии союза между «человеком и всем остальным» аспекты японской традиции отражены куда сильней, чем аспекты традиции западной[17].

К началу эпохи Мэйдзи эта традиционная концепция подверглась некоторой эрозии[18], однако она может способствовать объяснению близости взглядов Исикавы к холистической географии Реклю. Исикава также обращал пристальное внимание на взаимодействие человека и природы, и после возвращения в Японию эта тема сделалась главной в его работах и общественной деятельности. Он решительно заявлял, что «человек — это создание, которое родилось на земле, живет на земле и будет похоронено на земле» [Исикава 1977, 2: 437]. Подобным же образом он утверждал, что «нет лучшего учителя, чем природа, [...] это библиотека с неиссякаемым запасом книг» [Исикава 1977, 2: 326].

---

[16] Цит. по: [Wulf 2017: 594].

[17] См. [Kalland, Asquith 1997: 2–35; Morris-Suzuki 1998a: 756–780].

[18] См. понятие *кайбуцу* в [Morris-Suzuki 1998b: 41].

Профессиональным raison d'être Реклю стало изучение Земли во всем ее разнообразии и в разнообразии её возможностей на протяжении всего времени ее существования. В начале «Человека и земли» он привел фразу, взятую из «Восхождения человека» («The Ascent of Man») Генри Драммонда, сделав ее основой своего географического видения: "неодинаковость черт строения и жизни планеты вызвала многообразие истории человечества", и каждая из этих черт определила в бесконечном разнообразии явлений то или другое соответствующее ей явление» [Реклю 1906–1909, 1: 39]. Реклю концентрировал свое внимание на том, что он называл *окружающей средой (milieu)*, особым пространством каждого проявления взаимодействия между человеком и природой на поверхности Земли, которое имело свои собственные характеристики и ход эволюции, отличающий его от всех остальных. *Окружающая среда* — случайная, а не определенная — представляла собой пространство, неотъемлемой частью которого являлись люди [Ross 2015: 137].

География Реклю по определению не должна была служить делу управления государством. Ее целью была всеобщая эмансипация. Реклю верил, что постоянное исследование мира и его обитателей необходимо для роста осознания созданных человеком противоречий и предрассудков. Его сильная неприязнь к расизму и колониализму шла вразрез с тенденциями той эпохи. Порицание колониальных практик и недостаточного уважения к аборигенам, пусть и несколько неопределенное, с самого начала были важной темой работ Реклю [Ferretti 2013b]. Все это служило выражением его все более твердых анархистских убеждений, а также широких познаний и уважения по отношению к разным людям и культурам, многое из чего нашло отражение в «Человеке и земле».

Но что же о понятии прогресса? Оно явно сделалось одной из главных забот Реклю, что наиболее отчетливо выразилось в «Человеке и земле». Если линейный прогресс и детерминистское понятие исторического развития оказались неприемлемы, то чем можно было объяснить цивилизационные изменения? Французский географ давал ответ на этот вопрос, указав на чередование прогресса *и* регресса, концепцию, которую также принял Исикава. Реклю отсылал к идее corsi и ricorsi — повторяющихся циклов, или исторических приливов и отливов — придуманных Джамбаттиста Вико (1668–1744), итальянским философом эпохи Нового времени. Реклю развивал эту идею, предполагая, что прогресс никогда не является конечным и его существование проходит через этапы регресса — задержек, которые помогут переориентировать путь к успеху [Реклю 1906–1909, 6: 501–503; Pelletier 2013: 118]. Реклю имел в виду не только движение цивилизаций, но и политическую мысль. Он открыто обсуждал это в своей выпущенной в 1898 году книге «Эволюция, революция и идеалы анархизма», которая была написана на основе текста его выступления в Женеве в 1880 году[19].

В отличие от Исикавы, Реклю не отвергал основ дарвинизма[20]. Он также придерживался оптимистичной веры в глобальное единство целей в крайне далекой перспективе и предполагал, что европейская цивилизация в конечном итоге оставит свой след на планете. Но, поскольку любое представление об общих законах развития вызывало у него неприязнь, он предпочитал рассматривать историю Земли и ее жителей как череду контрастных и отдельных периодов, на каждый из которых оказывало влияние многообразие как внешних, так и внутренних факторов [Реклю 1906–1909, 6: 502]. С точки зрения Реклю, понимание изменений в соответствии с ритмами — названное им «ритмическими колебаниями», в которых ритмы постоянно пересекались, смешивались, а потом собирались в большие волны, — предлагало такой уровень сложности и взаимосвязи, который не могло охватить ни одно понятие линейности [Реклю 1906–1909, 6: 528]. Сходным

---

[19] [Реклю 2009 [1898]]. Для Реклю эволюция и революция — две стороны той же монеты. Эволюция приводит к постепенному изменению идей — нормальный прогресс идей, — в то время как революция является радикальным событием, закрепляющим изменение — внешний шок, который следует за стремлением к действию.

[20] Исикава с отвращением относился к социал-дарвинизму, но отрицал также и научный дарвинизм. Он пытался найти альтернативный вариант эволюции природных явлений. См. главу 6.

образом он с большей готовностью рассуждал о множественных «прогрессах» в понятиях приветствуемых им технических достижений техники или приобретения знаний, чем об абсолютном «прогрессе» в единственном числе.

Исикава разделял взгляды Реклю, уделяя особое внимание критике «прогресса ради прогресса», поскольку для него это означало движение Японии по пути модерна, которое привело к экологической катастрофе на руднике в Асио и стало главным примером регресса. В конце 1920-х годов он писал о технологическом прогрессе следующее:

> Машины позволяют людям одержать победу над природой. Их придумали, чтобы люди могли увеличивать территории. Проще говоря, их создали для того, чтобы очеловечить природу. Но человек проиграл машинам, потому что вместо того, чтобы очеловечить природу, мы, люди, машинизировали себя. Отсюда и лозунг «назад к природе». Он не означает отрицания очеловечивания природы, но предостерегает от машинизации человечества [Динамикку 1974: 11].

Действительно, эпохи Тайсё и Сёва стали временем целого ряда экспериментов и теорий, которые так или иначе пытались откликнуться на призыв вернуться к природе. Понятие *домин сэйкацу* у Исикавы отчасти включало в себя эти устремления, но в то же время отличалось своеобразием в качестве революционной практики повседневности.

Назад к природе

Традиционно понятие «назад к природе» имеет как символическое, так и политико-экономическое значение, каждое из которых часто мешает восприятию другого. Символизм отсылает к набору ценностей и убеждений, воплощенных в физическом труде возделывания почвы. Часто он подразумевает специфическое отношение к природе как к щедрому поставщику или важному свидетельству происхождения человека. Проще говоря, это вопрос идентичности — того, что придает смысл человеческой жизни или воплощает чувство принадлежности к человеческой общности в определенном времени и в определенном пространстве. И, хотя в таком случае чаще всего на ум приходит национальная идентичность, в этой главе утверждается, что применимы и другие измерения.

Идеи и практики, которые стояли за понятием возвращения к земле (*кино,* 帰農) в Японии, стали проявляться в 1910–1920-е годы. Они привлекали к себе не только прогрессивную интеллигенцию, но и огромные количества молодых людей, разочарованных жизнью в городах и вдохновленных проектами, которые, по всей видимости, предлагали продуктивные взаимоотношения с возделыванием и использованием земель [Ивасаки 1995: 26]. Историки отмечали влияние на эти идеи и практики таких европейских фигур, как Эдвард Карпентер и П. А. Кропоткин и прежде всего — Л. Н. Толстой[21]. У физической работы в полях, которую превозносили эти авторы, появлялся и моральный аспект — прямой вопрос о ценности человека, который отчетливо резонировал с теми, кто отставал от эпохи быстрых экономических перемен.

Примером такой готовности переосмыслить идентичность человека в Японии эпохи модерна стал практический эксперимент по совместной автономной жизни, инициированный писателем Мусянокодзи Санэацу (1885–1976). Образцом для его проекта «Атарасики мура» («Новая деревня»), воплощенного им в 1918 году в префектуре Миядзаки на острове Кюсю, явно стала Ясная Поляна, а работа там крестьян прославлялась как «необходимая для людей, чтобы вести жизнь человеческую» [Kikuchi 2004: 30]. Труд крестьянина представлял собой неотъемлемую часть диалога с природой, поэтому и эпоха Тайсё, и начало эпохи Сёва были отмечены рядом проектов, схожих источниками вдохновения и направленностью [Shields 2017: 170–172]. Известные интеллектуалы, среди которых были такие, как Накадзато Кайдзан

---

[21] Например, [Berton et al. 1981; Нисимура 1992а; Kominz 1986: 51–101; Абэ 2008; Crump 1983].

(1885–1944), Токутоми Рока (1868–1927), Като Кадзуо (1887–1951), Это Тэкирэй (1880–1944), Татибана Кодзабуро (1893–1974) и Сома Гёбу (1883–1950), считали тесную связь с землей ключевым элементом своей философии и стиля жизни.

В начале 1910 года Это Тэкирэй провел сельскохозяйственный эксперимент в Мусасино неподалеку от Токио, назвав свой новый дом «Хякусё Айдодзё» (буквально — «Учреждение крестьянской любви»). Хотя на решение Это в равной степени оказали влияние П. А. Кропоткин, философ эпохи Токугава Андо Сёэки (1703–1742), буддийские и христианские источники, популярность Толстого среди прогрессивных интеллектуалов в то время казалась доминирующей [Shields 2014: 2]. Его влияние в Японии на рубеже веков распространялось на широкий круг вопросов — от религии и литературы до политики, сельского хозяйства и экологии. При этом мысли Толстого свободно интерпретировались[22]. Если его учение и предлагало какую-то модель, то многоаспектную и в целом привлекающую внимание к социальной несправедливости и открытую для антиматериалистических идеалов[23]. Исикава был знаком с идеями Толстого и влиянием, которое те оказали на интеллектуальные круги Японии. Как член «Хэйминся», в начале 1900-х годов он разделял распространенный энтузиазм в отношении идей Толстого, хотя несколько ошибочно полагал его пламенным социалистом [Crump 1983: 44]. В годы своего добровольного изгнания он поддерживал связь со своим другом Токутоми Кэндзиро (или Рока), одним из ревностнейших сторонников русского мудреца [Исикава 1977, 7: 66–68; 7: 77].

И все же, невзирая на иностранные влияния, при обсуждении таких идей, как связь с почвой, физический сельскохозяйственный труд и непосредственно относящийся к нему вопрос бедственного положения крестьянства, японские интеллектуалы могли опираться и на целый ряд исконных народных традиций.

---

[22] СёКониси видит в толстовстве начала XX века вид критики западной модерности и сопротивления ей. См. [Konishi 2013a: 93–141].

[23] Недавнюю биографию Толстого см. в [Bartlett 2010].

Одним из вдохновителей подобных обсуждений был Ниномия Сонтоку (1787–1856), основатель движения *хотоку* (報徳), организованного в начале 1800-х годов с целью спасения крестьян от хронической бедности и сельскохозяйственных рисков. В этой общественно-экономической схеме акцент делался на самодостаточности. Движение сыграло роль в пробуждении организационного сознания простого народа [Najita 2009]. Стоит отметить, что влияние Ниномии сохранялось и в эпоху модерна, поскольку его достижения и качества хвалили такие сторонники социализма, как Абэ Исо и Утимура Кандзо [Najita 2009: 107].

Примерно в то же время схожими проблемами занимался и сельскохозяйственный реформатор Охара Югаку (1797–1858). Его помнят по самоотдаче, с которой он организовывал крестьян в кооперативы и поощрял высокую производительность, которая дала бы возможность избавиться как от гнета феодальных налогов, так и от эндемического голода, который преобладал в то время. Историк Идзуми Сэйдзи обозначил достижения Охары на ниве практических сельскохозяйственных экспериментов как «самодостаточность и естественная экономика» (*дзикюдзисоку, сидзэнкэйдзай*). Его подход поощрял отказ от все более и более растущей коммерциализации сельского хозяйства и неприятие центральной власти [Идзуми 1998: 323].

Если пользоваться конфуцианскими понятиями, достижения и видение Охары находились в рамках «практической этики». Более конкретно, его действия мотивировало обнищание сельского хозяйства, вызванное соединением экономических, политических и циклических факторов. Выступая за самодостаточность, он выводил на передний план условия эмансипации крестьян. В 1857 году Охара совершил ритуальное самоубийство *сэппуку* для того, чтобы избежать притеснений феодальных властей, поскольку они, по всей видимости, были недовольны его действиями, которые считали политическим инакомыслием [Идзуми 1998: 324]. Недоверие феодальной — принуждающей — власти, сострадание крестьянству и убежденность в необходимости определенной степени автономии являются теми чувствами, которые разделял и Исикава.

Интеллектуальная генеалогия Исикавы также включает в себя и Андо Сёэки, мыслителя начала XVIII века, о наследии которого ведут споры ученые: Сёэки радикально противостоял феодальной системе и своеобразно изложил понимание им природы [Najita 2002; Norman 1979; Идзуми 1998; Нисимура 1992a]. Историки признают радикальную независимость Сёэки и теоретическую ценность его концепции этики действия — *дзиссэн ринри*, — направленной на спасение людей (*кюмин*, 救民; *саймин*, 済民) [Najita 2002: 68–69]. В этом смысле Сёэки определенно ближе к другим фигурам, упоминаемым выше. Но несмотря на то, что он настаивал на минимальной обработке почвы, приписываемая ему порой роль одного из первых экологических мыслителей Японии менее очевидна, как и его восприятие природы как окружающего мира, который включает в себя и человека [Joly 1996: 57–61].

Исикава тем не менее был хорошо осведомлен о статусе Сёэки как символа сопротивления авторитарному угнетению и сторонника ценностей равенства. В автобиографии он заметил общность идей, разделяемых этим врачом эпохи Токугава и такими европейскими мыслителями, как Руссо и Шарль Фурье (1772–1837) [Исикава 1977, 8: 428]. В редакторской колонке, опубликованной в 1908 году в «Нихон хэймин симбун», он уже упоминал идею Сёэки утверждавшего, что скромный труд крестьянина по возделыванию земли приведет к всеобщему равенству [Мэйдзи сякайсюги 1961–1963, 5: 255].

Очевидно, что такой перекрестный обмен идеями между Западом и Востоком был плодотворной почвой для размышлений Исикавы. Но особое сочетание обстоятельств, которое привело его в 1920-е годы к пониманию анархизма как ненасильственного, повседневного средства общественной трансформации, акцент в котором делался на освобождении крестьян, также проистекало из специфического исторического контекста. Этот контекст позволял объединить представления о равенстве, эмансипации крестьян, сельском хозяйстве и повседневной жизни и воплотить их в концепции *домин сэйкацу* — созданной Исикавой версии демократии. В некоторых отношениях Исикава бросал вызов так называемым моделям иностранных мыслителей или расширял их. Но при этом он также и «читал» их, деконструируя и переосмысляя в свете особой ситуации в сельском хозяйстве Японии эпохи Тайсё и начале эпохи Сёва и постепенного проявления авторитаризма во власти.

Домин сэйкацу

На протяжении нескольких лет после своей лекции в ноябре 1920 года Исикава разрабатывал понятие *домин сэйкацу* в текстах, над которыми он работал, и путем чтения лекций по всей стране с целью распространения своих взглядов [Исикава 1977, 7: 408]. В 1933 году он опубликовал работу «Кинсэй домин тэцугаку» («Философия современных людей земли»), которую считал итогом своих размышлений над предметом. В ней он уточнил некоторые понятия и разработал теоретические основы собственного видения, в том числе и путем взаимодействия с западными источниками. Не менее важно, что в этой книге подробно рассматривался особенный случай японского сельскохозяйственного сектора, который уже проходил через структурные и конъюнктурные трансформации. Одновременно Исикава пытался обозначить различия между *домин сэйкацу* и популярным аграризмом, который все более и более распространялся в Японии. Наконец, в нем обсуждалось понятие «общественной эстетики» (*сякай бигаку,* 社会美学), которое в дальнейшем послужит выражением готовности Исикавы внедрять в революционную деятельность искусство и постигать его, не прибегая к помощи посредников[24].

К тому времени он уже придавал одинаковое значение *домин сисо* и *домин сэйкацу,* «мысль» и «жизнь» людей земли соответственно. Однако особенность его деятельности изначально опиралась на идею повседневных практик как основы трансформации общества. Следовательно, как модель общественно-поли-

---

[24] Больше об общественной эстетике у Исикавы см. в [Stolz 2014a: 117–158].

тической организации *домин сэйкацу* приобретает для историка смысл в свете некоторых экспериментов середины 1920-х годов, в которых принимал участие Исикава — во-первых, его личного начавшегося в 1927 году проекта возделывания земли в Титосэ, который стал воплощением приобретенного им во Франции сельскохозяйственного опыта, а во-вторых, организации в 1925 году *Номин дзитикай*, сети самоуправляемых крестьянских советов. Об этом говорится в следующей главе.

Исикава ясно дал понять, что понятие *домин* узаконено в японской истории в качестве воплощения бунта или сопротивления власти. Он указывал на восстания крестьян до эпохи Мэйдзи — *хякусё икки* (百姓一揆) — как на источник вдохновения, говоря о времени «соломенных знамен и бамбуковых копий» (*сэкки тикусо,* 蓆旗竹槍) когда «*домин* поднялись» (*домин окиру,* 土民起きる) на бой с угнетением [Исикава 1977, 2: 318]. Никто не воплощал в его представлении этот дух непокорности сильнее, чем Танака Сёдзо, его давний наставник и защитник крестьян деревни Янака, лишившихся в начале века из-за действий правительства права собственности на землю, оказавшуюся загрязненной выбросами медного рудника в Асио. Поэтому первый значительный философский труд Исикавы вышел в 1925 году под следующим многозначительным эпиграфом: «Я посвящаю эту книгу душе Танаки Сёдзо, первого мученика *домин сэйкацу*» [Исикава 1925: 1].

В соответствии с идеалистическими взглядами Исикавы, *домин сэйкацу* должны были оказаться своего рода кирпичиками для выстраивания сбалансированного и добровольного общественного договора. Вслед за Реклю Исикава полагал, что понимание природы и признание ее внутреннего порядка и изобилия должны служить фундаментом для создания общественно-политической организации. Выразительно объявляя, что «мы — дети земли» (*варэварэ-ва ти-но ко дэ ару,* 等は地の子である), он утверждал, что разрыв связи с природой ведет за собой угасание у людей морального чувства и мудрости, возникающей благодаря возделыванию почвы [Исикава 1977, 2: 313]. С точки зрения Исикавы, крестьяне как никто иной понимали качество и необходимость этой связи, отсюда их место в его философии. Таким образом, в образцовом обществе отношения человека с почвой рассматривались как основная концепция, вокруг которой необходимо было организовывать промышленность, правительство и образование [Исикава 1977, 2: 317].

Более конкретно акцент делался на автономии и созидании отношений сотрудничества. В качестве конвенционального анархистского конструкта *домин сэйкацу* требовала отсутствия отношений эксплуатации — понимания того, что люди не должны подчиняться другим и эксплуатировать других, а, «стоя на земле» (*онодзукура тайти ни таттэ,* 自ら大地にたって), вести жизнь в свободном сотрудничестве [Исикава 1976: 16–39]. Обращение к необходимости «стоять на земле» предполагало максимально буквальное значение свободы и опоры на себя, что ясно из использованного оборота речи. Смысл заключался в том, что стоящий на земле человек несет ответственность за свою судьбу. По мнению Исикавы стоять на земле и физически взаимодействовать с почвой делало возможным само существование. Другими словами, почва предлагала возможность свободы и самодостаточности. Однако попытки настоять на прямом взаимодействии с землей подразумевали недостаток верности принципам или избыток идеализации конкретной территории.

Преданность следовало проявлять по отношению к организации небольших сообществ, например кооперативов. Они были посредником, с помощью которого воплощалась в жизнь солидарность. В 1920-е годы выработанное Исикавой понятие «прямой демократии» — управления общественными делами на основании неопосредованных отношений с ключевыми силами производства и отсутствием опоры на политические институции — вписывалось в рамки сообществ свободных потребителей и кооперативов производителей. Он развивал эту тему, используя историю французского синдикализма и ее применимость к японской ситуации.

Написанное в 1925 году эссе Исикавы «Размышления о синдикализме» (*Сандикаридзуму-но ханаси*) демонстрировало его знакомство с целями и историей создания французской Всеобщей конфедерации труда (Confédération Générale du Travail, CGT (ВКТ)). Прежде всего, он четко обозначил главные цели синдикализма: это движение должно не просто ставить своей целью улучшение условий труда рабочих, но и служить двигателем творческих изменений, ведущих к созданию нового общества. В этом смысле истинный синдикализм отделился от социализма и коммунизма [Исикава 1977, 5: 241]. Исикава был знаком со спецификой французской ВКТ, которая в своих исходных стремлениях к независимости и внимании к нуждам производителей и потребителей следовала в кильватере одного из течений анархизма[25]. Возможно, на его взгляды повлияло знакомство со сторонниками синдикализма во Франции, например с Марком Пьеро, одним из подписантов «Манифеста шестнадцати». Во время пребывания в Европе ему неоднократно доводилось обсуждать различные способы организации труда, в том числе с Эдвардом Карпентером и его друзьями, а также указывать на ограниченный охват английских профсоюзов [Исикава 1977, 5: 235].

Исикава был не единственным сторонником французского синдикализма в Японии, а обсуждение возможных достоинств этого течения необходимо рассматривать в контексте яростных и запутанных идеологических дискуссий, господствовавших в японском рабочем движении, особенно начиная с 1918 года. Они проходили в напряженной атмосфере, одной из характеристик которой стали постоянное полицейское притеснение и цензура инакомыслящих, еще сильнее ограничившие политическую деятельность после введения в 1925 году Закона об общественном порядке. Кульминацией печально известного «раскола анархистов и большевиков» (*ана-бору ронсо*, アナ・ボル論争), в котором анархисты участвовали наряду с социал-реформистами и воинствующими большевиками, в 1922 году стал открытый

---

[25] Подробный анализ французского синдикализма и его связей с анархизмом см. в [Maitron 1975].

разрыв между двумя течениями[26]. Воинственность большевиков к 1925 году, когда они отделились от реформистов, только усилилась. Создание в 1922 году Коммунистической партии Японии и ее прочные связи с Коминтерном только ожесточили их позицию [Wilson 1998: 285–307].

Наиболее ярким критиком большевиков был Осуги Сакаэ, который выступал с негативной оценкой их деятельности вплоть до своей насильственной смерти от рук военной полиции в сентябре 1923 года после Великого землетрясения Канто [Stanley 1982: 139–141]. Его яростный спор с Ямакавой Хитоси (1880–1958) остается важнейшим вкладом в спор анархистов и большевиков [Hoston 1986: 24–25]. Инстинктивное недоверие Исикавы к последним, сначала приглушенное, с годами только усиливалось. Выступая против групповщины и формально не участвуя в споре, после смерти Осуги он занял место самого яростного критика большевистской государственной машины, в то время как марксизм все сильнее и сильнее затмевал другие диссидентские течения Японии. С точки зрения Исикавы продвижение идеи автономных союзов в контексте *домин сэйкацу* и попытки реализовать их организацию на практике представляли собой лучший ответ тоталитарному и централизирующему движению коммунистов, которое все заметнее доминировало среди японских противников капитализма [Исикава 1977, 8: 429].

Полемика между анархистами и большевиками примерно совпадает по времени с теоретическими разногласиями среди самих анархистов. После смерти Осуги главным теоретиком движения стал Хатта Сюдзо (1886–1934), который выступал за идеи «чистого анархизма» и отрицал синдикализм как инструмент организации рабочих. В англоязычных трудах особенно подчеркивается влияние Хатты в межвоенный период, которое, возможно, задвинуло в тень альтернативные общественно-политические модели, разрабатываемые деятелями вроде Исикавы [Crump

---

[26] Он прямо сообщил об этом на сентябрьском съезде Нихон Родо Кумиай Сорэнго (日本労働組合総連合, Общей ассоциации профсоюзов Японии). Обзор см. в [Pelletier 2001; Crump 1983].

1993a]. «Чистые» анархисты искали опору в более «кропоткинской» версии анархо-коммунизма, которая опиралась на сельские, самодостаточные коммуны как организационные единицы. Хотя ясно, что Хатта и Исикава разделяли интерес к судьбе деревни, цели и источники вдохновения их анархизмов отличались.

По причине своего радикализма Хатта выступал не только за ликвидацию государства, но и за уничтожение городов и возврат к жизни в автономных деревнях, где объем производства ограничивался минимумом потребностей [Crump 1993b: 86]. Он предлагал закрытие фабрик и отправку рабочих в деревню, где они смогли бы применять свои навыки в небольших мастерских. Присущее деревенской жизни чувство солидарности гарантировало бы стабильность и общественную трансформацию [Crump 1993b: 86–87]. Реакционные взгляды Хатты доходили до предположения об извращении роли в обществе современной науки. По его словам, наука как инструмент правящих классов служила прежде всего развитию и консолидации эксплуататорского капитализма, поэтому должна была быть искоренена ради новой системы знаний [Crump 1993a: 123–128].

Вероятнее всего, Элизе Реклю не принял бы взгляды Хатты. Хотя он также внес вклад в развитие понимания анархо-коммунизма как системы организации [Ward 2010: 223], его пугала идея самодостаточной коммуны как некоторого огороженного пространства. Неудавшийся проект создания в середине 1850-х годов *колонии* в горах Сьерра-Невада-де-Санта-Марта в Колумбии заставил его смотреть на подобные проекты по-другому. Как бы то ни было, сама идея строительства человеческих отношений на основании задуманного ранее плана была по природе своей авторитарной [Fleming 1988 [1979]: 121]. К тому же изолированная структура по природе своей предотвратила бы свободное развитие отношений солидарности. Как и Реклю, Кропоткин тоже согласился бы с тем, что эта солидарность должна стоять выше общинных привилегий [Ross 2015: 118]. Опасность общинного мышления состояла в «созидании изолированных анклавов внутри большого общества эксплуатации, которое пребывало бы неизменным» [Ross 2015: 122].

По той же причине Исикава не выступал за создание изолированных коммун. Его позиция по вопросу различий между селом и городом была более нюансирована, чем у Хатты. Сам по себе он не отрицал городскую жизнь, но врожденное сочувствие к доле крестьян привело к тому, что он стал порицать растущую привилегированность городов. И хотя он критиковал некоторые аспекты современной науки — в том числе дарвинизм, — он признавал бóльшую часть ее достоинств[27]. Кроме того, в отличие от Хатты, который, прежде всего, был теоретиком анархизма, Исикава выступал скорее как практик и всегда искал способ примирить противоположности и претворить общественно-политическую жизнь в творческое сообщество взаимоотношений. Даже если его синдикализм обладал явно выраженной идеалистической окраской, он также являл собой привлекательную широту практических целей и мотиваций, которые отделяли мировоззрение Исикавы от узких, «групповых» склонностей других рабочих активистов.

Это мировоззрение призывало рабочих отказаться от методов парламентской борьбы и политических партий и самостоятельно выстроить все общественные организации через союзы, регулирующие производство и распределение. В его видении этот призыв затрагивал и крестьян, и промышленных рабочих, которые могли бы объединиться ради создания на местах приложения труда новой жизни, озаренной свободой, справедливостью и братством [Исикава 1977, 5: 423]. Он уверял, что такое неизбежное сотрудничество между сельскими и городскими рабочими окажется взаимовыгодным. За созданием и управлением союзов потребителей стоял бы один и тот же дух. Более того, подобное понимание союзов как ячеек широкой сети солидарности имело потенциал к распространению за пределы институциональных и государственных границ [Исикава 1977, 8: 430].

Исикава все сильнее ощущал необходимость выделить и описать свои взгляды во избежание их смешивания с другими идеологическими тенденциями. Как он ясно высказался в преди-

---

[27] См. в главе 6 о взглядах Исикавы на современную науку.

словии к своей работе 1933 года, если самоуправление через *домин сэйкацу* поддерживало бы условия человеческого равноправия, то это не означало бы, что все должны жить путем возделывания земли (*домин ва* [...] *канарадзусимо номин-дэванай,* 土民は [...] 必ずしも農民ではない):

> Рабочие по металлу, плотники и штукатуры — тоже *домин*. Рабочие, которые возделывают землю — не просто буквально, но которые принимают участие в великом искусстве Вселенной, — все они *домин*. *Домин* — люди, которые осели на земле. Те же, кто держат мотыгу, пусть даже крестьяне, если у них есть политические амбиции или если они используют других ради своей выгоды — не *домин*. Главный идеал *домин* — не личная выгода, а свобода для себя и сограждан. Это свобода равенства [Исикава 1976: 41].

Отсюда следует, что для того, чтобы считаться *домин*, необходима, прежде всего, особая этика труда, а не строгая приверженность земледелию. Исикава сознательно добавил этот пункт, чтобы не ассоциироваться с популярным аграризмом, набравшим силу в 1930-е годы. «Дело Лиги крови» — убийства бывшего министра финансов Иноуэ Дзюнноскэ в феврале 1932 года и директора компании Мицуи Такумы Дан месяц спустя стали поворотной точкой в вопросе видения сельских проблем. Теперь крайне правые агитаторы использовали их для того, чтобы заручиться поддержкой. Основатель Лиги, Иноуэ Ниссё (1887–1967), радикальный буддист секты Нитирэн, сторонник аграризма и общественных реформ, выступал также и за духовное перерождение Японии путем насилия [Large 2001: 533–564].

Необходимость отделить *домин сэйкацу* от других идеологических схем привела также Исикаву к необходимости акцентировать эстетический аспект своей философии. К 1930-м годам он еще более тщательно изучил западных мыслителей — при этом назвал имена лишь некоторых — и объединил их мысли со своими в том, что он называл «анархизм как общественная эстетика» [Исикава 1976: 269–285]. Общественная эстетика, или *сякай бигаку* (社会美学), в некоторой степени служила реакцией Исикавы на общественную науку (*сякай кагаку,* 社会科学), под которой в то время в Японии понимался марксизм [Исикава 1976: 442]. Видимо, его особенно впечатлили труды Жана-Мари Гюйо (1854–1888), французского поэта и эссеиста анархистской направленности, чье имя ныне позабыто, но который повлиял на Ницше, Бергсона, Кропоткина и даже Накаэ Тёмина[28].

В частности, Исикава цитировал книгу Гюйо под названием «L'art au point de vue sociologique» («Искусство с социальной точки зрения»), автор которой выражал мнение, что ни одно общественное объединение не может существовать без учета роли искусства. По его словам, искусство привело к созиданию общности чувств и настроений, которая дополняла общность идей и воли. Гюйо настаивал на том, что «художественная эмоция обязательно общественна. Она расширяет жизнь человека и соединяет ее с всеобщей жизнью» [Guyau 1923 [1889]: 21]. Исикава развил это понятие общественной эстетики, утверждая, что «красота — это сила» и что анархистское движение похоже на космическую симфонию, в которой множество голосов объединяются в достижении апогея красоты [Исикава 1976: 281]. Художественное размышление включает в себя пробуждение внутренней ритмической вибрации, способной на превращение в общественную симфонию. Все это напоминает понятие космического сознания, рассмотренное Эдвардом Карпентером.

Исикава также применил понятие «idée force» (*идэ форусу*), которое он заимствовал у французского философа Альфреда Фуйе (1838–1912). *Идэ форусу* — внутренняя сила, которая находится в постоянном движении и заставляет каждого человека искать свободы и самореализации [Исикава 1977, 3: 117]. Человеческая субъектность на уровне индивида содействовала историческому развитию. Схожим образом в вокабуляре Исикавы нашлось место понятию *dynamique sociale* (общественной динамики) Огюста Конта, которое тот использовал для объяснения связи общественного прогресса с эстетическими импульсами [Исикава 1976: 272]. Справедливо заметить, что философские

---

[28] См. [Ёнэхара 2012: 270].

рассуждения японского анархиста часто протекали путем прямого заимствования не всегда сочетаемых понятий из работ французских философов и социологов. Но также верно, что такое заимствование помогало выявить интересные взгляды на важные в то время вопросы. Постоянной темой сочинений Исикавы была открытая анархистская критика как марксизма, так и либерального капитализма, которая, в свою очередь, была способна помочь воплотить идею *домин сэйкацу*.

Так, редукционизму современной науки Исикава противопоставлял восприятие реальности через эмоциональность искусства. Тому, что казалось ему механистическим пониманием исторического развития, он противопоставлял непрекращающийся динамизм и «ритмические вибрации». Идеологическим понятиям, в которых индивиды сливались в безличную массу, он противопоставил плюрализм и обеспечение разнообразия талантов и способностей.

Если *домин сэйкацу* была способом мышления и жизни, то ее воплощение также должно было послужить созиданию бесконечно растяжимой сети отношений сотрудничества. Исикава назвал ее *фукусики модзё сосики* (複式網狀組織), «системой взаимосвязанных сетей», которые соединяли между собой множество производственных пунктов и являлись воплощением общественного освобождения. Предлагаемая Исикавой система предусматривала создание сети свободных организационных общностей, разделенных по профессии, но органично (*юкитэки* 有機的) объединенных на региональном и мировом уровне, а также связанных друг с другом. Такова была модель рассредоточенной общественной организации. Главной ее особенностью стало отсутствие центрального органа для регулировки многообразия существующих в ней связей [Исикава 1976: 41][29].

В поддержку своих взглядов Исикава цитировал «Записки революционера» П. А. Кропоткина и приводил убеждение рус-

---

[29] В 1932 году Исикава детально рассматривает это понятие в контексте теории общественной эстетики. См. «Сякай бигаку тоситэ-но мусэйфусюги» в [Исикава 1977, 3: 190–206].

ского анархиста в возникновении из духа свободы и солидарности внутри союзов и между ними нового и всепобеждающего порядка, а значит, и прогресса [Исикава 1977, 3: 203]. Но если точка, от которой начиналось движение, была для Кропоткина и Исикавы одной и той же — расширяющееся и объединяющее людей сообщество солидарности, — революционный дух, который должен был привести к изменениям, они воспринимали по-разному. Если Кропоткин подчеркивал необходимость бунта, Исикава считал, что создание союзов и кооперативов не решит проблемы общества само по себе. Важнее, чтобы среди членов таких союзов и кооперативов господствовал дух свободы и независимости [Исикава 1976: 47]. Он полагал, что трансформация возможна только в условиях непрерывной интериоризации свободы и действия. Другими словами, перед революцией масс должна произойти эмансипация отдельных людей — явление, в котором, по его ощущениям, Япония просто нуждалась. Несмотря на свое недовольство моральными и материальными тяготами промышленного капитализма, Исикава полагал, что общество еще не готово к резким переменам по Кропоткину[30]. В дополнение к присущей ему склонности к личной интроспекции, он был готов принять высокую степень незаметности:

> Мы не стоим на виду у людей. Мы — скрытые клетки (細胞). Но чтобы сделать возможным возникновение нового жизнеспособного общества, мы должны приложить усилия, чтобы быть хорошими и здоровыми клетками. Вот в чем смысл революционной свободы [Исикава 1977, 3: 70].

В этом случае идеи «обыденного сознания» Утиямы Гудо и «космического сознания» Эдварда Карпентера сближало то, что их вдохновляло.

Система взаимосвязанных сообществ у Исикавы также была частью общего географического мировоззрения, которое одобрил бы Элизе Реклю. Вдохновленный Пьер-Жозефом Прудоном

---

[30] См. главу 3, особенно «Кёму-но рэйко».

(1809–1865), он часто исследовал методы, используя которые федерализм мог бы стать достойной заменой централизованного государства. С начала своей деятельности он оспаривал необходимость французского госаппарата и навязывание административного деления на департаменты, аррондисманы и коммуны на искусственных и часто авторитарных основаниях [Ferretti 2015b: 5]. Также путем изучения понятия естественных границ (natural frontiers), которые устанавливались бы волей и деятельностью людей, он ставил под сомнение эффективность государственных границ (national borders) [Ferretti 2011: 3–4]. Возможности исследуемого им федерализма касались прежде всего Европы, но могли также распространяться и на весь мир. Хотя Реклю смотрел на все с точки зрения географа, мысли о федерализме были связаны и с его анархистскими воззрениями. Так называемая «общественная республика» состояла из множества автономных и производящих сообществ, различающихся размерами и производственной деятельностью внутри них [Fleming 1988 [1979]: 64].

«Взаимосвязанные сообщества» Исикавы, явно вдохновленные идеями французского географа, тем не менее соответствовали потребностям Японии эпохи Тайсё и начала эпохи Сёва. В качестве реакции на городской пролетариат в Японии той поры изначальный интерес Исикавы к крестьянским сообществам распространился и на мелкую промышленность. Желание отстраниться от чистого популярного аграризма также привело к тому, что Исикава решил обратить больше внимания на объединение сельскохозяйственных и промышленных видов деятельности. Таким образом, знакомство японских активистов довоенного времени с европейским анархизмом повлекло за собой их попытки его разнообразных интерпретаций. Такие интерпретации простирались от идеи закрытых и самодостаточных сообществ и отрицания городов у Хатты до разработанного Исикавой проекта создания сети взаимосвязанных коллективных сообществ, объединяющих сельское хозяйство и промышленность, потребление и производство, и действующих на благо прогресса как фабрики творческой общественной силы.

Повседневная жизнь как революционная практика

В схеме Исикавы у *домин сэйкацу* имелось как индивидуальное, так и коллективное значение. Индивидуальное состояло в достижении высокого статуса самостоятельного и обеспечивающего себя продуктами питания. Коллективное же определялось автономностью управления путем создания кооперативов и союзов. Их объединяло непосредственное отношение к средствам производства и отсутствие подчинения капиталистическим принципам. Принятое Исикавой в 1927 году решение арендовать в Титосэ, в пригороде Токио небольшой участок земли и примитивное жилище — бывшую мельницу, стало подтверждением его личного выбора. Он поселился в том же регионе, в котором обитали его друзья Токутоми Рока и Это Тэкирэй[31]. Журналисту, задавшему тогда вопрос о наличии в переезде «толстовского» аспекта, Исикава ответил отрицательно, напомнив, что Толстой был богат, а он — беден. При этом Исикава добавил, что само решение было вполне себе в толстовском духе [Исикава 1977, 3: 492].

Исикава отмечал, что недостаточная степень «толстовства» переезда в Титосэ и воплощения в нем *домин сэйкацу* объяснялись его общественным положением. Петр Кропоткин, Карпентер, Лев Толстой, а также, возможно, и Мусянокодзи Санэацу, были людьми из высших слоев общества, для которых возделывание земли было выбором, а не экономической необходимостью. Хотя благодаря своей деятельности в качестве журналиста, а также время от времени переводчика Исикава мог сводить концы с концами, надеяться на фамильное богатство ему не приходилось. *Домин сэйкацу* была для него в некоторой степени необходимостью, которая тем не менее давала ему некоторую свободу. Его поддержка крестьян и поощрение самодостаточности основывались отчасти на этом проживаемом опыте.

Более того, с помощью *домин сэйкацу* Исикава смог разрушить границу между человеком и природой, которая поглоща-

---

[31] Токутоми Кэндзиро (Рока) умер через несколько месяцев после этого.

ла его внимание. После нескольких лет занятий сельским хозяйством, сначала в Лианкуре под Парижем, неподалеку от фронта, затем у Поля Реклю в деревне Домм на Юго-Западе Франции, Исикава смог непосредственно прочувствовать простой акт вспахивания земли. И этот французский опыт наделил его одновременно чувствами удивления и уверенности, которые он выражал с искренностью, а порой и наивностью, в дневнике и мемуарах.

В своей первой статье, написанной после возвращения в Японию, Исикава с удивлением писал об обилии и разнообразии фруктов и овощей, которые он смог вырастить на небольшом участке с помощью французских хозяев этого участка [Исикава 1977, 2: 308]. По его мнению, полученные им навыки принадлежали к числу основных потребностей человеческой жизни, они также помогали людям научиться работать на лоне природы. Согласно его циничному замечанию, Октябрьская революция в России, по причине которой многие городские рабочие вернулись на поля, доказала, что забывать исходную связь с почвой глупо [Исикава 1977, 2: 308].

Жизнь во французской деревне стала истинным откровением для Исикавы. Он с воодушевлением описывал несостоятельность своих академических достижений перед лицом природы как неистощимого источника знания. Его наблюдения о жизни на Юге Франции меняли форму от трезвого восхищения до детского недоумения при виде вздымавшихся из земли бобовых стеблей или появляющейся из ее глубины картошки. Похожими словами он описывал работу на винограднике и производство вина [Исикава 1977, 2: 308; 8: 370–373]. Итог он подводил так: «Желанная революция во Францию не пришла, но посеянные мной семена превзошли все ожидания» [Исикава 1977, 2: 328][32].

При этом в последней реплике таилась не просто гордость садовника. Она напоминала о символическом акте высаживания семян не только в почву, но и в умы — незначительного поначалу действия, имевшего гигантский трансформационный потен-

---

[32] См. также «Хякусё никки» («Дневник фермера») в [Исикава 1977, 2: 414–420].

циал. Не было простым совпадением и то, что Исикава оказался в числе спонсоров журнала «Танэмаку хито» («Сеятель», 種蒔く人), недолговечного издания, основанного Комаки Оми (1894–1978) и вдохновленного французским движением Clarté Анри Барбюса (1873–1935)[33]. Журнал демонстрировал приверженность вышеописанному символическому действию высаживания семян возрождения общества и не признающей границ солидарности. Интернационалистские и пацифистские идеалы, вдохновлявшие «Танэмаку хито», разделяли и другие видные деятели. Кроме Барбюса, к ним можно причислить и многих друзей Исикавы: Поля Реклю, Эдварда Карпентера и Кристиана Корнелиссена, а также свободных мыслителей Акиту Удзяку (1883–1962) и Ариcиму Такэо (1878–1923). То, что название журнала было дано на эсперанто («La Semanto»), и то, что в нем публиковались статьи Василия Ярошенко (1890–1952), одного из ведущих интеллектуалов-эсперантистов Японии, лучше всего иллюстрируют эти идеалы безграничности [Танэмаку хито 1961]. Марксистская подоплека издания плохо сочеталась с неприкрыто антибольшевистскими взглядами Исикавы в поздние годы, являясь напоминанием о той порой тонкой линии, которая разделяла конфликтующие идеологии в 1920-е годы.

Вспахивание земли оказалось еще одной убедительной метафорой. Размышляя над увиденным в Европе, Исикава предположил, что японские техники обработки почвы можно улучшить, если систематически увеличивать глубину вспахивания. По мнению Исикавы, с точки зрения сельского хозяйства более глубокое вспахивание обеспечивало лучшую дезинфекцию поверхности почвы, улучшая тем самым урожайность культур [Исикава 1976: 69][34]. Но сама идея «глубокого вспахивания» (*фукаку хору,* 深く掘る, или *фукаку тагаясу,* 深く耕す), которую он выдвигал, могла быть перенесена на общественную деятель-

---

[33] Опубликовано между февралем 1921-го и августом 1923 года.

[34] Нодзава Хидэки отметил, что сельскохозяйственные техники, с которыми Исикава познакомился во Франции, нельзя было адаптировать к японской почве, и поэтому некоторые его эксперименты провалились. См. [Нодзава 2006: 837–856].

ность *домин*. Исикава порицал некоторую мелочность японских простолюдинов, которых он для повышения активности жизненной позиции и в интересах реформистского движения *домин* просил «вспахивать глубже» [Исикава 1976: 69]. Вот почему для всех *домин* «вспахивать глубже» — это не просто техника возделывания, но и способ изменить привычное мышление [Умэмори 2013: 280].

Обращаясь к буддийскому понятию переселения душ (*риннэ*, 輪廻), Исикава подчеркивал пустоту человеческого существования в бесконечном круговороте, где даже процесс эволюции представляется совершенно незначимым. Но в отличие от искусственно созданных институций, взаимодействие с почвой предоставляло точку опоры, уверенность и ощущение постоянства, которое спасало людей от участи вечных скитальцев [Исикава 1977, 2: 311]. Человек оказывался крошечным фрагментом бесконечной Вселенной, но у него имелась возможность проявить свободную волю для созидания взаимоотношений сотрудничества. Опыт *домин сэйкацу*, продуманный, прожитый и выражаемый добровольно, позволял «ограниченным людям впервые прожить безграничную жизнь» [Исикава 1977, 3: 26; 5: 280].

Далекий от пассивного неучастия в политике, Исикава рассматривал *домин сэйкацу* как невидимое революционное движение, способное изменить человеческие отношения на уровне повседневной жизни. Те семена, которые он мысленно высаживал, были семенами равенства и свободы. Как он объяснял в середине 1920-х годов:

> С этого дня я хотел выражать «власть земли» в общественной жизни и деятельности. Я хочу избавиться от мыслей об иерархии и дискриминации в повседневной жизни, будь то рай и ад, избранные люди и *домин*, управляемое и неуправляемое, центр и регионы и тому подобное [Исикава 1977, 8: 440].

В мемуарах он писал о деревне Домм как о своей второй родине и о своей жизни как о *домин сэйкацу* [Исикава 1977, 8: 423]. Человек мог быть *домин* где угодно. По возвращении в Токио осенью 1920 года Исикава незамедлительно раскритиковал мировоззрение, которое, по всей видимости, господствовало в стране. Он отмечал, что Япония была «больна капитализмом», а правительство занято повышением национального престижа [Исикава 1977, 8: 412]. Однако в воздухе ощущалась беспрецедентная политическая открытость, вскоре, впрочем, обузданная Законом об общественном порядке 1925 года. Этот период, называемый «демократией Тайсё», стал временем многочисленных дискуссий о прогрессе, участники которых требовали большей политической и гражданской свободы страны. Критика установленных норм и размышления о будущем Японии в контексте развития мировых трендов означали для многих интеллектуалов поиск смысла «демократии».

В 1916 году Ёсино Сакудзо (1878–1933), профессор политологии в Императорском университете Токио, ученый либеральных наклонностей — как это понималось в то время, — а вскоре и ведущий голос «демократии Тайсё» [Najita 1974: 30], предложил для перевода слова «демократия» понятие *мимпонсюги*. Выбор слова, буквально обозначающего «правительство, основанное на людях», отражал трудность тогдашней полной интеграции граждан в парламентский процесс. Ёсино признавал, что политическое сознание масс трансформировалось — что только подчеркивали бунты и демонстрации, количество которых после Русско-японской войны увеличилось, — и что правление небольшой клики олигархов не отвечало духу демократии. Демократия больше не являлась далеким идеалом, но оказалась достижимой формой представительства, рост осведомленности о которой продемонстрировало общественное мнение [Najita 1974: 43]. Однако до введения всеобщего избирательного права для мужчин в Японии оставалось еще десять лет, а значение слова «демократия» оставалось предметом споров [Duus, Scheiner 1988: 677].

Домин сэйкацу стала попыткой Исикавы ответить самому себе на вопрос о значении демократии. Едва успев сойти с корабля после восьми лет добровольного изгнания, он представил главные идеи своего проекта аудитории, состоящей из членов *Синдзинкай*. Его вариант демократии как *сэйкацу* (повседневной жизни) оказался с точки зрения этой аудитории уникален. Он противостоял как популярным дискурсам либералов и марксистов, так и официальному нарративу линейного движения Японии по пути модернизации. Цель правительства, смещавшего в 1920–1930-е годы акцент с увеличения производства на рост потребления, предполагала кампанию по улучшению жизненных стандартов людей. При этом главной точкой отсчета оставалась западная модерность[35]. В этом плане жизнь *сэйкацу*, сторонником которой выступал Исикава, представала другой. Он делал акцент на освобождении.

Домин сэйкацу Исикавы предлагает общественно-политическую модель, нацеленную на высвобождение человеческой субъектности из идеологических схем, которые сам Исикава считал механистическими. Это понимание «демократии», к которому он пришел через странствия и обмен мыслями, имело в своей основе социальное — реклюзианское — географическое мировоззрение. Для этого понимания были неприемлемы насилие и иерархичность, оно придавало большое значение окружающей среде, основывалось на солидарности и воплощалось в широкой сети производственных единиц, где отсутствовал контролирующий центр. Обездоленные классы Японии (в основном крестьяне, но также и промышленные рабочие) должны были жить независимой, целостной жизнью, схожим образом согласованной с остальным миром.

Исикава предполагал, что, используя его модель демократии, человеческие сообщества также могли восстанавливать пространство. «Первый мученик *домин сэйкацу*», Танака Сёдзо, скончался после долгой битвы, в которой он сражался на стороне жителей деревни Янака, пытавшихся вернуться на землю, отобранную у них правительством. Если бы мировоззрение Исикавы было менее яростным и радикальным, он осуществлял бы схожую пространственную стратегию. Стоя на земле, *домин* имели возможность создать заново множество общественных, политических и экономических связей. Для Исикавы солидарность была не только этическим конструктом, но и стратегией выживания.

---

[35] См., например, *сэйкацу кайдзэн ундо* («движение по улучшению повседневной жизни») в [Garon 1994: 356].

Анри Лефевр (1901–1991) размышлял о том, что пространство не статично, но «продуцируется» в повседневности. Как критик капиталистического отчуждения и модерности, он рассматривал это пространство как социальный конструкт. С его точки зрения, оно создается наличествующим в обществе модусом производства. Капиталистическое пространство насыщено общественными отношениями, которые создают его и в то же время создаются им [Lefebvre 2009: 186]. В противоположность тенденции исследовать пространство путем анализа его фрагментированных единиц («декупаж»), Лефевр создал уникальное понятие пространства, которое создается конкретными действующими лицами. По его словам, «(социальное) пространство есть (социальный) продукт […] произведенное таким образом пространство служит орудием как мысли, так и действия» [Лефевр 2015 [2000]: 40]. С точки зрения Лефевра, пространство чаще всего выражается через доминирующие отношения производства. При этом он также признавал, что повседневная жизнь способна генерировать проблемы и подрывать сам процесс воспроизводства порядка и власти.

Кристин Росс отмечала, что события Парижской Коммуны стали «проживаемым опытом "равенства в действии"» [Ross 2015: 39]. «Власть земли» Исикавы не отличалась от них концептуально. *Домин сэйкацу* не требовала возврата к домодерной форме производства, базирующейся на сельском хозяйстве, и к идеализированной гармонии деревенского общества. Вместо этого подразумевалось создание модели такого взаимодействия человека и природы, которое преобладало в прошлом и целью которого оказывалась трансформация настоящего в неиерархическое общество. Эта трансформация, достоинствами которой были самодостаточность и пренебрежение государственной властью, должна была закрепляться повседневными практиками. Вот почему *домин сэйкацу* представляла собой опротестовывание капиталистического пространства в повседневности[36].

---

[36] Подробнее об этом см. в следующей главе.

Глава 5
Стоять на земле

«Мученик *домин сэйкацу*» Танака Сёдзо провел последние годы своей жизни среди тех немногих жителей Янаки, которые оставались на территории деревни, выступая против правительственной экспроприации земли. Все вместе они пытались «стоять на земле». Но уже к 1907 году, когда Янака была буквально уничтожена, а бо́льшая часть ее населения перемещена, возможностей для успеха подобной тактики сопротивления почти не осталось. Люди, которым было известно об этом сопротивлении, смотрели на Танаку как на эксцентрика и глупого мечтателя, проигравшего бой силам модерности.

При этом о деятельности Танаки в течение почти десятка последующих лет вплоть до его смерти в 1913 году необходимо сказать две вещи. Во-первых, позицию Танаки в эти годы можно рассматривать как агонию его утопического видения, которое должно было позволить крестьянам стоять на земле в условиях свободы, равенства и осознания уроков природы. Поэтому желание Танаки отомстить за попранное достоинство людей Янаки можно отнести к длинному списку идеалистических попыток улучшения человеческих сообществ, которые в конце концов провалились. Во-вторых, несмотря на восприятие этих действий как неразумных, их последствия сформировали и нынешний дискурс экологической политики. Пусть Янака исчезла с карты Японии, но ее значение символа напряженности в отношениях между человеком и природой сохранилось до сих пор.

Когда в 1925 году Исикава Сансиро принял участие в созидании *Номин дзитикай*, сети самоуправляемых крестьянских советов, он приложил усилия к проекту, также намеревающемуся «стоять на земле». Также схожим с Танакой образом он сформулировал видение этого проекта, которое и по своему замыслу, и по его воплощению тоже оказалось утопическим. Для Японии конца 1920-х годов это был амбициозный долгосрочный проект, имеющий своей целью способствовать замене хозяйств крестьян-арендаторов совокупностью небольших независимых работников, объединенных друг с другом в союзы и кооперативы, а также занятых творческой деятельностью и в качестве потребителей, и в качестве производителей.

Неудивительно, что по причине неразрешимых противоречий между ее основателями в 1928 году *Номин дзитикай* распалась. И, в отличие от Янаки, сейчас о ней вспоминают редко, потому что историки часто путают эту организацию с другими проявлениями популярного аграризма 1920–1930-х годов. Объединенные в рамках одной категории сельского радикализма, они, похоже, объясняют падение Японии в «мрачную эпоху» войны и милитаризма. К несчастью, особенность эксперимента *Номин дзитикай* теряется в столь широких обобщениях.

Изучение попытки Исикавы создать с помощью *Номин дзитикай* коллективную *домин сэйкацу* показывает, что с самого начала эта попытка была обречена на неудачу. Ему пришлось преодолеть бурные экономические и политические течения эпохи и столкнуться с особенно суровым идеологическим климатом. Ни Исикава, ни его товарищи не имели достаточно сил, чтобы убедить все сильнее разочаровывающееся, а иногда и даже отчаявшееся сельское население в достоинствах своей общественно-политической теории. Однако при полном отсутствии финансовой поддержки и только с незначительной политической их призывы остались без ответа — или же потонули в какофонии голосов различных деятелей, искавших в то время способы использовать классовое сознание в личных политических целях.

Однако в утопии может содержаться нечто большее, чем условие ее нереализуемости[1]. В «Пространствах надежды», как и в других своих работах Дэвид Харви писал о том, что «могло бы быть» — об альтернативных схемах общественно-политической организации, которые на какое-то время могут указать путь в будущее, даже если в тот момент они не могли быть реализованы [Harvey 2000: 17, 155][2]. Другими словами, утопические образы полезны для переосмысления самой сути политической организации. Схожим образом Хойт Лонг, изучая жизнь и труды поэта и автора книг для детей Миядзавы Кэндзи (1896–1933), предостерег историков от отбрасывания проектов «возвращения к земле» в Японии эпохи Тайсё по причине их недолговечности и неудачи. «Поскольку, — пишет он, — это ничего нам не говорит о том, каково это — стоять на краю ощутимого кризиса и пытаться радикально пересоздать общественную жизнь и по мысли, и в действии, понимая в то же время, что этой цели трудно достичь» [Long 2012: 186].

Вместе с другими учеными Лонг также выявил связи между взаимодействием с крестьянством и крестьянской жизнью у Миядзавы Кэндзи и Исикавы Сансиро [Сакаи 2004: 129–147; Сайто 1991; Konishi 2015: 299–317]. В 1926 году, почти одновременно с Исикавой и его *Номин дзитикай*, Миядзава создал «Ассоциацию крестьян Расу» (*Расу Тидзин Кёкай* 羅須地人協会). Обе организации просуществовали недолго и даже не всегда встречали понимание тех, кому хотели помочь. Эта тема раскрывается далее, а здесь достаточно сказать, что само использование понятия *тидзин* (地人) говорит о многом. Оно напоминает о географическом труде Элизе Реклю «Человек и земля», название которого было переведено Исикавой как «Тидзинрон». Миядза-

---

[1] У этого есть и положительные, и отрицательные последствия. Некоторые критики предупреждали об опасностях утопии, поскольку в ней находится зародыш тоталитаризма. К ним относится и Карл Поппер. Но для таких ученых, как Фредерик Джеймисон, утопия — это метод, используя который можно сделать полезные выводы.

[2] См. также [Harvey 2010].

ва, возможно, знал об этом, поскольку у него имелась вышедшая в 1925 году книга Исикавы «Хисинкарон-то дзинсэй» («Теория антиэволюции и человеческая жизнь»), в которую вошли переводы статей Реклю [Сакаи 2004: 129; Сайто 1991: 461; Long 2012: 176]. Утимура Кандзо также использовал это понятие в заглавии своей географической работы 1897 [1894] года.

Слово *тидзин* заключает в себе идею отношения человека к природе и предполагает, что Танаку, Исикаву, Миядзаву и, до некоторой степени, Утимуру объединяло общее географическое мировоззрение. Оно предполагает преобразование человеком общественно-политической реальности путем осознания естественного окружения и взаимодействия с ним. С этой точки зрения *Номин дзитикай* оказалась выражением коллективной утопии, цели и значимость которой заметно отличаются от целей и значимости популярного аграризма, который обычно ассоциируется с поддержкой японского довоенного ультранационализма.

Экономическая нестабильность и организованный протест

В 1929 году пролетарский писатель Кобаяси Такидзи (1903–1933) опубликовал в журнале «Тю́о корон» небольшую повесть под названием «Отсутствующий помещик» («Фудзай дзинуси», 不在地主). Образ «отсутствующего помещика» во многих деревнях стал привычным к концу 1920-х годов, когда новые налоги и земельные реформы после реставрации Мэйдзи привели к концентрации сельскохозяйственной земли в руках немногих, что, в свою очередь, часто приводило к ухудшению положения небольших крестьянских хозяйств. Мрачные картины крестьянской жизни, представленные в повести, стали рупором представителей низших сельских слоев общества, которые рассматривались как бессильные жертвы приоритета городов и промышленного развития. Кобаяси писал о голоде, бедности, обмане и отчаянии. И его повесть посвящена как злобе и ненависти, которую, очевидно, испытывали крестьяне, так и возможностям организованного протеста.

Ощущение эксплуатации и несправедливой заброшенности крестьян копилось на протяжении многих лет и всячески осуждалось сочувствующими наблюдателями. Но 1920-е годы ознаменовались возникновением крестьянского движения, которое характеризовалось повышенным чувством классовой сознательности. Повесть Кобаяси не только иллюстрирует животрепещущий сельский вопрос «отсутствующего» помещика или помещика-«паразита» (*кисэй дзинуси,* 寄生地主) как явления, повлекшего за собой разрушение целостности деревни и острую конфронтацию [Vanoverbeke 2004: 18]. Она также стала символом распространения в деревне социалистической идеологии и надежды на объединения крестьян как на механизм возрождения. Публикация повести привела к увольнению Кобаяси с должности банковского клерка. В 1933 году он был арестован за коммунистическую деятельность и скончался в тюрьме после пыток, сделав свою смерть одним из символов угнетения представителей левых движений японской полицией того времени.

Экономические факторы, вызвавшие в деревне волнения с выдвижением требований изменить политику арендной платы, хорошо известны[3]. К ним можно причислить давление, оказываемое в некоторых префектурах на крестьян-арендаторов с начала 1900-х годов при помощи инспекций риса, что в целом подняло спрос на высококачественный продукт. Арендаторы относились к этому негативно по двум причинам: либо им было сложно обеспечить необходимый уровень качества риса, либо они теряли возможности выхода на рынок. Сопровождавший Первую мировую войну экономический бум, в ходе которого цены на рис резко выросли, также привел к беспорядкам. Небольшие крестьянские хозяйства страдали, потому что им пришлось покупать рис для собственного потребления. Другие поняли, что практика выплачивания ренты натурой означала утрату потенциальной выручки. Конец военного бума в 1920 году привел к следующему экономическому удару, который сопро-

---

[3] См. [Francks 2006; Hane 1982; Smethurst 1986; Waswo 1989: 539–605; Waswo, Nishida 2003].

вождался несколькими годами дефляции. Хотя не все сегменты аграрного сектора пострадали одновременно, нестабильность цен в эти роковые годы оказала на деревню дестабилизирующий эффект.

Структурные изменения усугубили и экономические волнения, которые повлияли на крестьян. Сельскохозяйственный сектор ощутил медленную эрозию численности небольших крестьянских хозяйств в пользу более крупных землевладельцев, ростовщиков и купцов, чаще потому, что кризис вынуждал крестьян становиться либо арендаторами земли, либо полуарендаторами. В 1872 году арендаторам принадлежали около 29 % возделываемой земли, но к 1930 году эта доля возросла до 46,7 % [Hane 1982: 104]. Внутренняя миграция привела к столь же невосполнимому истощению сельского населения. В 1888 году 87 % населения Японии жили в сообществах численностью менее 10 000 жителей. В 1930 году эта пропорция снизилась до 59 % и снижалась далее [White 1978: 83].

Энн Уосво убедительно показала, что за деревенскими протестами стояла сложная взаимосвязь факторов и что кроме бедных и безземельных крестьян оспаривать статус-кво считали выгодным для себя иногда даже средние крестьяне или богатые землевладельцы [Waswo 1989: 557]. Ее работа подчеркивает взаимосвязь между растущим вовлечением в профсоюзы в 1920-е годы и более поздними воплощениями популярного аграризма. В ней также указывается на тогдашние бюрократические попытки контроля или подавления бунта. В 1930-е годы военные прибегали к подобной агитации с националистическими целями, при этом у крестьян были самые разные политические взгляды.

В целом период Первой мировой войны стал для Японии эрой перехода от статуса региональной экономики к статусу полноценной индустриальной державы с глобальными амбициями [Dickinson 2013: 38]. К 1920 году рост промышленного производства повлек за собой развитие главных основных городов, включая Токио, Осаку, Нагоя, Кобэ, Киото и Йокогаму. Их экономическая и культурная ценность значительно превышала значимость деревни. Бум городской жизни в годы Тайсё монополизировал внимание страны. Отчетливо заметен сделался рост экономики промышленных конгломератов и капитализма монополий. Ощущение растущего дисбаланса между деревней и городами, где последние в большей степени пользовались плодами модерности, стало важным обстоятельством в интеллектуальных течениях того времени.

Этот же период повлек за собой рост тенденции к созданию и дальнейшему развитию во многих частях Японии крестьянских союзов, кооперативов и других сельскохозяйственных ассоциаций [Waswo 1989: 576]. Ее подкрепляли усилия чиновников, движимых необходимостью повысить производительность сельского хозяйства страны и вовлечь крестьян в государственный проект модернизации и имперской экспансии [Havens 1974: 9][4]. Некоторые инициативы выдвигались крестьянами или арендаторами. Класс землевладельцев хотел укрепить свое влияние в местной политике, поскольку он ощущал угрозу со стороны развивающейся городской экономики и растущего напряжения в отношениях с сельскохозяйственными рабочими. С другой стороны, арендаторы больше не могли надеяться на стабильные и доброжелательные отношения с помещиками и стремились создать более справедливую основу для использования их труда[5].

Идеи организованного труда и ценности коллективных договоров хлынули из больших городов в деревню. Хотя в одних регионах — там, где коммерческое сельское хозяйство было развито сильнее — они проявились ярче, все десятилетие в целом оказалось отмечено расцветом организаций, которые официально пытались представлять интересы различных социальных групп. И хотя историки справедливо оспаривали строгую категоризацию этих инструментов для проведения переговоров с отнесением их к левому или правому сегменту политического спектра[6], само

---

[4] См. также Tsutsui Masao, «The Impact of the Local Improvement Movement on Farmers and Rural Communities», в [Waswo, Nishida 2003].

[5] Ann Waswo, «In Search of Equity: Japanese Tenant Unions in the 1920s» // [Waswo, Nishida 2003; Waswo 1977].

[6] См., например, [Large 1983: 33].

наличие этих организаций свидетельствовало об энтузиазме по отношению к Октябрьской революции и коммунистической идеологии — или, по крайней мере, ее авторитарным тенденциям. Один из ярких политических деятелей 1920-х, Акамацу Кацумаро (1894–1955), в своей «Истории общественных течений Японии» (*Нихон сякай ундоси*), отметил начавшийся в 1918 году резкий рост числа союзов крестьян-арендаторов и бо́льшую склонность таких союзов к конфронтации, а не к поиску компромиссов [Акамацу 1964: 192]. Он также высоко оценил успехи и страстные устремления Японского союза крестьян (*Нихон номин кумиай*), под левым руководством которого объединялись в 1922 году организации по всей стране [Акамацу 1964: 249].

Во многих случаях городские интеллектуалы предлагали дополнительные стимулы для мобилизации крестьян и формулирования экономических и политических требований деревни. Например, христианский реформатор из Кобэ Кагава Тоёхико (1888–1960) стал хорошо известен благодаря своей роли в продвижении сельскохозяйственного активизма. Длительное путешествие Исикавы в 1921 году по Японии от Акиты на севере до нескольких деревень в регионе Кансай на западе Хонсю оказалось одним из множества лекционных туров с участием интеллектуалов того времени. Влияние, оказанное Исикавой через *Номин дзитикай* на деревню Китамимаки в префектуре Нагано несколько лет спустя, демонстрирует убедительный охват сферы его действий.

Ученые также отмечали, что дух политического инакомыслия 1920-х отличался от духа предшествовавших им времен, например эпохи *бакумацу*. Вместо пассивного ожидания освобождения от гнета выдвигались активные требования улучшения положения и равенства, в которых нуждались протестующие [Waswo, Nishida 2003: 81–82]. Примером служит тот факт, что нередко зачинщиками бунта оказывались крестьяне среднего достатка, которыми двигало желание пользоваться преимуществами коммерческого сельского хозяйства. Коллективная торговля при посредничестве официальных объединений, таким образом, указывала не только на смену средств коммерции, но и на иную риторику. Деятельность Исикавы, направленная на крестьян ради их блага, демонстрировала эту эволюцию, которую можно увидеть даже при сравнении его деятельности до и после его добровольного изгнания. Риторика гнева, ощущения предательства и злобы, вызванных бедственным положением крестьян, столь сильная в социалистические годы Исикавы, стихла в его поздних работах. Ее место заняло поощрение независимости и самоуправления, автономии и самоуважения крестьян и их труда. По мере того как деятельность Исикавы оказывалась еще сильнее настроена на позитив, ее масштабы расширялись. Продвижение в среде крестьян искусств и образования оказалось таким же значимым, как и экономическая и социальная помощь им, и хотя эта тенденция проявлялась в устремлениях пролетарского движения в целом, она особенно выделяется в случае Исикавы.

В таком контексте и была создана *Номин дзитикай*. На фоне идеологической и организационной лихорадки Японии 1920-х годов организация самоуправляемых крестьянских советов Исикавы пыталась сохранить собственную идентичность и независимость от других значимых интеллектуальных течений. Ее постоянно сопровождал риск оказаться либо непримиримо левым, либо националистическим проектом, и именно в этом проявилось напряжение, повлекшее за собой развал организации. В конечном счете *Номин дзитикай* оказалась местом встречи объединенных страстью к сельскому хозяйству людей из разных слоев общества и разных профессий и мотиваций. Некоторое время она смогла продержаться и сохранить свою уникальность в качестве альтернативной модели сельскохозяйственной организации.

Номин дзитикай

В мемуарах Исикава вспоминал, что после Великого землетрясения Канто 1923 года Япония оказалась просто переполнена многочисленными трудовыми союзами и ассоциациями. Однако он считал странным отсутствие независимых крестьянских объединений и хотел исправить это положение. Его знакомство со сходно настроенными общественными деятелями — пролетарским писателем Наканиси Иноскэ (1887–1958) и основателем издательства «Хэйбонся» Симонакой Ясабуро (1878–1961) — вылилось в планы создания *Номин дзитикай*. К ним присоединился Сибуя Тэйсукэ (1905–1989), молодой крестьянин и поэт из префектуры Сайтама, ставший одним из главных основателей проекта. Среди многочисленных проектов, в которых Исикава принимал участие после своего возвращения из Европы, самым важным он назвал *Номин дзитикай* [Исикава 1977, 8: 437].

Кроме четырех указанных выше лиц, на учредительном собрании, состоявшемся 1 декабря 1925 года в токийском районе Канда, присутствовали еще четверо, включая педагога и друга Исикавы Ониси Гоити (1898–1992) и уроженца Нагано Такэути Куниэ (1897–1974) [Ои 1980: 107][7]. В апреле 1926 года они выпустили в свет первый номер журнала «Дзити номин»[8], в котором был опубликован устав организации, гласивший:

> Мы клянемся улучшить повседневную жизнь крестьян на основании духа их автономии.
> В духе взаимного сотрудничества (*кёдофудзё* 協同扶助) мы хотим пропагандировать настоящее братство.
> Мы отрицаем городскую культуру и поощряем сельскую[9].

Автономия, сотрудничество и культура составляли ключевые принципы *дзитикай*. Программная статья Исикавы задавала тон миссии основателей. Он настаивал на том, что только истинная автономия крестьян может спасти их в условиях коммерциализма и конкуренции, которые процветали в городах. В стиле Реклю он утверждал, что подкрепляемые отношениями солидарности принципы автономии управляют всеми существами и организ-

---

[7] Последние два основателя — Каваи Тадаси и Такахаси Юдзиро.

[8] Со второго выпуска название изменилось на «Номин дзити».

[9] Исикава и др. Дзити номин [Самоуправляемые крестьяне]. 10 апреля 1926 года. С. 1.

мами в мире природы, о мудрости и изобилии которой люди часто забывают. Жадность уничтожает социальную стабильность и человеческое счастье, и такое положение дел, по мнению Исикавы, было бы невозможно в легендарной блаженной деревне, описанной китайским поэтом Бо Цзюй-и (772–846)[10].

Основные положения *Номин дзитикай* могли показаться довольно реакционными. Однако их стоит рассматривать прежде всего как призыв к автономии и самоуважению, напоминание крестьянам, что основой изобилия в городах был пот сельских тружеников и что они «тоже люди»[11]. Вместо отрицания города как такового — что предложил бы Хатта Сюдзо — *Дзитикай* обращала внимание на растущую разницу возможностей города и деревни. Речь шла о сельской и городской *культурах*, в связи с чем был высказан призыв к позитивной переоценке этой культуры и ее потенциала. Одна из брошюр, имевших в то время хождение в префектуре Сайтама, и опубликованная в форме призыва к местным жителям, утверждала, что крестьяне должны защищать свои права и достоинство, и что для возрождения деревни детям крестьян нужно образование[12].

С точки зрения историка Ои Такао, цели *Дзитикай* в общем соответствовали гуманистическому и идеалистическому мировоззрению, приоритетом которого были свобода и самодостаточность в противоположность авторитарным тенденциям «научного социализма» [Ои 1980: 55]. Этот подход иллюстрирует восприятие целей социально исключенных и крестьян как общих. Среди разнообразных направлений борьбы за освобождение, которой были отмечены последние годы Демократии Тайсё, энергия пролетарских движений оказалась в значительной сте-

---

[10] Варэварэ-но симэй [Наша миссия] // Дзити номин. 10 апреля 1926 года. С. 3–4. Не подписано, но приписывается Исикаве. См. [Ои 1980: 112].

[11] *Номин дзитикай* — сюи [Цели самоуправляемых крестьянских советов] // Дзити номин. 10 апреля 1926 года. С. 23.

[12] Хякусё-ва хитори нокрадзу *Номин дзитикай* э [Каждый крестьянин должен вступить в *Номин дзитикай*]. № 80. Архив Сибуи Тэйсукэ, Центральная библиотека города Фудзими.

пени направлена на проблему дискриминации *буракумин* (общественных изгоев). Хотя закон 1871 года придал этой группе равный со всеми правовой статус, в общественных и экономических обычаях все еще сохранялись многие предрассудки. Основанное в марте 1922 года «Дзэнкоку суйхэйся» («Всеяпонское общество уравнения в правах») поставило своей целью защиту прав *буракумин*. Известный анархистско-большевистский раскол, причиной которого был спор об идеальной степени централизации и приверженности к политическим партиям, быстро обозначился и там [Neary 1989: 125–127]. Разногласия привели к основанию в 1926 году «Дзэнкоку суйхэйся кайхо домэй» («Лиги освобождения всеяпонского общества уравнения в правах»), которая занимала анархистские позиции, то есть выступала за борьбу с дискриминацией во всех аспектах переживаемого опыта, не прибегая в рамках этой борьбы к насилию.

Тесная связь между Лигой и *Номин дзитикай* способствовала расширению понятия освобождения. *Дзитикай* стала местом, в котором могли высказаться те *буракумин*, которые дистанцировались от большевиков и других политических движений с жесткой структурой. Таким образом основные догмы анархизма внедрялись в различные схемы общественной жизни того времени. В брошюре активистов из префектуры Сайтама, говорилось о том, что крестьяне-арендаторы, рабочие и *буракумин* участвуют в одной и той же битве. Это касалось таких социальных пороков, как презрение, дискриминация и эксплуатация. В дискурсе доминировала необходимость образования с целью избежать угнетения. В брошюре также содержался призыв избегать посредников в сфере культуры, которые являлись представителями иерархического процесса, способного привести к вредным иерархическим разделениям. Как далее утверждается в тексте, «если мы не знаем, как осуществлять наши права, мы сами навлекаем на себя преследования»[13]. В отличие от риторики беспомощности и фатального невежества конца эпохи Мэйдзи, в риторике эпохи Тайсё подчеркивалась свобода действий крестьянства.

---

[13] Суйхэй родо кэнсаку. № 382. Архив Сибуи Тэйсукэ.

Согласно результатом детальных исследований Ои Такао, связь между стратегиями освобождения крестьян и *бураку* была особенно устойчивой в префектуре Нагано, где участие в политической жизни пользовалось большей популярностью по причине относительно высокого уровня грамотности в крестьянских общинах [Ои 1980: 42–55]. Он показал, что на пике присутствия *Дзитикай* в этом районе фокус активизма *бураку* сместился от простой политики осуждения (*кюдан* 糾弾) дискриминационных практик к политике поощрения социальных и образовательных мер. На совещании, состоявшемся в феврале 1927 года в ознаменование четвертой годовщины создания устава «Суйхэйся» префектуры Нагано, были озвучены следующие итоги:

> Ассоциация вступила в новый этап, в ходе которого она стремится не только искоренить дискриминацию, но и противостоять ухудшению положения в сельской местности в соответствии со следующими лозунгами: «счастье крестьян в их руках»; «освобождение арендаторов в их руках»; «освобождение *буракумин* их собственными силами» [Ои 1980: 54].

Таким образом, стоя плечом к плечу, Лига и *Дзитикай* призывали к отказу как от парламентской тактики, так и от диалектического материализма в пользу автономии и общих принципов гуманизма (*дзиндосуги,* 人道主義) [Ои 1980: 55]. Движения освобождения *бураку* и крестьян взаимно подкрепляли свои требования равенства и интеграции. Как утверждают некоторые ученые, выражение подобных требований множеством голосов в некоторой степени послужило основой дальнейшего развития демократического мышления и демократических практик, даже несмотря на то, что все эти процессы оказались насильственно прерваны во время войны на Тихом океане и предшествовавшего ей периода [Neary 1989: 224].

Один из основателей *Дзитикай* был родом из префектуры Нагано, что сделало этот район особенно открытым к усилиям реформаторов. Такэути Куниэ, родившийся в крестьянской семье в деревне Китамимаки, расположенной на высоте 1200 метров в горах Нагано, сыграл ведущую роль в развитии *Дзитикай* и последующем распространении ее принципов в регионе. С самого начала его привлекли труды Это Тэкирэя, заинтересовавшего его работами Толстого. Он читал Кропоткина и был увлечен христианством [Ои 1980: 62–64]. Не в силах свести в деревне концы с концами, в 1920 году Такути переехал Токио, где посещал «Гражданский свободный университет» (*Симин дзию дайгаку*), предлагавший за небольшую плату общее образование в форме лекций по искусству, здоровью и языкам, включая, среди прочего, эсперанто. Те, кто искал смысл в сельскохозяйственной деятельности, знакомились также с трудами Исикавы о *домин сэйкацу* [Ои 1980: 75, 82, 92].

Под впечатлением от лекций и столичных знакомств, в августе 1925 года Такэути и друзья-единомышленники создали группу «Цути-о Ситау моно но кай» («Ассоциация Жаждущих земли», далее «Цути-но Кай») с целью обогащения сельской культуры. Этой группой руководили Исикава и его тогдашний партнер, журналистка Мотидзуки Юрико (1900–2001) [Ои 1980: 91]. Туда вступили также Наканиси и Симонака. В первую очередь эта группа стремилась к возрождению сельской местности с точки зрения культуры и с самого начала уделяла большое внимание проектам Это Тэкирэя. Хотя ключевым источником вдохновения для него оставался Л. Н. Толстой, Это чувствовал себя обязанным и исконно японским земледельцам: мыслителю Андо Сёэки, крестьянину Ниномии Сонтоку, ученому Сато Нобухиро (1769–1850) и Танаке Сёдзо как реформатору, выступившему на стороне крестьян [Ои 1980: 83]. Очевидно, что «Цути-но Кай» оказала влияние на популярность идей периода Тайсё о «возвращении на землю», упомянутых в предыдущей главе, несмотря даже на то, что некоторые из ее основателей имели полностью сельское происхождение и знали о тяготах крестьянского труда куда лучше, чем другие.

Вскоре ассоциация влилась в *Дзитикай*, что придало ей более официальный статус и усилило ее организованность. С февраля 1926 года в «Цути-но Кай» планировались и проводились учебные мероприятия для крестьян — лекции, раздачи книг, дискуссионные форумы, — и она могла рассчитывать на активность ее членов, проживавших в отдаленных районах. Особенно хорошо она была представлена в районе Токио, а также в префектурах Тиба, Сайтама, Нагано, Хёго и Коти [Ои 1980: 97]. Некоторые члены ассоциации получили впоследствии общественное признание, например поэт Сарасина Гэндзо из Хоккайдо (1904–1985), ставший в своем регионе активным литературным деятелем и этнографом и не прекращавший быть одним из верных друзей Исикавы[14]. Информация между столицей и регионами циркулировала свободно. Деятельность в форме обмена сведениями и мнениями, а также организации спорадических культурных мероприятий только расширялась, несмотря на усилия правительства по сдерживанию влияния такого движения, как *Дзитикай*.

В начале января 1927 года, в разгар суровой зимы и финансового кризиса, *Дзитикай* провела для примерно сотни местных крестьян в деревне Китамимаки трехдневный курс лекций. Среди лекторов были друзья Исикавы — Ониси и Сибуя Тэйсукэ. Несколько раз мероприятие прерывалось вмешательством полиции, например, когда Исикава заявил, что, если крестьяне продолжат жить в тех же условиях, Япония в конце концов погибнет [Минамисаку 1983: 65]. Правительство, несомненно, опасалось беспорядков, которые могло вызвать распространение автономных крестьянских советов. И это распространение казалось относительно быстрым: только в префектуре Нагано в течение двух лет было зарегистрировано более дюжины таких советов [Ои 1980: 189]. Согласно местным отчетам, в 1927 году *Дзитикай* сыграла важную роль в организации сельскохозяйственной деятельности в районе Минамисаку префектуры Нагано [Минамисаку 1983: 60].

В мае 1927 года в ходе согласованных действий отделение *Дзитикай* в Нагано обратилось с призывом помочь крестьянам в возмещении ущерба, нанесенного необычайно сильными морозами и последовавшим за ними сокращением численности тутового шелкопряда, что сильно ударило по крестьянским хозяйствам. Кампания, распространившаяся на всю префектуру благодаря

---

[14] См. главу 6.

сети *Дзитикай*, требовала освобождения от уплаты налогов и арендной платы, а также моратория на оплату расходов, обычно покрываемых за счет доходов от тутовых полей [Минамисаку 1983: 73–74]. Используемые для проведения кампании формулировки подчеркивали тяжесть ситуации — вопроса в буквальном смысле жизни и смерти, — нависшей над крестьянскими хозяйствами и сообществами. Организаторами кампании также предлагалось участие правительства в компенсации крестьянам их ущерба [Минамисаку 1983: 75], требование, которое, возможно, противоречило философии автономии, отстаиваемой *Дзитикай*.

Деятельность отделения в Нагано соответствовала декларации о намерениях, опубликованной в марте 1927 года всеяпонским комитетом *Дзитикай* (*дзэнкоку рэнго иинкай*) и направленной на укрепление организации. В этой декларации утверждалось, что с самого начала цивилизации общество опиралось на крестьян и что истинным смыслом освобождения являлось формирование исторических процессов, в которых отсутствует угнетение[15]. Взаимодействие с природой рассматривалось как способ создания общества полностью равных людей, из чего следовала необходимость ценить землю для того, чтобы положить конец эксплуатации [Ои 1980: 57].

В той же декларации был подтвержден принцип недопущения дискриминации в *Дзитикай*. Она побуждала к распространению эсперанто как языка равенства и метода обогащения сельской культуры. Продвижение эсперанто стало ответом на приверженность анархистов неиерархичности и содействием объединению социальных ячеек в обширное глобальное сообщество. Один из молодых членов *Дзитикай*, Сэки Кадзуо из деревни Китамимаки[16], был страстным эсперантистом, что свидетельствовало о большой популярности этого языка в Японии в тот период[17].

---

[15] *Номин дзитикай* сэнгэн (Декларация *Номин дзитикай*). № 98. Архив Сибуи Тэйсукэ.

[16] Родился в 1902 году. Дата смерти неизвестна.

[17] Об использовании эсперанто как инструмента анархистского освобождения см. в [Konishi 2013a: 258–295; Rapley 2013].

Обращаясь к членам комитета, Исикава получил одобрение заинтересованной аудитории, утверждая, что крестьянам нечему учиться у горожан, поскольку ветер, дующий в сельской местности, куда более плодороден по сравнению с ветром, который дует в городах, испорченных буржуазной культурой [Осава 1990: 203]. Эта антигородская риторика поднимает вопросы об истинной идеологической позиции *Дзитикай*, особенно в свете аналогичных высказываний представителей популярного аграризма (*нохонсюги* 農本主義), господство которого начнется несколько лет спустя. Повестка *Дзитикай*, однако, заметно отличалась от прославления в соответствии с идеологией *нохонсюги* сельского труда и сельских же ценностей как столпов ориентированной на императора национальной сущности. Заявленные цели *Дзитикай* отражали не столько дисбаланс сил арендаторов и землевладельцев — знакомая обида крестьянских союзов 1920-х годов, превратившаяся со временем в фундаменталистский аграризм, — сколько кризис идентичности и экономического положения, с которым столкнулся весь сельскохозяйственный сектор в эпоху растущего капитализма[18].

На самом деле устав организации, будучи конкретно сформулирован своими создателями, выглядел куда менее спорным. Наряду с прочим, в нем говорилось о постепенном переносе налогового бремени с сельской местности на город, об общем сокращении площадей необрабатываемых земель и поощрения раздачи земли будущим крестьянам. Помимо явной поддержки производственных и потребительских кооперативов и кредитных союзов, важной темой проекта стали убедительные аргументы в пользу равного со всеми доступа крестьян к знаниям. Все это подразумевало бесплатное образование и предоставление учащимся учебных материалов. Доходы от общего управления землей должны были стать средством финансирования текущих расходов университетов, в то время как библиотеки, исследовательские, развлекательные и медицинские учреждения должны были организовываться общественными усилиями[19]. Другими

---

[18] Подробнее об этом см. в [Хаяси 2000].
[19] Корё [Обзор] // Дзити номин. 10 апреля 1926 года. С. 23.

словами, выживание сельских общин зависело от того, смогут ли они стать центрами самоуправляемого обучения и обмена, а не пассивными налогоплательщиками.

Номин дзитикай демонстрировала глубокое недоверие к политическим партиям, призывая свои члены участвовать в местной политической жизни на внепартийной основе[20]. Общенациональная сеть развивалась быстро, а количество приверженцев росло «сверх ожиданий» [Исикава 1977, 8: 437]. Число филиалов *Дзитикай* превысило две сотни, в то время как сфера ее деятельности простиралась от Хоккайдо на севере до Окинавы на юге и даже до Тайваня [Осава 1990: 303][21]. Впрочем, по сравнению с *Нихон номин кумиай*, число членов которого к 1926 году превысило 80 000 человек, деятельность *Дзитикай* представляется ограниченной. С этой точки зрения шансов на то, что ее представители смогли бы когда-нибудь образовать единый сильный фронт с целью осуществления социальных преобразований, было немного.

Разнообразие мнений, представленных в журнале *Дзитикай*, выражало позицию организации в отношении свободы и независимости, а также ее представление о том, что ни один политический проект не сможет преуспеть без понимания важности его вовлеченности в культуру, особенно в области образования и искусства. Его авторы представляли собой группу людей, озабоченных как своими личными обстоятельствами, так и более универсальным ощущением того, что они живут во времена основополагающих исторических перемен. Выдвигаемые ими идеи сопротивления и обновления (их революционный дух) отвечали требованиям сельских тружеников, а также их собственному происхождению и интеллектуальному развитию. От трудностей,

---

[20] Корё [Обзор] // Дзити номин. 10 апреля 1926 года. С. 23. Источником вдохновения политики неприсоединения стала недолговечная Лига неприсоединения, основанная в 1915 году крестьянами и торговцами Северной Дакоты. См. [Long 2012: 258, примечание 36].

[21] Другой источник, впрочем, приводит более достоверные цифры о 243 филиалах и 6300 членах по всей стране. См. [Neary 1989: 55].

пережитых молодым крестьянином Сибуя Тэйсукэ, и пролетарской литературы Наканиси Иноскэ[22] до философских склонностей Это Тэкирэй и космологического мировоззрения Исикавы — таков был спектр точек зрения, с которых исследовался опыт обработки земли в Японии 1920-х годов. Таким образом, история *Дзитикай* — это история социального протеста в той же степени, что и история взаимодействия и возможных разногласий между различными ключевыми фигурами.

Идеологии аграризма

Сибуе Тэйсукэ было всего 20 лет, когда он стал одним из основателей *Номин дзитикай*. Он оказался тем, кто принес с собой конкретику крестьянского труда. Будучи старшим сыном в семье мелких землевладельцев из префектуры Сайтама, дополнительно арендовавших землю и обрабатывающих ее самостоятельно, он с раннего возраста знал о трудностях и превратностях работы в поле. При этом он был поэтом и добросовестным летописцем сельской жизни своего района. Его опубликованная в 1970 году книга «Номин айси» («Трагическая история крестьян») рассказывает о нескольких десятилетиях его взаимодействия с крестьянскими общинами и остается надежным источником информации о преобразованиях в сельской местности этого периода [Сибуя 1974]. Несмотря на изнурительность своего рабочего дня, он оказался не по годам развитым читателем и писателем, часто конфликтовал с отцом по причине своих амбиций, и проклинал доставшийся ему социальный статус, мешавший его интеллектуальным занятиям. Он вспоминал, что желание содействовать освобождению крестьян поддерживало его решимость расширить свое образование [Сибуя 1970: 307].

Первый сборник стихов Сибуи, «Нора ни сакэбу» («Вопль в поле», 野良に叫ぶ), вышел из печати через несколько месяцев

---

[22] Иноскэ писал для посвященного пролетарской культуре журнала Танэмаку Хито.

после того, как он присоединился к *Дзитикай*. Хойт Лонг указал на неоднозначность реакций на эту книгу, в которых поэтические произведения Сибуи назывались достоверными, нетрадиционными и совершенно новаторскими, при этом во всех случаях критики подчеркивали трудность преодоления разрыва между столичными интеллектуалами и теми, кто посвятил свою жизнь крестьянскому труду [Long 2012: 169–170]. Взывания молодого поэта стали попыткой воздействовать на предубеждения, касающиеся сельского хозяйства и жизни в поле, и одновременно призывом своих сверстников к солидарности. Это можно увидеть в следующем тексте.

Разговор в поле (*Нохара-но ханаси*)

Друзья, услышьте!
Нечего стыдиться
ладоней этих грубых и крестьянских
Нет, не стыдитесь!
Они — гордость наша.
Ведь наши руки с медным их загаром —
поддерживают жизнь всех на Земле.
«Болваны!» — так ругают нас иные
Но вы представьте — пусть хотя бы год
не напрягают руки наши братья
(да, я о забастовке всех крестьян),
Что сталось бы? О, это было б дивно!
Сыр-бор сильней цунами иль пожара,
И эти дорогие белоручки,
с издевками над грубыми руками
сыграли б друг за другом в ящик! [Сибуя 1970: 17–18]

В своем письме, опубликованном в январе 1927 года в журнале «Кайхо» («Освобождение»), Исикава высоко оценил мастерство юного коллеги, чьи «покрытые грязью» стихи, казалось, вырастали из почвы. С точки зрения Исикавы, они были ничем не искаженным отражением необузданных творческих сил молодого автора[23]. В другом стихотворении Сибуя прямолинейно

---

[23] Архив Сибуи Тэйсукэ, № 1560.

писал о том, что почва — источник жизни и радости. Наблюдая за ростом пшена в поле, он восторгался своей работой на лоне природы, жалуясь в то же время, что темнота и нищета его крестьянского дома портили удовольствие от этой работы[24]. Действительно, настоящая грязь, которая так нравилась Исикаве, была слишком реальной для молодого крестьянина.

Дневник Сибуи, повествующий о сельской жизни, все более открывающейся новым идеям эмансипации и автономии, пронизывают чувства гнева и разочарования. Сам Сибуя с 15 лет был сторонником социализма, долгие годы сотрудничал с различными активистскими группами, выступая в том числе за снижение арендной платы в своем районе [Сибуя 1970: 624–630]. Разочарование Сибуи в партийной политике, на которую опирался *Нихон номин кумиай*, пробудило его интерес к другой форме протеста, который в 1925 году укрепило его знакомство с Симонакой и Наканиси. Создание *Дзитикай* дало Сибуе надежду на конкретные решения проблем упадка и нищеты в сельской местности.

Сначала он был полон решимости превратить свою родную деревню Намбата (南畑) в образец автономии [Сибуя 1970: 315]. Будучи свидетелем бедственного положения находящейся на грани голодной смерти соседской семьи из четырех человек, глава которой в течение трех лет был прикован к постели, он задумался о необходимости создания системы взаимопомощи. По его мнению, *Дзитикай* должна была в срочном порядке решить эту проблему [Сибуя 1970: 309]. Из разговоров с Симонакой Сибуя узнал о достижениях Ниномии Сонтоку, японского поборника крестьянской взаимопомощи, и заинтересовался ими, что только усилило его преданность новым идеям [Сибуя 1970: 291]. Пытаясь справиться с хозяйственными делами, он разъезжал при этом по сельской местности на велосипеде, распространяя журнал *Дзитикай* и листовки, в которых крестьянам объяснялось значение его внепартийных политических стремлений [Осава 1990: 202].

Однако за юношеской энергией и энтузиазмом Сибуи, столь очевидными в его трудах, можно рассмотреть его беспокойство

---

[24] Сибуя Тэйскэ. Нора дэ [В полях] // Дзити номин. 10 апреля 1926 года. С. 1.

по поводу неверных, как ему казалось, суждений о сельскохозяйственном труде со стороны тех, кому не пришлось заниматься им по праву рождения. Покрытый потом после целого дня тяжелого труда, он заметил, что такие люди, как Лев Толстой или Мусянокодзи Санэацу, были аристократами и никогда не знали, на что на самом деле похожа работа на ферме [Сибуя 1970: 307]. Ощутив тот же контраст между обильным потоотделением после обмолота пшеницы и «сухим», благонамеренным мироощущением городских интеллектуалов, он предположил, что представители *Дзитикай* в Токио имели собственное представление об идеальном крестьянине, которое, в свою очередь, имело мало общего с реальностью [Сибуя 1970: 345]. По мнению Сибуи, эти люди сформировали своего рода «городской клуб», что только отталкивало его от них и заставило осознавать размер пропасти между ними [Сибуя 1970: 338]. Однако он также оправдывал свое недоверие к токийской интеллигенции исключительно субъективностью своей точки зрения: в конце концов, главной целью своего участия в движении *Дзитикай* он видел его личное освобождение от тяжести состояния, в котором он находился [Сибуя 1970: 329].

Надеясь на то, что отсутствие богатства приблизит его к крестьянам, Исикава оказался в затруднительном положении и ответил [Сибуе], что, будучи городским интеллектуалом, он мог решать сельские проблемы только с теоретической точки зрения, но «не имел никакой власти над крестьянами»[25]. Под этим Исикава подразумевал, что в лучшем случае он может претендовать на скромное руководство движением, указав на необходимость рассуждений для того, чтобы избежать выражения праведного крестьянского гнева в большевистском духе. В лекции под названием «Номин дзити-но рирон дзиссай» («Теория и практика крестьянской автономии»), которую он прочел зимой 1927 года в деревне Китамимаки, Исикава снова подробно остановился как на принципах солидарности, которые должны регулировать человеческие отношения, так и на опасностях утраты связи с природой. Он также отметил, что перенос хлопкоперерабатывающей

---

[25] Исикава, «Номин дзити» (17 апреля 1926) в [Исикава 1977, 2: 421].

промышленности из Индии в Манчестер повлек за собой экономическую эксплуатацию. Подобным же образом жестокое обращение с японскими фабричными работницами, которых заставляли изготавливать ткани из хлопка, произведенного в Китае, явилось результатом пренебрежения принципом локализации производства и обмена, столь важных для функционирования *домин сэйкацу* [Исикава 1977, 2: 433].

В свои мемуарах Исикава рассказывал о переполнявшем его восторге от растущего интереса к *Дзитикай* и внимательной аудитории, которая пришла на одну из его лекций [Исикава 1977, 8: 437]. Однако, по словам Сибуи, мышление его друга было утопическим — в негативном смысле этого слова [Исикава 1977, 8: 437]. Как он отмечал:

> Бедные крестьяне вроде нас находятся во власти «землевладельцев» и «капиталистов», но если мы не будем продолжать работать на эту эксплуататорскую систему и ее сторонников, мы не сможем жить. Если мы полностью разорвем с ними отношения, нам не останется ничего, кроме как умереть с голоду, поэтому мы продолжаем работать. Это не абстрактное воззрение на бедных крестьян в целом. Это касается меня самого. [...] Освобождение может произойти только шаг за шагом, даже за полушагом за раз. Терпя эксплуатацию, мы должны бороться с капиталистами и землевладельцами посредством нашего коллективного пробуждения [Сибуя 1970: 508].

К лету 1927 года было положено начало разрыву с «городским клубом». В следующем году распался *Дзитикай* в Токио [Ивасаки 1997: 99]. Вскоре Сибуя снова сделал выбор в пользу бескомпромиссного левого активизма. Прагматичность коммунизма и социализма одержала верх над анархическим идеализмом [Сибуя 1974: 38]. В конце концов, спор о том, можно ли быть крестьянином по собственному выбору или только по рождению, перерос в партийные разногласия. Наканиси Иноскэ пошел по пути Сибуи и вернулся к более знакомой ему самореализации в воинственности масс.

По словам Исикавы, «тигр превратился в волка». Вскоре он воспримет конфликт между *Нихон кумиай* и *Дзитикай* как противостояние манипулятивной власти сильных профсоюзов с одной стороны и свободы с другой. Хотя Исикава признавал, что объединение в профсоюзы в некоторой степени помогло снизить арендную плату, в то же время он подчеркивал парадоксальность *Нихон кумиай* как организации, которая продвигала жесткую централизованную и стандартизированную структурированность, и которой при этом не хватало общей идеологии. Эта система создавала себе новых врагов: политизированных городских профсоюзных лидеров, еще более хитрых и опасных, чем землевладельцы. По меткому высказыванию Исикавы, все это закладывало основу для авторитаризма (*кёкэнсюги*, 強権主義) под прикрытием освобождения крестьян[26].

Очевидно, Исикава почувствовал перемену настроений. Ощущая необходимость дистанцироваться от атакующих со всех сторон авторитарных настроений, он сделал это путем подтверждения уникальности и усовершенствования *домин сэйкацу*. Историки показали, что с начала 1930-х годов пролетарское движение оказалось плацдармом для возникновения ультранационалистических течений [Maruyama 1963: 31]. Показательным примером является создание Акамацу Кацумаро в 1932 году так называемой Государственной социалистической партии Японии (*Нихон кокка сякайто*). Симонака Ясабуро последовал его примеру, предав первоначальные идеалы *Дзитикай*[27]. Растущая поддержка Симонакой ориентированного на императора аграризма подтвердила сложность реализации попыток «независимо стоять на земле» в Японии 1930-х годов.

К тому времени слияние ряда разнородных факторов привело к возникновению идеологического течения *нохонсюги*, или по-

---

[26] Исикава. Носон-ни окэру дзиссай ундо [Настоящее движение в крестьянских деревнях] // Номин. 1 октября 1931 года. С. 31–32.

[27] В 1931 году Симонака основал *Син нихон кокумин домэй* (Новую японскую националистическую федерацию). Ее идеологическая платформа находилась на одном уровне с националистическими стремлениями Акамацу. См. [Large 1981: 156–157].

пулярного аграризма. К числу этих факторов относятся распространение идей возвращения к земле и повышения ценности аграрных практик, серьезный экономический спад в сельской местности, неспособность правительства справиться с напряженностью в деревне и растущая вера в потенциальный успех радикальной политики. Поскольку идеи *нохонсюги* стояли за насильственными и дестабилизирующими политику событиями, такими как «Дело Лиги крови» (*Кэцумэйдан дзикэн,* 血盟事件) и «Инцидент 15 мая» (*5.15 дзикэн,* 5.15事件) и использовались военными группировками, они привлекли внимание ученых в качестве подсказок при анализе движения Японии к ультранационализму и войне[28].

Идеи аграризма — признания значимости деревни и сельского хозяйства и их роли как основы общества — вынашивались уже давно и были особенностью интеллектуальной жизни страны начиная с середины эпохи Мэйдзи. Бюрократический аграризм, таким образом, поощрял возрождение сельского хозяйства с целью вывести его из вызванного индустриализацией экономического и социального кризиса. Такое отношение было вызвано опасениями, что сокращение или отсутствие продуктивности крестьянского населения, которое считается основой нации, станет угрозой для будущего страны [Нисимура 1992a: 2]. Поэтому одной из целей Закона о производственных кооперативах (*Сангё Кумиайхо*) 1900 года было улучшение условий кредитования в сельской местности [Нисимура 1992b: 3-4]. Движение поддерживали Синагава Ядзиро (1843–1900) и Ёкои Токиёси (1860–1927).

Однако аграризм, характерный для начала эпохи Сёва, оказался популярным в том смысле, что он сплотил в борьбе за достижение лучшего уровня жизни самих крестьян. Особое сочетание обстоятельств усилило недовольство и разочарование сельских жителей, что, в свою очередь, вылилось в самостоятельный интеллектуальный феномен и радикализацию. Преемственность

---

[28] См., например, [Havens 1974], Stephen Vlastos, «Agrarianism without Tradition» в [Vlastos 1998].

между эпохой обострения дискуссий об аренде в начале 1920-х годов и риторикой продвижения аграрных ценностей во имя утверждения национальной сущности десять лет спустя очевидна. Дезертирство таких активистов, как Сибуя, Наканиси и Симонака, показало, что платформа *Дзитикай* больше не могла быть рупором для выражения растущего недовольства несоответствием между городом и деревней, характерным для того периода. Соблазненные обещаниями сильного организационного аппарата, эти люди в конце концов отвергли основные принципы *Дзитикай* — независимость и самоуправление.

Кроме того, экономические трудности оставались важнейшей проблемой на протяжении всего десятилетия. Кульминацией этого стала «паника» эпохи Сёва (*сёва кёко,* 昭和恐慌) 1930–1931 годов — следствие финансового краха 1929 года и гибельного возврата в январе 1930 года к золотому стандарту со старым (высоким) обменным курсом, что привело к обвалу цен. Кризис сильно ударил по сельскохозяйственному сектору, а внезапная зависимость от радикальной политики некоторым образом явилась отражением серьезности экономического спада. Цены на сельскохозяйственную продукцию, начиная с шелка, резко упали, причем в большей степени, чем цены на промышленные товары, и их восстановление также шло медленнее [Francks 2006: 201]. Например, в период с 1925 по 1931 год цены на рис в целом по стране упали более чем вдвое [BOJ 1966: 109]. Дополнительной проблемой стала гибель урожая по причине плохой погоды. Особо сильно пострадали от кризисов регионы Тохоку и Хоккайдо. С 1930 по 1934 год жители Тохоку неоднократно голодали, и этот период лишений до сих пор тяжелым грузом лежит в коллективной памяти региона.

К тому времени Исикава окончательно обосновался в Титосэ, где издавал ежемесячный журнал «Динамикку». В разгар растущих ограничений свобод он осуждал любую форму идеологической обработки, будучи убежден, что «отстаивание преимущества собственной этики перед другими с точки зрения власти представляет собой первый шаг к авторитаризму» [Динамикку 1974: 245]. Однако примерно в то же время Симонака Ясабуро, с которым он тесно сотрудничал и который неприкрыто восхищался его мнением всего несколько лет назад [Симонака 1995: 256–257], отверг их общие идеалы. Как выразился один из его биографов, «этот великий либерал 1920-х годов стал в 1930-е защитником японского фашизма и военной агрессии» [Nakano 1989: 183]. В мае 1932 года Симонака основал «Национальную лигу новой Японии» (*Син нихон кокумин домэй*), вдохновленную социализмом националистического образца Кита Икки (1883–1937) и радикальным аграризмом Гондо Сэйкё [Нисимура 1992а: 134]. Во время войны он стал директором «Паназиатского японского альянса» (*Дай ниппон коа домэй*), напрямую поддерживая тем самым экспансионистские планы японского правительства в Азии. После люстрации американскими оккупационными властями в 1948 году, он возобновил свою деятельность в 1951 году в качестве издателя и борца за мир.

Родившийся в бедной семье земледельцев и гончаров, Симонака не закончил в юности школу по причине ранней смерти отца. Будучи увлечен образованием, в 1919 году он основал первый в Японии профсоюз учителей *Нихон кёин кумиай кэймэйкай*. Особое внимание в брошюрах профсоюза уделялось сельским проблемам и необходимости интернационализации образовательных стандартов. В связи с этим Симонаку помнят как передового и прогрессивного мыслителя [Nakano 1989: 180]. Действительно, он был значимой фигурой в формулировании и реализации образовательных целей *Дзитикай*. Как и Исикава, Симонака считал, что в обучение ребенка должны входить как интеллектуальное воспитание, так и физический труд [Нисимура 1992а: 138].

Симонака был среди множества тех, кто способствовал изменению идеологического курса на протяжении довоенной декады. Но его продлившаяся некоторое время тесная дружба с Исикавой подчеркивает, ко всему прочему, сложность очертаний и размытость контуров идеологических различий. В общепринятых терминах, в тот период происходило слияние левого и правого экстремизма. Риторика спасения народа (*кюмин*) легко трансформировалась в непомерный национализм, целью которого в данном случае оказывалось восстановление достоинства обездоленного крестьянства. Аналогичным образом, осуждение империализма способствовало формированию вокабуляра доминирования Японии в Азии.

Столкнувшись с растущим значением популярного аграризма, Исикава не стал молчать. В феврале 1932 года он прямо раскритиковал участие Симонаки в «Японской лиге управления деревнями» (*Сонтиха домэй,* 村治派同盟) из-за идеологической опоры этой организации на сильную государственную власть [Динамикку 1974: 123]. Лига, недолговечная и малоизученная организация, привлекла в свои ряды среди прочих такие фигуры, как Гондо Сэйкё, Татибана Кодзабуро, Окава Сюмэй (1886–1957), Като Кадзуо, Мусянокодзи Санэацу и Симонаку, бывших в то время приверженцами приоритизации и прославления сельского хозяйства [Катакура 2002: 7]. Три месяца спустя Исикава проанализировал наличествующие в политической жизни Японии фашистские тенденции и обнаружил сходство между политическими взглядами Симонаки и воззрениями чернорубашечников Муссолини [Динамикку 1974: 133].

Хотя поначалу Исикава увлекался идеями некоторых сторонников *нохонсюги*[29], вскоре он пришел к выводу, что растущая волна аграризма угрожает целостности его собственной концепции *домин сэйкацу*. В сентябре 1932 года на первой странице «Динамикку» были подробно изложены различия между двумя этими движениями. Исикава рассматривал аграризм как переход на сторону хозяев и эксплуататоров ради утверждения главенства сельского хозяйства, в то время как предназначением *домин* было восстание против угнетения. Он настаивал на уникальности своей общественно-политической модели, предусматривавшей создание многоотраслевой сети производства и обмена, базирующейся на сельском хозяйстве, но без его доминирования. Для него *нохонсюги* был продолжением утопического социализма столетней давности. Он предполагал иерархический подход,

---

[29] В 1927 году он написал книгу вместе с Гондо Сэйкё. См. [Цуруми 1991, 9: 41].

полностью игнорировавший проект освобождения крестьянской бедноты [Исикава 1977, 3: 96–100].

Исикава нашел ценного союзника в лице Нобусимы Эйити (1902–1969), молодого рабочего активиста и страстного последователя Осуги Сакаэ вплоть до смерти последнего в 1923 году. Нобусима, ярый сторонник синдикализма, также сосредоточился на сельских проблемах, участвуя в середине 1920-х годов в движении *Дзитикай* в промежутках между своими тюремными заключениями[30]. Будучи, как и Осуги, увлеченным эсперантистом, он также хорошо владел французским и немецким языками. После распада *Дзитикай* Нобусима со своим старшим товарищем, публикуя статьи в периодическом издании «Номин» («Крестьяне»), приложении к «Номин дзити», изначально занимавшемуся вопросами культуры[31].

Впервые Нобусима выступил в «Номин» с систематической критикой большевизма и царившей в России атмосферы слежки и обмана, утверждая, что все это делает невозможным любое освобождение крестьян[32]. Он также осудил парадоксы избирательной кампании Союза японских крестьян[33]. А его вклад в дискуссию о популярном аграризме заключался в брошюре, которую он, по-видимому, написал в 1932 году вместе с Исикавой[34]. На 60 страницах этой брошюры, озаглавленной «Мусэйфу-

---

[30] Из тюрьмы Нобусима отправил Исикаве письмо с размышлениями на тему синдикализма и политики СССР. См. письмо Нобусимы Исикаве (вероятно, от 22 декабря 1925 года) (Исикава Сансиро канкэй сирё, Correspondence, n. 504).

[31] Выходил с октября 1928 по сентябрь 1933 года. Среди прочих в нем публиковались Это Тэкирэй, Исикавы Сансиро и Янагита Кунио.

[32] Нобусима Эйити. Гасу масуку-о миру [Смотря «Газовую маску»] // Номин. Март 1930 года. С. 10–13.

[33] Нобусима Эйити. Номин ундо-то сэйто-то но канкэй [Отношения между движением крестьян и политическими партиями] // Номин. Апрель 1930 года. С. 16–20.

[34] В предисловии к брошюре было указано, что она была составлена «двумя друзьями». В содержании отражались взгляды Исикавы на сельскую и промышленную организацию. Там также упоминался Поль Реклю.

сюги то нохонсюги» («Анархизм и аграризм») и напечатанной частным образом, теоретические предпосылки *нохонсюги* порицались как незрелые (*ёти*, 幼稚) и поверхностные, при этом предлагался их систематический разбор [Нобусима 1932: предисловие].

Критика состояла в разоблачении взглядов пяти современных сторонников *нохонсюги* и указании на содержащиеся в этих взглядах заблуждения и опасности. Нобусима и Исикава возражали Окамото Рикити (1885–1963) и его теории «естественнонаучного наблюдения» (*сидзэн кагакутэки кансацу*), заявляя, что анархисты ценят сельское хозяйство так же высоко, как сторонники *нохонсюги*, но не отождествляют его с судьбой всего человечества [Нобусима 1932: 22]. Несостоятельным им казалось утверждение о том, что 80 % человечества должны заниматься постоянным возделыванием почвы, что шло вразрез с убежденностью в необходимости промышленности для осуществления человеческой деятельности. Ямакаве Токиро[35], который десять лет спустя решительно поддержал паназиатскую идеологию, авторы приписали неверную оценку экономического положения крестьян. По их мнению, теория Ямакавы о «революционном крестьянском классе» (*номин какумэй кайкюрон*) сводила к минимуму капиталистическую эксплуатацию, жертвами которой были крестьяне, а следовательно, и необходимость специальной стратегии их освобождения [Нобусима 1932: 51].

Аналогичным образом, они отвергли мысли, изложенные Като Кадзуо в «Основании аграрной мысли» («Нохон сисо-но контэй»), по причине его тоталитарного взгляда на роль сельского хозяйства. Действительно, люди умело использовали сельское хозяйство для удовлетворения своих повседневных потребностей, но оно было лишь одним из видов их деятельности — и не самым главным, в отличие от того, что заявлял Като. В конце концов, утверждали авторы брошюры, эскимосы не возделывают почву [Нобусима 1932: 56–57]. Нобусима и Исикава осудили также Инуту Сигэру (1891–1957) за его неправильное

---

[35] Даты жизни неизвестны.

представление об анархизме, изложенное в эссе об «Аграрном самоуправлении» (*Нохон дзитисюги*). Они предположили, что приверженцы *нохонсюги* с легкостью игнорировали неавторитарные подходы, отличавшие анархизм от аграризма, и, кроме того, Инута упрощал значение самостоятельности для крестьянина [Нобусима 1932: 45–48].

Наконец, Нобусима и Исикава поставили под сомнение подход Татибаны Кодзабуро, чье представление о «государстве как семье» (*кадзоку кокка*) и аграрная идеология, сосредоточенная вокруг императора, казались слишком абстрактными и игнорировали пробуждение порабощенных классов [Нобусима 1932: 30]. Более того, они утверждали, что противопоставление западного индивидуализма восточному коллективизму представляло собой грубое клише, которое игнорировало примеры Рима и Греции, например в развитии «справедливого правления» (*одо,* 王道) [Нобусима 1932: 26–28]. Уроженец префектуры Ибараки, Татибана с юных лет занимался сельским хозяйством в родной деревне. Хотя он разделял с Исикавой желание продвигать сельскую культуру и самоуправление, он также видел в деревне основу для роста национальной мощи. В 1929 году Татибана основал «Айкёкай» (Ассоциацию родных городов), которая в 1931 году превратилась в «Айкёдзюку», частную учебную школу для местной молодежи. Но в 1932 году он оказался вовлечен в Инцидент 15 мая, выступив в ночь перед кровавыми событиями перед молодыми офицерами с речью [Нисимура 1992а: 8].

Примечательна скорость, с которой сторонники возрождения сельских районов поставили свои мысли на службу тоталитарзма и даже насилия. И Инута Сигэру, и Като Кадзуо свой внесли вклад в деятельность *Дзитикай* в общем духе заботы об улучшении сельской жизни. Однако всего через четыре года после распада *Дзитикай* идеологический раскол между ними и Исикавой сделался очевидным. Именно в этом контексте последний уточнил свое представление о *домин сэйкацу*. Он все больше сосредотачивался на *домин сисо* («мысли домин»), пытаясь провести границу между идеями анархизма и популярным аграризмом. Необходимость вырвать свои убеждения из мертвой хватки набирающего силу идеологического экстремизма стала насущной и сформировала основные очертания его понятия *домин*. Высказанное им в «Динамикку» убеждение в том, что императора не следует упоминать в политическом контексте, вероятно, только подлило масла в огонь [Динамикку 1974: 138][36].

Феномен массового отречения левых активистов от своих убеждений (*тэнко*) в пользу государственного социализма или идеологии *кокутай* (国体, «Тело нации», идеологический конструкт, комплекс идей, составляющих национальную идентичность японцев) до или во время войны подчеркивает специфику японской жизни. Масштабы и способы, которыми происходил этот поворот, наряду с ролью правительства в его поощрении, отличали этот сюжет в историческом развитии страны от аналогичных идеологических отречений в Западной Европе[37]. Хотя *тэнко* оказались более заметны в рядах марксистов в силу их коллективного характера, мало кто из левых активистов сопротивлялся их волне. Поворот Симонаки Ясабуро к государственному социализму хорошо иллюстрирует это.

Но даже Нобусима Эйити, вставший на сторону Исикавы, когда другие его покинули, видимо, изменил свои взгляды, а затем и вовсе прекратил общественную деятельность[38]. Его взаимодействие с Осуги Сакаэ, а потом и с Исикавой, всегда было сконцентрировано на теоретических аспектах активизма. И его агитация в пользу крестьянства не предполагала реального возвращения к земле. Другими словами, у Нобусимы не было никакой заинтересованности в сельском вопросе, кроме интеллектуальной. Но выбор Исикавы в пользу *домин сэйкацу* на индивидуальном уровне позволил ему удержаться от *тэнко*[39].

---

[36] Статья без подписи, но приписывается Исикаве.

[37] О массовых отречениях от убеждений см. в [Hoston 1983: 96–118; Steinhoff 1991; Ward 2019].

[38] Интервью с Каваками Томио в «Тоё кэйдзай» (2010), URL: http://www.toyokeizai.net/115-anniversary/series/kawakami4-3.html (дата обращения 12.12.2022).

[39] Цуруми Сюнскэ подчеркивает это в своем эссе «Фурикаэтэ» («Оглядываясь назад»), см. [Цуруми 1991, 5: 182–183].

Хотя вышеизложенное представляет собой лишь фрагментарное рассмотрение противостояния сторонников и антагонистов *нохонсюги*, его значение можно оценить по двум основаниям. Во-первых, это противостояние ясно показывает, что к тому времени интерес к положению крестьян превратился из эмоциональной эмпатии в более абстрактный обмен идеями. Господствовавший в конце эпохи Мэйдзи и даже в годы Тайсё дискурс бедственного положения и нищеты крестьян, из которых выжимают все соки жадные капиталисты, превратился к началу 1930-х годов в дискурс оценки места сельского хозяйства в идеальной общественно-политической организации. Возможно, понимая в этой связи, что призыв к сочувствию бедственному положению крестьянства останется без внимания, Исикава попытался возразить сторонникам *нохонсюги* с идеологических позиций.

Историки писали о всплеске национализма в культуре, характеризовавшем интеллектуальную жизнь Японии на рубеже 1930-х годов. Философов и других мыслителей занимали попытки выделить Японию и Восток в отдельную категорию и исследовать теоретические основы, формировавшие такую особенность. К числу таких философов можно отнести Вацудзи Тэцуро, Куки Сюдзо (1888–1941), Киту Икки, Янагиту Кунио, а также многих из вышеупомянутых сторонников аграризма[40]. Несмотря на свои разногласия, они поддерживали появление идеологического дискурса, все более оторванного от реалий повседневной жизни — даже если они, как Янагита, обосновывали этот дискурс этнологическими исследованиями или, подобно Вацудзи, принимали во внимание социальные основы жизни. В частности, у большей части таких мыслителей внимание к деревне выливалось в представление о народе как о воплощении общей сущности, связанной со святостью института империи. Понятие *кокутай*, или национальной сущности, оказалось для них неотделимым от понимания места земледелия в Японии, если не в Азии.

---

[40] См. [Harootunian, Najita 1989: 711–774].

В своем написанном в 1933 году эссе «Кинсэй домин тэцугаку» Исикава уделял меньше внимания угнетению крестьян, чем их способности отстаивать справедливость и вести достойное существование. В его анализе по-прежнему выражалось сожаление по поводу незавидной судьбы крестьян-арендаторов в Японии, особенно в сравнении с известными ему более благоприятными условиями жизни французских крестьян. Но он обращал внимание на отсутствие их автономии и, в частности, на непрерывное сокращение числа мелких землевладельцев, что, по его мнению, означало для Японии потерю организмом большого числа здоровых клеток. Будучи вынужденными отказаться от независимости, не только крестьяне, но и вся нация оказалась обречена страдать от потери самоуважения [Исикава 1976: 55][41].

Исикава подчеркивал, что те арендаторы, которые слишком полагались на коммерческое сельское хозяйство, оказались во власти обстоятельств, продиктованных международными тенденциями, имея в виду, по сути, Соединенные Штаты [Исикава 1976: 61]. При этом его главным предложением было создание организации за пределами какого-либо государственного вмешательства и контроля [Исикава 1976: 71], он выступал за освобождение арендаторов и придание им статуса мелких землевладельцев. Последнее подразумевало, что он в какой-то степени поддерживал частную собственность и отказался от более радикальных социалистических взглядов, которых придерживался в конце эпохи Мэйдзи. Точно так же Элизе Реклю считал, что собственность на средства производства в какой-то степени оправдана, и выступал против предписания Маркса о ее полной отмене [Lacoste 2005: 40]. Исикава утверждал, что свобода зависит от способности к самообеспечению и от непосредственной близости к земле [Исикава 1976: 61][42].

---

[41] Исикава выступал за небольшие крестьянские хозяйства, что демонстрирует его поддержку частной собственности и свидетельствует об отходе от ранних социалистических убеждений.

[42] С целью аргументации Исикава прибегает к работе Эдварда Карпентера «К промышленной свободе».

Далее, сопротивление Исикавы *нохонсюги* показывает, что популярный аграризм вызывал споры с самого момента его появления. Это придает нюансы традиционной оценке довоенного аграризма как монолитной идеологии, которая помогла вывести Японию на темный путь милитаризма и войны. Политолог Маруяма Масао (1914–1996) задал этот тренд публикацией в 1947 году книги «Нихон фасидзуму но сисо то ундо» («Мысль и действие в японском фашизме»), в которой излагался по существу негативный взгляд на аграризм того времени. Последовавшие за этим исторические исследования изо всех сил пытались выйти за эти рамки.

Историк Нисимура Сюнъити утверждает, что принятое историками того периода различие между «анархизмом» и «фашизмом», то есть обозначение политических тенденций на основе иностранных понятий, искажает анализ. Вместо этого он предлагает рассмотрение сельского активизма в довоенной Японии в условиях наличия контрастных тенденций *нохонсюги* (аграризм, 農本主義) и *номин дзирисюги* (крестьянский «автономизм», 農民自治主義) [Нисимура 1992a: 1–2]. С этой точки зрения изучение *Номин дзитикай* усложняет картину аграрной мысли и связанного с ней активизма того периода. Но все же, несмотря на некоторую концептуальную двусмысленность, в этом анализе выделяется менее радикальное, ненасильственное движение, активно бросающее вызов набирающему силу авторитаризму.

Географическое мировоззрение

Причиной для создания *Дзитикай* в конце 1925 года послужило убеждение в том, что человек может «стоять на земле». Аналогичное географическое мировоззрение стояло за созданием Миядзавой Кэндзи летом 1926 года «Ассоциации крестьян Расу» (*Расу тидзин кёкай*). Для обоих проектов первостепенным было понимание взаимоотношений людей с окружающей средой. Инициаторы этих проектов стремились к осознанию природы и своего места в ней — места субъекта в бесконечном множестве связанных между собой органических и неорганических явлений. Все это также означало непрерывный процесс творческого взаимодействия с землей не только в контексте ее возделывания, но в качестве участника культурных процессов.

В качестве базы «Ассоциации крестьян Расу» Миядзава использовал второй дом своей семьи в Ханамаки, которому было суждено стать центром обмена знаниями среди местных крестьян. Члены ассоциации пользовались его научными и практическими советами по сельскохозяйственным вопросам, например, помощью в выборе удобрений, а также доступом к культурным мероприятиям. За несколько месяцев до начала недолгого существования «Ассоциации крестьян Расу» Миядзава читал сельской молодежи лекции в Высшей государственной школе Иватэ (*Иватэ кокумин кото гакко*) и изложил свои мысли о *номин гэйдзюцу* (искусство агрономии) в трех кратких документах, изданных после его смерти[43]. В своем вдумчивом исследовании жизни и деятельности Миядзавы в деревне Хойт Лонг отмечает абстрактный и лаконичный характер этих текстов, но также указывает на затронутые в них темы, которые помогают представить образ *номин гэйдзюцу*, то есть новой и радикальной формы искусства [Long 2012: 174][44].

В этом эпистолярном наследии следует обратить внимание на одно предложение, которое служит ярким примером того географического мировоззрения, которое разделяли Миядзава и Исикава: «Жить сильной и подлинной жизнью — значит осознавать Млечный Путь внутри себя и реагировать на него» [Миядзава 2016: 2][45]. Миядзава позиционировал наступление новой эры, в которой все живые организмы слились бы в одно

---

[43] «Номин гэйдзюцу гайрон» («Обзор искусства агрономии»), «Номин гэйдзюцу гайро коё» («Общий обзор искусства агрономии»), и «Номин гэйдзюцу корю» («Подъем искусства агрономии»).

[44] См. также [Осима 2013: 81].

[45] 正しく強く生きるとは銀河系を自らの中に意識してこれに応じて行くことである (*тадасику цуёку икиру-то ва гингакэй-о мидзукара-но нака-ни исики ситэ корэ-ни одзитэ ику кото дэ ару*).

объединенное сознание, после чего должен был восторжествовать новый вид искусства — свежего и трансформативного. Говоря о Млечном Пути, Миядзава с самого начала выступал как ученый, благодарный современной науке за полезные открытия, а также за ясное видение того, что мир природы состоит из бесконечных взаимосвязей. При этом ясно сознавал, что человек не может стоять в стороне от этой реальности, которая требует также особого умственного настроя. «Ассоциация крестьян Расу», в названии которой фигурирует составное слово *тидзин*, должна была воплощать собой эту новую фантастическую эру[46].

Со своей стороны, Исикава апеллировал к «космическому сознанию» (*утютеки исики*), понимание которого он позаимствовал у Эдварда Карпентера, предполагавшего осознание взаимосвязанности всех вещей в прошлом, настоящем и будущем[47]. Достижение последней стадии такого сознания приведет к свободе и равенству для всех. Эти мысли перекликаются с утверждением Реклю о том, что «человек — это природа, познающая самое себя», пониманием того, что человек и Земля имеют общую неотделимую историю и что жизнь на Земле управляется множеством отношений взаимозависимости[48].

Исикава развивал эти идеи в своей книге 1925 года «Теория антиэволюции и человеческая жизнь», где он подробно изложил свою философию *домин сэйкацу*, познакомив с ней японскую аудиторию по возвращении из Европы в 1920 году. Уже тогда было ясно, что жизнь *домин* предполагает соучастие в каком-то эстетическом опыте. Опираясь на видение Карпентера, Исикава, подобно Миядзаве, утверждал, что искусство является выражением жизни и что поскольку наша жизнь — лишь составляющая

---

[46] Ученые говорили о взаимодействии Миядзавы с крестьянами и сельским хозяйством с разных точек зрения, находя в нем среди прочего иностранные влияния, буддийское вдохновение и культурный контекст Тайсё. См., например, [Shields 2017: 188–195; Сайто 1991: 450–467; Long 2012: 159–191; Konishi 2015: 299–317; Осима 2013: 66–87, 104–129].

[47] См. главу 3.

[48] См. главу 4.

часть жизни космоса, искусство должно быть частью искусства космоса. Он объяснял:

> Ради того, чтобы зацвела всего лишь одна фиалка, должны работать вместе различные космические силы — свет и тепло солнца, питание и влажность почвы. И поэтому, чтобы наше собственное «я» расцвело, мы должны полностью и глубоко приветствовать такое сотрудничество со Вселенной. За пределами времени и пространства мы должны полностью и глубоко поглощать все питательные вещества, которые беспрепятственно обеспечивают наш рост [Исикава 1925: 321][49].

Часто повторяемое Исикавой высказывание о том, что человек — «дитя Земли», намекало на необходимость симбиоза между человечеством и всеми земными явлениями — «теллурической средой», как выразился Элизе Реклю. Только осознание своего места в огромной и пульсирующей Вселенной дает свободу истинного творчества. При содействии такого творчества общественная жизнь в свою очередь превращается в свободное и гармоничное взаимодействие ее участников. Последующая разработка Исикавой «общественной эстетики» (*сякай бигаку*) и «космической симфонии» (*утютеки санфони*) имела своей основой это понимание симбиоза с земными силами[50].

Сходство взглядов Исикавы и Миядзавы делает достоверным тот факт, что оно не ограничивалось общей риторикой. Оба они пытались реализовать это видение путем конкретной сельскохозяйственной деятельности почти в одно и то же время. Выступая перед молодыми крестьянами в начале 1926 года, Миядзава объявил себя одним из них (*орэтати ва минна номин де ару*) [Миядзава 2016: 2][51]. Весной того же года он подал заявление об

---

[49] Написано в 1922 году. Также цит. в [Сакаи 2004: 129] и [Long 2012: 181].

[50] См. главу 4. См. также [Исикава 1976: 269–285].

[51] О важности такого заявления см. также в [Осима 2013: 84–85; Long 2012: 174–177].

увольнении с поста учителя сельскохозяйственной старшей школы Ханамаки и решил сосредоточиться на возделывании почвы. Как и Танака Сёдзо 20 годами ранее, Миядзава предпочел «жить среди крестьян». Участие Исикавы через *Дзитикай* в решении крестьянских проблем и его намерение посвятить часть своего рабочего дня сельскохозяйственному труду в 1927 году свидетельствовали о такой же готовности отождествлять себя с теми, кому он хотел помочь.

Масштабы их проектов отличались, поскольку Миядзава сосредоточился на своей местности, в то время как Исикава стремился создать общенациональную сеть автономных советов единомышленников. Разными оказались и политические акценты: Исикава с готовностью называл свои мысли и свою деятельность анархистскими. Впрочем, оба разделяли основные представления о независимости и достоинстве крестьян, трансформативном потенциале художественного творчества и необходимости играть свою роль в разветвленной сети сотрудничества на Земле.

И *Дзитикай*, и Ассоциация Расу распались через пару лет. Последняя попала под расследование, как средоточие «опасных мыслей» (*кикэн сисо*) после того, как в феврале 1927 года в «Иватэ Ниппо» («Ежедневная газета Иватэ») появилась статья, описывающая деятельность ассоциации в среде крестьянской молодежи. Подозрение в причастности к левому активизму поставило ее существование под угрозу [Осима 2013: 15]. Как детально описано на предыдущих страницах, *Дзитикай* распалась по причине идеологических разногласий между ее членами. Однако сравнение этих двух проектов демонстрирует их общее мировоззрение, которое отличалось от популярного аграризма того времени, в его массовом восприятии историками. Философские концепции, стоящие за этими проектами, избегали грубого овеществления почвы. И Миядзава, и Исикава предположили, что сельское хозяйство может развиваться как творческая и преобразующая сила, участвующая в процессе модернизации Японии.

Однако несмотря на то, что этим проектам не удалось набрать достаточно сил, чтобы пережить следующее десятилетие, пренебрегать их значением по причине их недолговременного существования кажется слишком простым. Какими бы утопическими ни были цели этих проектов, они внесли свой вклад в просвещение и трансформацию некоторых слоев общества. И если наследие Миядзавы находится за пределами настоящего исследования, то загробная жизнь *Дзитикай* заслуживает некоторого внимания. Во многих регионах страны она на какое-то время оказалась дискуссионным форумом, вдохновляемым стремлением крестьян и их союзников к достоинству, свободе и самостоятельности. В этом плане она оставила после себя наследие, пережившее формальное существование ассоциации. Его следы можно обнаружить как в интеллектуальных движениях, так и в жизни отдельных людей, и в целом оно способствовало сохранению и реализации породившей ее идеи на протяжении всего бурного периода как до войны, так и после нее. Как вспоминал Исикава, шок, вызванный большевизмом и реакционными силами национализма и милитаризма, разрушил надежды *Дзитикай* на немедленный успех, но посеянные этим проектом семена тем не менее расцвели и помогли вдохновить возникшие позднее рабочие организации [Исикава 1977, 8: 443–444].

Издание журнала «Номин», посвященного пропаганде пролетарской культуры с акцентом на жителей сельской местности, является одним из примеров влияния *Дзитикай*, поскольку этот журнал явно извлек выгоду из порожденного проектом импульса. Созданный в 1928 году, он просуществовал до ноября 1933 года. Некоторые из его авторов были связаны с *Номин дзитикай*. Их объединяло понимание крестьян как представителей достойной всяческого уважения культуры и системы ценностей, а не просто налогового ресурса, поддерживающего жизнь в городе. Активная интерпретация направленности журнала также означала, что часть публикаций была посвящена идеологическим разногласиям, что и зафиксировало критические взгляды на популярный аграризм. И все же эти взгляды не смогли вдохновить сопротивление ультранационалистическим течениям, охватившим интеллигенцию того времени, о чем наглядно свидетельствует радикализация таких мыслителей, как Като Кадзуо и Татибана Кодзабуро.

Тем не менее «Номин» постоянно стремился рассматривать сельскохозяйственную деятельность в более широкой перспективе, проецируя философские взгляды *Дзитикай* на массовую аудиторию. На страницах журнала несколько раз обсуждалось толстовство и публиковались материалы Исикавы об Элизе Реклю и известного фольклориста Янагиты Кунио о его путешествиях по стране[52]. Это Тэкирэй размышлял о значении «возвращения к земле», признаваясь, что иногда сомневался в том, стоит ли жить за счет сельского хозяйства[53]. Несмотря на свои противоречия, «Номин» представляет собой хороший пример интеллектуального контекста и противоречий, которые сформировали в тот период популярный аграризм.

Вклад Исикавы в расширение прав и возможностей местного населения и рост его самоуважения остался в памяти современников неоценимым. Кояма Ёдзо, работавший сам на себя крестьянин из Китамимаки, участвовавший в деятельности *Дзитикай* тех лет и внимательно следивший за интеллектуальными поисками в своей общине, в начале 1950-х годов написал Исикаве следующее:

> Обычно я не пишу таких писем, но это я не могу выкинуть из головы. Исикава-*сэнсэй*, ваши мысли и отношение к жизни оказали абсолютное влияние на мою собственную жизнь. С тех пор, как 25 лет назад я поселился в Мимакихаре, и до сих пор, несмотря на периодическую печаль, вызванную [собственной] заурядностью и некоторые отклонения [от этого пути], я продолжал заниматься сельским хозяйством

---

[52] Исикава Сансиро. Эридзэ Рукурю рякудэн [Краткая биография Элизе Реклю] // Номин. 1 октября 1927 года. С. 21–23; Янагита Кунио. Симоёдан [Беседа в заиндивевшую ночь] // Номин. 1 марта 1928 года. С. 5–7.

[53] Это Тэкирэй. Сайго-но моно-э но дзикаку [Осознание последней вещи] // Номин. 1 января 1928 года. С. 10, № 3.

(*хякусё-о яритоси,* 百姓をやり通し), простыми словами рассказывая о вас своим детям. За это я благодарю вас от всего сердца[54].

Таким образом, наследие сети самоуправляемых крестьянских советов прошло испытание временем и осталось в умах тех, кто принял ее основную идею ведения сельского хозяйства в духе независимости и уверенности в себе. Как будет показано в следующей главе, эта позиция приобретала все большее значение по мере того, как Япония все глубже погружалась во внутренний авторитаризм и агрессивную тактику экспансии за рубежом. Понятие самодостаточности (*дзикю дзисоку*) также приобрело значение, поскольку оно помогло создать пространство не только в стороне от капиталистического контроля, но и вне сферы доступа растущего идеологического давления.

---

[54] Письмо Коямы Исикаве // Исикава Сансиро канкэй сирё. Correspondence (б. д.), n. 263.

Глава 6
Экология повседневной жизни

Оглядываясь назад, можно сказать, что первая опубликованная в 1925 году книга Исикавы Сансиро «Хисинкарон-то дзинсэй» («Теория антиэволюции и человеческая жизнь») стала боевым кличем. По его мнению, Япония вступила на путь ускоренного развития, траектория этого развития определяется неоспоримой верой в линейный прогресс и впереди страну ждут опасности. *Симпо* (прогресс, 進歩), первое слово книги Исикавы, было символом внешних атрибутов нового менталитета, которым наделялось коллективное сознание страны[1]. Исикава осуждал стремление к прогрессу ради прогресса, являвшееся, по его мнению, механистическим следованием своими соотечественниками историцистской концепции времени и социальных изменений в ущерб проживаемому опыту, или *домин сэйкацу*. Критика темпоральности модерна и исследование Исикавой при участии разрозненного сообщества его единомышленников альтернативных способов жизни составляют основу этой главы.

Как заметил когда-то он сам: «люди всего мира слепо идут вперед и вперед; они не идут ни к какой цели: цель — это поход сам по себе» [Исикава 1925: 8]. Яростная оппозиция Исикавы историцистским концепциям человеческого развития привела

---

[1] Интересно, что слова «прогресс» (*симпо*) и эволюция (*синка*) на японском начинаются с того же знака (進), который обозначает «продвижение вперед», предполагая понятийную связь, которая отсутствует в английском языке и которую отрицал Исикава.

к его резкой критике теории эволюции Дарвина — по крайней мере так, как он ее понимал. Вопреки господствующим взглядам, он постоянно сомневался в обоснованности своих научных принципов. При этом особенной критике Исикава подвергал искаженную популяризированную форму теории, опасаясь ее всеобъемлющих последствий для общества. Утверждая, что «высокий статус, низкий статус, совершенство, несовершенство — все эти классификации являются человеческими изобретениями», он критиковал характерную для эпохи веру в цивилизационную иерархию [Исикава 1925: 6].

Концепция времени как эволюционного, линейного и неизбежно ведущего к лучшему будущему проникла в общественное сознание после реставрации Мэйдзи. Ее с готовностью поддержали такие известные интеллектуалы, как Като Хироюки (1836–1916) и Фукудзава Юкити. Используя «восходящую лестницу» модерности в качестве шкалы, эта концепция предложила иерархию стран на основе достижений их материального прогресса и их совместимости с западной моделью цивилизационного развития. С этой точки зрения государство представало в качестве основного движущего фактора исторических перемен, и это понятие сформировало внутреннюю и внешнюю политику Японии. За некоторыми исключениями, подобная концептуализация также определяла историографию Восточной Азии, и ее до сих пор осуждают за деформирующие рамки понимания, которые она предлагает[2].

Ученые выдвигали теории о том, как процесс модернизации влияет на восприятие времени человеком, пытаясь примириться с ощущением линейности, которое этот процесс проецирует, и оправдать его. Согласно Рейнхарту Козеллеку, темпоральность модерна навязывает «горизонт ожидания» — контур будущего, который все больше отличается от пространства опыта, характерного для домодерной эпохи [Kosseleck 1985: 273][3]. Все это сопровождается растущим желанием провести границу между

---

[2] См., например, [Duara 1995; Lim 2012].
[3] См. также [Tanaka 2004: 7].

прошлым, настоящим и будущим. Они располагаются на одной временной шкале, но описываются как отдельные объекты. В ходе течения модерности опыт и ожидания — другими словами, повседневная жизнь и социальный процесс — все более и более расходятся. Одним из следствий этого является ослабление исторического понимания по отношению к повседневной жизни. Это означает, что в условиях модерности «неумолимое движение вперед во времени усложняет и затрудняет качественную оценку изменений и преемственности в контексте повседневной жизни» [Pickering 2004: 286].

Аналогичным образом Мойше Постоне в своем переосмыслении «Капитала» Маркса сосредотачивается на требованиях, предъявляемых к труду с точки зрения повышения его производительности и создания прибавочной стоимости. Динамика капитализма делает неизбежным различие между тем, что он называет абстрактным (или «часовым») и конкретным или историческим временем [Postone 1993][4]. Последнее характерно для капиталистических обществ, где рабочее время становится более плотным или ускоряется, и где делается акцент на скорость и эффективность. В таком времени нет ощущения прямого взаимодействия с повседневной жизнью людей, в отличие от абстрактного времени, которое регулирует их движения [Murthy 2009: 22][5]. Считается, что отчуждающий эффект капитализма содержится в историческом времени, которое развивается как тоталитарная динамика, управляющая людьми. Другими словами, история, движимая эффективным и ускоренным временем, по-видимому, разворачивается независимо от действий человека и, таким образом, подрывает человеческую волю как фактор перемен.

Распространение во второй половине XIX века как марксизма, так и дарвинизма только упрочило этот новый способ понимания мира. Столкнувшись с новыми порядками и радикально изменившимся мышлением своих современников, интеллектуалы как

---

[4] См. также [Murthy 2009: 9–31].
[5] О разных понятиях времени и глобализации см. также в [Ogle 2013: 1376–1402].

в Японии, так и в других странах выбирали различные дискурсивные средства для анализа или оспаривания этого способа, особенно после победы в японо-китайской войне 1894–1895 годов. Собственное беспокойство Исикавы по поводу линейного исторического развития началось в связи с Русско-японской войной, конфликтом, который служил для него достаточным доказательством глупости борьбы национальных государств за более высокий статус в международной сфере[6].

Отношение Исикавы к научному дарвинизму наглядно демонстрирует его оценку темпоральности модерности. По различным каналам эволюционная теория начала фрагментарно проникать в Японию с конца 1870-х годов. Разнообразие ее толкований соответствовало широкому спектру политических, научных, религиозных и иных идеологических целей, для достижения которых она использовалась [Godart 2017: 4–5]. Однако в целом ее самое большое влияние ощущалось в общественных, а не в естественных науках. В рассмотрении этой темы доминировало наложение оригинальной теории Дарвина на идеи социальной эволюции Герберта Спенсера (1820–1903)[7]. Даже с точки зрения науки больший акцент при этом делался на идеи борьбы за выживание и естественного отбора, чем на случайные мутации как механизм эволюционных изменений и происхождение человека и [Shimao 1981: 97].

Большинство социалистов конца эпохи Мэйдзи, часть которых вскоре перешла на анархистские позиции, пытались согласовать свои политические убеждения с новыми научными парадигмами. Они в значительной степени приняли биологическую основу открытий Дарвина, но, когда дело доходило до человеческих взаимодействий, как правило, уделяли не меньшее внимание кропоткинскому понятию взаимопомощи как фактору, уравновешивающему «борьбу за существование» и более известному как «естественный отбор». Например, интерес Осуги Сакаэ к биологическим меха-

---

[6] См. главу 2.

[7] Полный японский перевод работы Спенсера вышел за несколько лет до перевода труда Дарвина. См. [Adeney-Thomas 2001: 104].

низмам альтруизма вписался в дарвинизм так, что значительно опередил свое время [Godart 2017: 131; Konishi 2013a: 317–319][8].

Со своей стороны, Исикава оспаривал многие аспекты научных открытий Дарвина. Как и Осуги, он указывал на примеры сотрудничества и взаимозависимости в мире природы, но не скрывал своего неприятия социал-дарвинизма, господствовавшего в интеллектуальных кругах. Как он жаловался в 1923 году, «принципы борьбы за существование, естественного отбора и выживания наиболее приспособленных стали своего рода религиозной догмой, которая управляет общественными настроениями в мире» [Исикава 1977, 2: 319][9]. Эта точка зрения уже в 1907 году заставила его выразить сомнения в теории эволюции Дарвина[10]. К середине 1920-х он выработал ряд систематических контраргументов к научным принципам последнего — позиция, которая выделяла среди других анархистов его эпохи.

Демонстративным было само название книги Исикавы, поскольку перед словом *синка* (эволюция) он поставил частицу *хи* (анти-), как будто желая выразить полное отрицание этой концепции. В 1904 году биолог Ока Асадзиро (1868–1944) опубликовал книгу «Синкарон кова» («Лекции по теории эволюции»), в которой доступным образом объяснял Дарвина японской аудитории. Книга стала бестселлером, а в 1906 году за ней последовала еще одна книга Оки на эту тему, «Синка то дзинсэй» («Эволюция и человеческая жизнь»). Название своей собственной работы Исикава, возможно, выбрал по ассоциации с названием работы Оки. Во всяком случае, он подробно писал об этом в книге. В конце главы он отметил, что очень хотел написать «историю преступлений» эволюции и строил свою критику на основе теоретических изысканий [Исикава 1925: 71–84].

---

[8] Кониси также указывал на избирательный подход к дарвинизму в Японии, где долгое время игнорировалась книга «Происхождение человека», предполагавшая постепенное вымирание «слабых» рас в процессе естественного отбора и контакта с «цивилизованными» расами. См. [Konishi 2015: 304].

[9] См. также [Одзава 1994: 165–172].

[10] См. «Кёму-но рэйко».

В массовом сознании анархизм нередко ассоциируется с актами насилия, направленными на разрушение существующего порядка и авторитета современной темпоральности. Взрыв бомбы в Гринвичской обсерватории, описанный в вышедшем в 1907 году романе Джозефа Конрада «Тайный агент», приписывается анархисту. Источником вдохновения автора романа была действительная попытка взрыва обсерватории французским анархистом, при которой тот покончил с собой. Этот акт получил символическое значение. Как говорит один из главных героев романа: «Весь цивилизованный мир знает о Гринвиче» [Конрад 2012 [1907]: 38][11]. Однако в своей критике теории эволюции Исикава пошел другим путем, поскольку перестроил понимание исторических изменений, сделав акцент на противостоящих друг другу понятиях продолжительности и восприятия времени. Таким образом, он стремился вырвать индивидуальную свободу действий и этику из ограничительных рамок неизбежного «прогресса».

Постоянство и свобода действий

Как указывалось выше, оценка Исикавой влияния теории эволюции на общественную сферу как негативного привела к тому, что в защиту своей позиции он предложил научно обоснованные контраргументы. С этой целью он использовал различные конкурирующие с дарвинской теории, которые предлагали альтернативы принципу естественного отбора и тем самым предвещали так называемый «закат дарвинизма» на рубеже веков [Bowler 1983]. Вероятно, на взгляды Исикавы повлияло долгое пребывание во Франции, где дарвинистскую мысль отодвигал на задний план ламаркизм [Bowler 1983: 107–117]. Действительно, две основные противостоящие друг другу теории, каждой из которых он посвятил в своем «Хинкарон-то дзинсэй» целую главу, были связаны с именами французских ученых — биолога и физиолога Рене Квинтона (1866–1925) и энтомолога Жан-Анри

---

[11] См. также [Kern 1983: 16].

Фабра (1823–1915). Во многом Исикава полагался на объемную работу «Теория эволюции», написанную французским зоологом и физиологом Ивом Делажем (1854–1920) в соавторстве с русской анархисткой и биологом М. И. Гольдсмит (1862–1933)[12]. Более подробно он рассмотрел альтернативные теории эволюции в обширном эссе «Рэкиси тэцугаку дзёрон» («Введение в философию истории»), которое опубликовал в 1933 году.

Особую актуальность Исикава обнаружил в разработанных Рене Квинтоном законах постоянства, которые проливают свет на критику темпоральности модерности. Получивший от современников прозвище «французский Дарвин», Рене Квинтон стал известен благодаря своим тщательным наблюдениям и выводам, которые он сделал о температуре животных и химическом составе клеточной жидкости в их организмах. Вместо того чтобы видеть трансформацию результатом адаптации к внешней среде, как это предполагала теория эволюции Дарвина, Квинтон рассматривал факторы, остававшиеся неизменными *несмотря* на изменение окружающей среды.

Он изучал сохранение оптимальных жизненных функций у каждого вида животных в конкретных условиях присущих этому виду температуре, концентрации солей и составе плазмы в процессе охлаждения Земли и других изменений окружающей среды на протяжении времени. Квинтон утверждал, например, что животные, которые появились на Земле раньше, такие, например, как рептилии, с большей вероятностью имели более низкую температуру тела, чем те, которые появились потом, такие, как млекопитающие. Он предположил, что теплокровность новых видов позволяла им выдерживать более холодные внешние условия. Квинтон также установил хронологическую таблицу появления на Земле новых видов животных и соответствующего повышения температуры их тела.

---

[12] Эта опубликованная в 1909 году книга предложила исчерпывающую историю эволюционных идей, включая те, что высказывались до и после Дарвина. Мария Исидоровна Гольдсмит изучала биологию в Париже и была близка с Кропоткиным, состоя в активной переписке с ним на политические и научные темы.

Исследования Квинтона также сосредотачивались на свойствах морской воды и ее сходстве с составом плазмы. Помимо возможностей медицинского применения, его открытия привели к установлению трех законов — термического, морского и осмотического постоянства. В конец объемного сборника своих работ, который он опубликовал в 1904 году, Квинтон добавил «Закон общего постоянства», который объединял в себе его теории. В этот закон утверждал, что:

> При столкновении со всевозможными изменениями, которые могут повлиять на различные среды обитания на протяжении веков, жизнь животных с момента ее возникновения как клетки в определенных физических и химических условиях стремится поддерживать первоначальные условия с целью эффективного функционирования клетки каждого зоологического вида.

По мнению Квинтона, современная наука умышленно игнорировала тот факт, что жизнь занималась исключительно сохранением условий своего происхождения [Quinton 1904: 451–452].

Не все научные открытия Квинтона выдержали испытание временем. Более поздние комментаторы также обнаружили, что его видение постоянства может сочетаться с дарвинизмом [Labouret 2011: 5]. Притом что Исикава представил всеобщему вниманию другие теории, которые претендовали на полное или частичное опровержение дарвиновской, например ортогенез Теодора Эймера (1843–1898), взгляды Ильи Мечникова (1844–1916) на человеческую природу и теорию мутаций Гуго де Фриза (1848–1935), он неоднократно возвращался к работе Квинтона [Исикава 1977, 2: 321–322, 338–339, 355–357, 383–384]. Утверждение французского биолога о том, что более высокая температура тела птиц свидетельствует об их появлении на Земле после человека, является веским аргументом в пользу Исикавы. Как писал он сам: «Если это объяснение истинно, то оно опровергает теорию, согласно которой высшие существа появились после низших. Или же это означает, что птицы превосходят людей, что, в свою очередь, подрывает самомнение последних» [Исикава 1977,

2: 321–322]¹³. Элизе Реклю привел аналогичный комментарий в своей работе «Человек и земля» [Реклю 1906–1909, 1: 16].

Используя работы Квинтона, Исикава порицал оценочную риторику современников, рассуждавших о мире с точки зрения совершенства и несовершенства. Он выражал сожаление по поводу «тщеславия человечества», поставившего себя на вершину всего творения и присвоившего обезьянам самый высокий статус в животном мире потому, что они ближе всего к людям [Исикава 1925: 7]. Но самая негативная оценка была дана им временно́й иерархии или представлению о том, что течение времени автоматически ведет к совершенству. Он утверждал, что глупо ставить Рим выше Греции, а Грецию выше Вавилона, руководствуясь только хронологией [Исикава 1977, 2: 431; 1925: 9–10]. По его мнению, практика сотрудничества, наблюдаемая Кропоткиным среди живых организмов, говорит о деградации, а не прогрессе человека по сравнению с животными [Исикава 1977, 8: 200–201].

Акцент Исикавы на работе Квинтона кажется особенно уместным, поскольку в мотиве постоянства, которым та была пронизана, можно услышать знакомые буддийские нотки. Постоянство отвергало новое восприятие времени, оказывающееся следствием ставшего доминирующим научного мировоззрения. Говоря о природных свойствах, Исикава иногда переводил французское слово constance («постоянство») японским *кодзё* (恒定), распространенным в языке науки словом буддийского происхождения. И все же он чаще использовал для перевода слово *дзёдзю* (常住). Хотя этот термин вошел в обиходный японский язык, он также имел буддийские корни и чаще всего использовался в дзене и в практике *сатори* (просветления). Он обозначает свойство того, что не появляется и не исчезает, то, что непоколебимо и существует вечно, и подразумевает его противоположность цепи причин и следствий, которая управляет явлениями [Фуна-

---

¹³ В настоящее время считается, что птицы происходят от динозавров — у них много общих уникальных особенностей скелета, что делает утверждение Квинтона неверным. См. также [Stolz 2014a: 131–133].

баси и др. 1995: 265]. Неважно, сознательно или нет, но с помощью *дзёдзю* Исикава создал духовный эквивалент закона постоянства Квинтона. Развив его теорию, он описал ее как «закон, который регулирует человеческую жизнь и, будучи однажды признанным, является фоном, на котором происходят явления подъема и упадка» [Исикава 1977, 2: 384].

С помощью экстраполяции можно использовать сказанное выше для того, чтобы увидеть различие между абстрактным и историческим временем, которое Исикава осознавал во всех его последствиях. Возвращаясь летом 1906 года из поездки, имевшей своей целью навестить жертв загрязнения в деревне Янака, он размышлял о том, что нанимает рикшу для того, чтобы успеть на последний поезд до Токио, и понял, что, в конце концов, «скорость, создаваемая человеческой силой, мало что дает по сравнению с гигантским, природным временем» [Исикава 1977, 1: 405]. Мысль о том, что человечество — всего лишь вспышка во времени, не более чем пузырек воздуха, мечущийся в ничем не ограниченном потоке явлений природы, была четко сформулирована в его раннем эссе «Кёму-но рэйко» («Хаотичная духовность») [Исикава 1976: 6]. Первая глава опубликованной в 1933 году работы Исикавы «Рэкиси тэцугаку дзёрон», подводящей итог его философским размышлениям, базируется на той же концепции истории человечества как вспышки света, оказавшейся не в силах вырваться из повторяющегося цикла рождений и смертей [Исикава 1976: 115]. Очевидно, что критика темпоральности модерна у Исикавы была проникнута даосскими (человек в потоке природы) и буддийскими (циклы смерти и возрождения) воззрениями.

Таким образом, выступая за возвращение к «золотому веку прошлого», Исикава имел в виду именно отсутствие капиталистического чувства времени[14]. Это было пространство опыта «здесь и сейчас», расположенное в стороне от ускорения — безудержной динамики, связанной с производством прибавочной стоимости [Murthy 2009: 23] — и, следовательно, избежавшее его

---

[14] Возвращение к первобытной жизни (*гэнси сэйкацу-но кайфуку,* 原始生活の回復).

отчуждающего эффекта. Как отметил Исикава, «речь не идет о переносе условий жизни наших предков как таковых в современный мир». И все же он надеялся восстановить восприятие времени, отделенное от «горизонта ожидания» и прямо привязанное к непосредственности окружающей среды. Вместе с Эдвардом Карпентером он определил его как *сидзэнга* (自然我), сознание природы, достижимое только случае признания закона постоянства [Исикава 1927: 24][15].

Тот факт, что Исикава оказался сторонником теории постоянства Квинтона, повлек за собой по крайней мере два важных последствия. Во-первых, такая позиция позволила Исикаве подчеркнуть способность человека к выбору и индивидуальному участию в формировании общественных изменений. По его мнению, оказавшись за пределами рамок неизбежности, человеческие сообщества смогли сделать выбор в пользу солидарности и сотрудничества и таким образом реализовать эту свободу действий. Во-вторых, отказ от порожденного модерном ощущения времени и попытка получить иное его ощущение автоматически переносит акцент на непосредственный опыт. Исикава описывал возможности, а также ограниченность пространства в развертывании свободы. Как он объяснял, с точки зрения времени необходимо смотреть на множественность и разнообразие исторических причин; с пространственной точки зрения нужно понимать «движение, которое рождается из взаимных стимулов, безгранично создаваемых широкой и сложной сетью отношений солидарности» [Исикава 1976: 144].

Акцент на пространственном измерении в понимании человеческого развития противопоставил воззрения Исикавы преимущественно историцистским идеологиям того периода. Все это позволило ему увязать эволюцию человечества с общим географическим мировоззрением, то есть с постоянным, динамичным и взаимно трансформативным взаимодействием

---

[15] Хотя бо́льшая часть текста включена в полное собрание работ Исикавы, последние несколько страниц, откуда взята цитата, включены только в оригинальную брошюру.

с окружающей средой. Исходя из этого, он рассматривал изменения в понятиях симбиоза и взаимосвязей между множеством живых организмов, а не линейного процесса доминирования и контроля.

Насекомые, птицы и сотрудничество

К 1930 году Исикава закончил перевод первого тома «Человека и земли». Он основал небольшое издательство «Кёгакуся» и, выпуская «Динамикку», проводил также ежемесячные собрания группы изучения жизни и творчества Элизе Реклю. В ознаменование сотой годовщины со дня рождения этого географа и анархиста первая встреча указанной группы состоялась 15 марта 1930 года и собрала 28 человек [Исикава 1977, 7: 412]. Среди тех, на кого эта инициатива произвела особое впечатление, был Наканиси Годо (1895–1984), поэт, энтомолог и известный орнитолог, который выражал свою радостную признательность миру природы в результативном литературном труде на протяжении более чем 60 лет. Обосновавшись на некоторое время, подобно Исикаве, в пригороде Титосэ, Наканиси публиковал в журнале своего друга стихи и размышления.

Оба разделяли схожие сомнения по поводу новых научных и социальных догм своего времени. В коротком стихотворении, опубликованном в «Динамикку» год спустя, Наканиси призвал собратьев-людей стремиться к свободе, разрушать иллюзорные барьеры знания и воссоединяться друг с другом [Динамикку 1974: 104]. По общему мнению, он был неконвенциональным ученым. В 1925 году Наканиси отдалился от мира и стал вести уединенную жизнь на природе, погрузившись в наблюдение за насекомыми и птицами, избегая материальных удобств и питаясь сырыми продуктами. Наканиси испытывал безграничный интерес к морфологии и среде обитания мелких существ, от пчел и богомолов до змей, сов и сорок. Он даже одомашнивал обычные виды птиц, которые свободно жили в его саду и сопровождали его на прогулках [Наканиси 1990: 473–479].

Результатом его многочисленных наблюдений стала вышедшая в 1932 году книга под названием «Муси, тори-то сэйкацу суру» («Жизнь с насекомыми и птицами»). Это предприятие еще больше расположило его к Исикаве, который в длинной рецензии на эту книгу превозносил проявляемые Наканиси восторги по отношению ко всем живым организмам и разворачивающуюся поэтическую драму необъятной природы, которую тот открыл своим читателям [Динамикку 1974: 152]. Неудивительно, что Исикава увидел в своем друге реинкарнацию Жан-Анри Фабра, французского энтомолога и автора «Энтомологических воспоминаний» («Souvenirs entomologiques»), переведенных на японский как «Контюки» (昆虫記). Он отметил, что репутация Фабра в дни его жизни как неортодоксального ученого (*хэнсокутэки-на кагакуся,* 変則的な科学者) в некоторой степени заслужена и Наканиси, выражавшим по отношению к миру природы схожие чувства, хотя Исикава видел в нем, скорее, «поэта метаморфоз» [Динамикку 1974: 152].

Сравнение с Фабром красноречиво. «Контюки» уже давно вызывали восхищение в Японии, не в последнюю очередь среди анархистов начала XX века. В числе первых его переводчиков был Осуги Сакаэ, а также Сиина Сонодзи, сотрудничавший с «Динамикку»[16]. Считается, что популярность этой книги в Японии выше, чем во Франции, а в школьных учебниках в течение многих лет упоминаются ее автор и его достижения [Огуси 1992: 61–68]. Хотя научная ценность энтомологических исследований Фабра общеизвестна, их привлекательность часто связана с возможностью экстраполировать их на общественную организацию человечества. Такие литературные гиганты, как Ромен Роллан (1866–1944), Морис Метерлинк (1862–1949) и Анри Бергсон (1859–1941), восхищались метафоричностью Фабра и находили в его трудах вдохновение для своих собственных работ на общественные и политические темы.

---

[16] Популярность японского перевода этого текста дошла и до Китая, стимулируя там литературное воображение. См. [Peng 2007: 1–42].

Интерес Исикавы к французскому энтомологу бросался в глаза, поскольку тот предоставил еще один аргумент в пользу антидарвинизма японского активиста. Тщательное изучение Фабром руководящего пчелами инстинкта привело его к выводу, что «эта способность с самого начала совершенна в своем роде, иначе у насекомого не было бы потомства. Время ничего к нему не добавляет и ничего от него не отнимает» [Fabre 1915]. Для Исикавы понятие неизменного инстинкта было очень важным. Он интересовался, возможно ли увязать его с законом постоянства Квинтона (*дзёдзю*), которое он уже изложил [Исикава 1977, 2: 384].

Чрезвычайная сложность и превосходные организационные особенности мира насекомых давно привлекали анархистов, а тщательный энтомологический анализ Фабра являлся для них хорошо известным источником размышлений и предположений[17]. Сарасина Гэндзо, которого Исикава тепло вспоминал как одного из главных участников эксперимента *Номин дзитикай* в середине 1920-х годов и представителя Хоккайдо [Исикава 1977, 8: 444], также был знаком с энтомологическими представлениями Фабра. Его опубликованное в 1930 году стихотворение «Безумный энтомолог» («Мусикёдзин», 虫狂人) выражало благоговение перед сложным природным миром насекомых. Сарасина черпал вдохновение в ярком описании Фабром жизни пчел-каменщиц, или chalicodoma, и их привычки строить из грязи и других материалов жесткие куполообразные гнезда, в которых они откладывают свои яйца. Эти гнезда становятся добычей мух-паразитов, которые переносят в эти гнезда свои яйца, где те начинают расти и питаться личинками chalicodoma. Существо, которое в конце концов выбирается в конце своей метаморфозы из гнезда, вполне может оказаться паразитом, а не chalicodoma [Sarashina 2017: 49–50].

При этом в стихотворении также защищался взгляд Фабра на эволюцию и была дана возможность высказаться ученому, который говорил:

---

[17] О роли анархистов в распространении трудов Фабра см., в частности, в [Konishi 2013a: 318–326].

> Что такое теория эволюции? —
> шумят подсвинки Дарвина. Они
> говорят, что организмы менялись в прошлом
> И будут меняться и дальше в будущем
> Но сейчас не в силах придумать
> никакой убедительной теории
> и могут только похрюкивать.
> Верить им нельзя! — их гипотеза —
> не более чем прихоть! [Sarashina 2017: 50]

Фабр считал, что дарвинизм был модным поветрием, последователи которого увлекались объективизацией механизмов изменений и пренебрегали творческим инстинктом организмов. Он считал, что только великий замысел Бога помогает объяснить кажущееся совершенство работы природы. Несмотря на скептическое отношение к религиозным толкованиям, японские анархисты начала XX века поддерживали взгляды Фабра за их акцент на свободе воли и взаимосвязанности в мире природы.

По мнению Исикавы, насекомые опирались на самодостаточность и взаимное сотрудничество на таком уровне сложности и развития, который во много раз превосходил человеческий. Действительно, он писал, что, «наблюдая за коллективным поведением пчел и муравьев, понимаешь, что среди этих так называемых низших животных действует восхитительный порядок и дух» [Konishi 2013a: 322]. Эта концепция, которую разделял Наканиси Годо, перекликается с размышлениями Элизе Реклю о гармоничной сложности животного мира. Она должна была разрушить идею восходящей лестницы эволюции с людьми на ее вершине [Исикава 1977, 2: 425][18].

Богатство энтомологических описаний Фабра порой завораживает, в то время как красочный стиль делает его тексты весьма доступными. Не будет преувеличением предположить, что Наканиси пошел по его стопам как «Фабр Японии». В числе разно-

---

[18] При этом Исикава хорошо знал, что жестокость встречается также и в мире животных, описывая, например, войны, которые он наблюдал среди колоний муравьев во Франции. См. [Исикава 1977, 2: 424].

образных достижений японского ученого — создание в 1934 году Японского общества диких птиц (*Нихон ятё кёкай*) для содействия наблюдению за этими птицами и орнитологическим исследованиям[19]. Он также известен как пионер послевоенного экологического движения, внесший вклад в запрещение охоты на птиц при помощи сетей и регулирование других практик, наносящих ущерб дикой природе. Наканиси возглавлял неутомимую кампанию против промышленного загрязнения, озабоченность которым он выразил в эссе под заголовком «Загрязнение окружающей среды, природа и этика» («Когай-то сидзэн-то ринри»). Там он указал на слепоту людей по отношению к их собственным действиям как на фактор, лежащий в основе искажения естественного порядка (*куруидасита сидзэн*, 狂い出した自然) [Наканиси 1991: 204–221].

Близость между Наканиси и Исикавой выходила за рамки чисто научных вопросов. В письме, отправленном другу накануне зарубежной поездки зимой 1933 года, Наканиси назвал свою работу *кайхо-но кагаку* («наука освобождения»), что, вероятно, является обращением к *кайхо-но рикигаку* Исикавы («динамика освобождения») и утверждением необходимой связи между природным и социальным. Он также упомянул, что обязан Исикаве прорывом в понимании морфологии стрекоз. Сложный нелинейный узор вен, проходящий через их крылья, напомнил ему о том, какой его друг видел идеальную организацию общества — сеть свободных взаимодействующих образований, то, что Исикава назвал системой взаимосвязанных сетей (*фукусики модзётай*, 複式網状体) [Динамикку 1974: 210].

В обоих случаях — научном и социальном — у организационной схемы отсутствует центральный или осевой принцип. Вместо этого система образуется при помощи объединения в сеть ячеек, связанных друг с другом несимметричным, как бы случайным образом. Тем не менее внутри такой системы царит порядок. Исикава развивал свое видение анархизма именно на таких ос-

---

[19] Наканиси придумал чтение сочетания 野鳥 как *ятё* вместо *нобори*, что имеет место и сейчас.

нованиях, полагая, что социальная организация должна отражать законы природы (*сидзэн хосоку*, 自然法則). Таким образом, его мировоззрение началось с ощущения «бесконечного разнообразия явлений в безграничной Вселенной», охватывающего все человеческие, биологические и космологические сущности во всеобщей взаимосвязи. Природа — анархия в действии в буквальном смысле этого слова, самоуправляемая сетью отдельных, но связанных между собой образований, не требующих для своей организации и контроля центральной власти. По мнению Исикавы, когда люди забывают следовать природе, они теряют чувство свободы, результатом чего оказываются неравенство и угнетение.

Понятие организации, не имеющей центра, само по себе нетрудно концептуализировать. Оно предполагает отрицание замыкания системы в одной точке, имеющей определяющее значение и являющейся в конечном счете источником контроля. Вместо этого визуальное представление о такой организации оказывается мозаикой взаимосвязанных объединений, рисунок которой постоянно меняется и в упорядоченности которой отсутствует иерархичность. Руководствуясь теорией знания постмодернистских философов Жиля Делеза и Феликса Гваттари, его можно назвать ризоматическим [Делез, Гваттари 2010: 11][20]. Но ближе всего к нему будут, безусловно, знакомые Исикаве буддийские космологические представления, в частности, «Кэгонкё» (сутра Аватамсака), которая «излагает безграничную взаимосвязь всех вещей» [Senda 1999: 58][21]. Таким образом, равнозначность религии и энтомологии с точки зрения пространственного представления может способствовать обоснованию знания.

Буддийская пространственная образность, основанная на взаимосвязи в отсутствие центра, составляет также один из повествовательных тропов Миядзавы Кэндзи. Основой вдохновения этого поэта и детского писателя была «Хокэкё» (сутра лото-

---

[20] О понятии ризомы и мышлении Исикавы см. также в [Stolz 2014a: 120, 147; Stolz 2014b: 317, 9].

[21] Спасибо также Джону ЛоБреглио за это уточнение.

са) и зафиксированный в ней образ *Дзёдзяккодо* — сияющей страны вечного спокойствия. Мелисса Энн-Мари Керли оценивает этот образ как буддийскую утопию, указывая также среди прочего на «децентрализованную» природу видения Миядзавы, которое может появиться где угодно и в любое время [Curley 2015: 99, 101–102][22]. При этом японские ученые исследовали также сходство между буддийскими образами и тем, что можно было бы назвать «общественным симбиозом». В эпоху модерна эти образы помогли утвердить альтернативные способы социально-политической организации, основанные на понятиях сотрудничества и противостоящие проявлениям кровожадного капитализма и растущего индивидуалистического мышления. Низовой географ Макигути Цунэсабуро, такой же преданный сторонник буддистской секты Нитирэн, как и Миядзава, впервые использовал в этом контексте понятие *кёсей* (симбиоз, 共生) [Мацуока 2015: 238]. Этическая концепция Миядзавы о самопожертвовании ради всеобщего благополучия и взаимном долге друг перед другом отражала аналогичное буддийское понимание взаимосвязи в реальном мире [Мацуока 2015: 270].

Эти воззрения характеризовало отсутствие в них централизма как организационного принципа. Исикава неоднократно возвращался к столь же гибкой интерпретации анархизма — наиболее явно в написанном в 1930 году тексте, озаглавленном «Лекции об анархизме» (*мусэйфусюги кодза*), в котором он изложил четыре основных тезиса своих размышлений и обозначил различие между ними и марксистским социализмом. Во-первых, общественные перемены должны опираться не только на экономические и политические преобразования, но и на духовные. Во-вторых, в отличие от диалектического материализма, в анархизме историческое развитие рассматривалось как имеющее в своей основе статический принцип (или постоянство). В-третьих, он следовал природной модели взаимосвязи в отсутствие центра. В-четвертых, человеческая свобода зависела от соблюдения этих естественных законов [Исикава 1977, 5: 387–388].

---

[22] См. также [Curley 2017].

Идея природы как основного источника знаний нашла отклик не только в европейском научном анархизме XIX века, но и в трудах Танаки Сёдзо и таких мыслителей эпохи Токугава, как Андо Сёэки (1703–1762) и Миура Байэн (1723–1789). Аналогичным образом эту эквивалентность природы и знания подтверждал реформатор сельского хозяйства Ниномия Сонтоку[23]. Со своей стороны, Исикава ссылался на китайского поэта Бо Цзюйи, восхвалявшего спокойствие идеальной деревни [Исикава 1977, 5: 379]. С точки зрения этого поэта свободным человеческий разум делает осознание путей природы. Одержимость правилами и этикетом закрепощает его[24]. Исикава сравнил эту точку зрения со знаменитым даосским изречением, предупреждавшим об опасности увлечения человека «мудростью» (*тиэ*, 智慧) [Исикава 1977, 5: 380]. Несмотря на необходимость учитывать в различных концепциях природы разнообразные нюансы, эти концепции тем не менее объединяет общее понимание бесконечного жизненного процесса в безграничной Вселенной, в которой человек — всего лишь одно из гигантского множества явлений.

Как и Ниномия Сонтоку, для того чтобы придать более широкое значение своему уравниванию знания с природой, Исикава обращался к буддийской концепции переселения душ или реинкарнации (*риннэ* 輪廻). Он объяснил:

> В буддизме есть слово «реинкарнация». Оно означает, что люди и животные перерождаются друг в друга. […] Отношения между всеми объектами, людьми и миром природы — суть одно и то же. В действительности отношения каждого организма с другим лежат в сети взаимосвязей, основанных на солидарности. Даже самая маленькая жизнь не может быть сохранена, не будучи частью этой сети солидарности безграничной Вселенной [Исикава 1977, 5: 392–393].

Таким образом, обращение Исикавы к идеям Реклю в какой-то мере соответствовало переосмыслению всего спектра восточно-

---

[23] См. [Najita 2009], особенно с. 111–114, 224–225.
[24] См. «Chu-ch'en Village» (деревня Чжу и Чэнь) в [Waley 1919: 157–159].

азиатских традиций. Способствуя знакомству других заинтересованных японских интеллектуалов с географией Реклю, Исикава участвовал не столько в простой передаче знаний, сколько в повторной актуализации этих уже известных ему концепций.

Увлеченный этими концепциями, Наканиси Годо десятилетия спустя стал редактором журнала «Анима: ясэй кара-но коэ» («Анима: голоса из дикой природы»), первый номер которого вышел в апреле 1973 года. Интересно, что его соредактором был Иманиси Киндзи (1902–1992), популярный японский ученый, также известный своим опровержением принципа естественного отбора Дарвина как двигателя изменений. Биолог по профессии, Иманиси провел значительные энтомологические исследования личинок мух-однодневок и оставил после себя новаторские работы в области приматологии, однако более всего он известен как автор своей первой опубликованной в 1941 году книги «Мир живых существ» («Сэйбуцу-но сэкай», 生物の世界), которая дает глубокое понимание его «естественной» философии. Вместо изменений, основанных на конкуренции между особями, он рассматривал в качестве более важного фактора эволюции первенство вида или группы. Его теория разделения сред обитания (*сумивакэ*, 住み分け) основывалась на принципе сосуществования. В ней описывалась предрасположенность различных видов к адаптации в окружающей среде при отсутствии конкуренции, путем самостоятельного выбора конкретной среды обитания через взаимное отождествление [Halstead 1985: 587–589][25].

С научной точки зрения аргументы Иманиси, приводимые с целью опровергнуть эволюционную теорию Дарвина, кажутся необоснованными [Halstead 1985: 588]. Но, как и многие до него, японский ученый рассматривал природу прежде всего как взаимосвязанный мир, как, используя его собственные слова, «не материю, а живое существо, […] внутри которого мы, наряду со всеми другими бесчисленными существами, всегда питались»[26]. Он подчеркивал взаимозависимость ее составных частей

---

[25] См. также [Imanishi, Asquith 2002: xxix–xlii].
[26] См. [Imanishi, Asquith 2002: 21].

и коллективное поведение, целостное функционирование природного мира как гармоничного целого, в котором каждый вид дополняет собой экосистему, неотъемлемой частью которой является и сам человек [McGrew, Matsuzawa 2008: 590]. Хотя сам Иманиси был активным сторонником точки зрения о расхождении между западным и восточным видением природы в терминах дебатов о «конкуренции» и «сосуществовании», все это было упрощением. Ключевым моментом стал сознательный акцент на взаимозависимости как естественном факте жизни и на необходимости того, чтобы люди оказались частью этой сети взаимозависимости.

Исикава сыграл роль интеллектуального посредника в распространении этого мировоззрения на протяжении многих лет. В результате его активности личность Элизе Реклю как ученого и политика наложила заметный отпечаток на деятелей анархизма Японии 1930-х годов. «Человек и земля» с его целостным взглядом на человеческую судьбу и заботой о взаимодействии человека и природы стал вдохновением конкретных повседневных практик. Репутация Реклю способствовала также установлению связей и дружеских отношений за пределами границ Японии. В этом смысле журнал «Динамикку» сумел объединить мыслителей-единомышленников, проживающих в Японии и за рубежом. Как показывают нам следующие страницы, в начале 1930-х годов в эту историю глобального интеллектуального развития оказался вовлечен остров Хоккайдо, на первый взгляд — изолированный сельский регион Восточной Азии.

Чтение Элизе Реклю на Хоккайдо 1930-х годов

В январе 1933 года недалеко от портового города Кусиро, расположенного на окраине восточной части Хоккайдо, вышел восьмой номер размноженного при помощи ротатора рукописного поэтического журнала под названием «Хокуи годзюдо» («Пятьдесят градусов северной широты», 北緯五十度; далее

«Хокуи»). Открывающее его стихотворение Ватанабэ Сигэру (1907–1982) «Ёру» («Ночью») содержало следующие строки:

> Часы отчетливо пробили два,
> Неторопливо стихает их эхо,
> Открытый том «Человека и земли» Реклю
> рассказывает, откуда взялось человечество.
> Но я не в силах сосредоточиться:
> задыхаясь, дремлет больной мой отец,
> на лбу его последняя испарина[27].

К 1933 году, когда со дня смерти Элизе Реклю прошло уже больше 25 лет, он оказался полузабыт в официальных географических кругах. Но как его имя и труды оказались известны нескольким японским поэтам, пытавшимся свести концы с концами в этом отдаленном районе японского архипелага? Исследование дружеских связей и деятельности Исикавы показывает, как мысль Реклю вызвала интерес склонных к литературе жителей региона.

Этих людей объединял набор общих горестей и стремлений. В целом они утверждали, что встали на сторону тех, кто остался за бортом капиталистического развития. Они также предполагали альтернативный образ жизни вне того, что воспринимали как принудительные рамки современной темпоральности. Их история служит примером влияния Исикавы на сообщество сторонников анархизма, которое он создавал. Она также подчеркивает особую силу такого текста, как «Человек и земля», который несет в себе множество смыслов как на местном, так и на глобальном уровнях.

Первый номер «Хокуи», тонкого и грубо сработанного периодического издания, вышел в январе 1930 года. Его редакторами были Ватанабэ Сигэру и Сарасина Гэндзо. До 1935 года вышло 12 выпусков этого журнала. Его отличительными чертами были необычный набор авторов и видение мира, которым они дели-

---

[27] Ватанабэ Сигэру. Ёру [Ночью] // Хокуи годзюдо [Пятьдесят градусов северной широты]. Кусиро: Хокуи Годзюдося. Январь 1933 года. С. 3.

лись. Редакторы опирались на ряд своих друзей, которые активно обрабатывали землю и занимались поэзией, рассматривая ее в качестве литературного медиума, обладающего, по их мнению, преобразующим социальным потенциалом. В число этих людей входили Игари Мицунао (1898–1938), один из близких друзей Сарасины, и Макабэ Дзин (1907–1984), которых объединяли попытки заработать себе на жизнь в суровом климате северной Японии. Накадзима Ханако (1909–1939), вышедшая замуж за Сарасину в 1931 году и умершая от переутомления восемь лет спустя, также писала для «Хокуи». В действительности же в журнале был представлен более широкий спектр авторов. Некоторые из них были родом из других частей страны. В их числе находились поэты Такамура Котаро (1883–1956), Кусано Симпэй (1903–1988) и Одзаки Кихати (1892–1974), которые помогли определить модернистский литературный ландшафт Японии и оставили свои имена потомкам. Наканиси Годо также публиковал в «Хокуи» свои тексты.

Целью издания было передать «послание с севера» во все уголки страны. Журнал рассматривал себя как самостоятельное поэтическое движение, целью которого было построение нового общественного порядка, основанного на взаимопомощи и высвобождении от государственного контроля [Сато 1972: 123–124]. Благодаря своеобразию литературной миссии и энергии редакторов за пять лет своего существования «Хокуи» удалось сформировать вокруг себя общенациональный, пусть и не очень большой круг читателей [Тории 2000: 15]. В трудах ряда знакомых с журналом ученых только подчеркивается гуманизм, которым пропитаны его страницы, а также дух бунта, к которому эти страницы призывают [Акияма 1975, 2: 45, 118]. Отчаяние Накадзимы Ханако, уставшей от жизни, полной неустанного труда, который не мог обеспечить даже минимально необходимых средств для повседневного существования, может быть примером тональности поэзии «Хокуи» [Хокуи 1972: 21].

Вообще говоря, стихи авторов этого журнала несла на себе волна пролетарской литературы, набравшая в Японии максимальную силу в середине 1920-х и начале 1930-х годов[28]. Темами для всеобщего обсуждения стали критика капиталистического общества и убежденность в необходимости сопротивления, а также некоторые интеллектуальные взаимодействия, возникшие в литературных объединениях. В этом отношении «Хокуи» сделался рупором не имевшего голоса крестьянского сообщества севера. Настоящим врагом для печатавшихся там был авторитаризм, вне зависимости от того, кем он навязывался — японским правительством или большевистскими революционерами. Поскольку акцент делался на взаимопомощи, а не на принуждении, в их творчестве удалось избежать резких призывов к классовой борьбе, характерных для многих пролетарских писателей того периода.

Стихотворение «Ночью» ясно демонстрирует, что в те годы жизнь мелких крестьян была суровой, часто тяжкой. Именно туберкулез медленно убил отца автора. Высокие налоги и плата за землю затрудняли оплату счетов врачей. Осязаемое чувство страдания, источаемое текстом, свидетельствует о сложных обстоятельствах, повлиявших на сельскохозяйственный сектор того периода, отмеченного нестабильностью цен, растущей напряженностью отношений между землевладельцами и арендаторами, а также неурожаями. Уволенные в связи с кризисом городские рабочие возвращались в свои родные деревни, увеличивая тем самым численность сельского населения. Крайняя бедность в регионе Тохоку иногда приводила к тому, что крестьяне продавали своих дочерей для занятий проституцией [Хирахара 2000: 31].

Можно привести несколько примеров «поэзии почвы», создававшейся в литературном кружке, образовавшемся вокруг Кусиро. В 1929 году Игари Мицунао выпустил хорошо принятый критикой сборник «Идзюмин» («Поселенцы»), в котором описывались его впечатления от жизни на земле [Сато 1972: 142]. В 1925 году он переехал на Хоккайдо из префектуры Фукусима

---

[28] Обзор пролетарской литературы в Японии, а также о ее влиянии см. во вступлении к [Bowen-Struyck, Field 2016].

и поселился в деревне Ситакара неподалеку от Тэсикаги с целью работать на земле в качестве крестьянина. Через шесть лет его сельскохозяйственный проект в конечном счете провалился, однако «Идзюмин» остался непреходящим свидетельством трудностей жизни поселенцев в тот период. Игари писал:

> Глубоко в снегах (*Юки но нака дэ*)
>
> Что ж,
> Пришлось даже продать семена,
> Что были приготовлены на следующий год.
> Эта бедность крестьянская —
> жизнь не для человека.
> Наша лачуга еле годится для сна,
> а дети находятся в ней весь день напролет, словно лошади в стойле,
> А мы тратим силы впустую в течение дня,
> А вечером от усталости падаем замертво.
> Холод и ледяной ветер! невыносимо
> терпеть их здесь, вдали от родной земли
> […]
> О те, кто жаждут сладких снов, продолжайте их жаждать!
> Подобное огню проклятье лежит на нас,
> А внутри нас решимость, подобная камню[29].

Сарасина Гэндзо опубликовал свой первый поэтический сборник «Танэймо» («Семенной картофель») в декабре 1931 года. Он рассматривал те же темы непосильного сельскохозяйственного труда и бедности в контексте развития Хоккайдо. Как и Игари, Сарасина переписывался с Исикавой, который опубликовал их письма в своем журнале «Динамикку»[30]. Увлеченные изучением природы жители Токио Накаониси Годо и Одзаки Кихати также дополнили собой список авторов, пишущих как для «Динамикку», так и для «Хокуи». Они принадлежали к одному и тому же кругу беспокойных поэтов, подчеркивали тесную связь между двумя изданиями и, следовательно, между столицей стра-

---

[29] Цит. по: [Сато 1972: 87–88].
[30] См., например, [Динамикку 1974: 50, 86, 203].

ны и северным приграничным регионом. Наканиси, который впоследствии дважды посещал Хоккайдо, обсуждал с Сарасиной роль птиц в жизни и мифологии айнов [Такахаги 2008].

Стихотворение «Ночью» наводит на мысль от том, что труд «Человек и земля» Реклю был знаком его автору. Ватанабэ пишет об открытой для повторного чтения книге, при этом фамилия географа, похоже, не нуждается в объяснении предполагаемой читательской аудитории стихотворения. Тесные связи Исикавы с поэтами «Хокуи» подтверждают это предположение. Именно его перевод «Человека и земли» распространился среди друзей и стал для них источником вдохновения в процессе размышлений о человеческой судьбе и ответственности в контексте модернизации Хоккайдо. Поскольку этот труд был посвящен географии, в нем не было очевидных ссылок на радикальные элементы анархизма, такие как анархический коммунизм и революционные тактики. И, как таковой, он ускользнул от внимания официальной цензуры. Но, судя по всему, предположение о наличии иной связи между человеком и окружающей средой, а также страстный призыв к общечеловеческому братству, похоже, сделали его предметом спокойного изучения, а также катализатором изменений в повседневной жизни.

Пэн Сяо-йэн описал «Энтомологические воспоминания» Жан-Анри Фабра как «странствующий текст», объяснив, что подобные книги были прочитаны по-разному: как естественнонаучные во Франции, как общественно-научные (анархистские) в Японии и как литературный ресурс в Китае [Peng 2014: глава 4]. «Человек и земля» — классический пример такого странствующего текста, который появляется в неожиданных местах и у неожиданных читателей в чужих странах, поскольку передается вне конвенциональных маршрутов. В отличие от текста, читаемого в институциональных рамках, например, университетов, он не становится объектом единой канонической интерпретации. В процессе странствия некоторые из его ценностей теряются, другие трансформируются, а третьи — появляются. Его интерпретация остается на усмотрение индивида или возникает в ходе интеллектуального обмена внутри небольших групп, переосмысливающих этот текст в своих собственных целях, и зависит от социокультурного контекста, в котором он циркулирует. Повторная его передача с использованием такого посредника, как поэзия, что имело место в случае с «Хокуи», или актуализация с помощью жизненных практик, например таких, как у живущих в отдаленном регионе крестьян-анархистов, усиливает и расширяет его общепринятые значения.

Действительно, похоже на то, что в начале 1930-х годов география Реклю приобрела особое значение на острове Хоккайдо, колониальной витрине Японии и территории проведения экспериментов с современными сельскохозяйственными технологиями. Историки проследили превращение острова из данника метрополии в период до эпохи Токугава в полноценную провинцию национального государства в эпоху модерна[31]. В основе их повествований лежит постепенное осознание правителями Японии и ее простыми гражданами огромных возможностей, предлагаемых островом. Но именно потому, что он рассматривался как место новых начинаний, это содержало в себе потенциал для самореализации и сопротивления.

Близость взглядов некоторых поселенцев Хоккайдо к социальному мировоззрению Реклю следует рассматривать в контексте развития острова правительством Мэйдзи после реставрации 1868 года и их акцента на создании картографируемого и измеряемого пространства, соответствующего статусу современной нации. Включение Хоккайдо в 1869 году в состав японской территории стало первым шагом в консолидации страны как национального государства и империалистической державы. Амбиции мэйдзийского государства в отношении северной территории включали в себя подчинение во имя модернизации как природной среды этой территории, так и ее коренного населения — айнов.

Разработанный для Хоккайдо грандиозный план — его официальное «географическое изображение» — заключался в превращении малонаселенного и квазидевственного острова в об-

---

[31] См., например, [Howell 1995; Mason 2012; Morris-Suzuki 1994: 1–24; Siddle 1996; Walker 2001].

ширную сельскохозяйственную зону, которая не только обеспечивала бы растущее население Японии продовольствием, но и служила бы экспериментальной площадкой для научных и рациональных, то есть западных, методов ведения сельского хозяйства. По сравнению с бедным и часто терзаемым бедствиями регионом Тохоку на севере главного острова Японии, с его традиционными способами ведения сельского хозяйства и ландшафтом, изобилующим естественными препятствиями, Хоккайдо выглядел привлекательным в качестве территории модерности и крупномасштабного производства. Распространение стандартизированных и однородных, западных методов ведения сельского хозяйства характеризовало управление северным приграничным районом и формировало опыт поселенцев.

Читатели географии Реклю оспаривали именно этот нарратив о прогрессе и современности, лежавший в основе развития острова. Они противопоставляли ему рассказы о страдающих от нищеты крестьянах-поселенцах, сталкивающихся с неблагоприятными погодными условиями и обремененных требованиями административных властей. Как будет показано на следующих страницах, принятие повседневных жизненных практик, противоречивших предпосылкам современной государственности, представляло собой одну из форм подрывной деятельности. Неоднозначным видится тот факт, что читатели географии Реклю не говорили напрямую о парадоксе отказа от отношений власти и иерархии при одновременном пользовании преимуществами, которые предлагались поселенцам самим колониальным предприятием Хоккайдо. Но их молчаливая тактика несогласия выражала дух сопротивления, символом которого среди прочих был и Элизе Реклю.

Практика географии Реклю

Переведенный Исикавой первый том «Человека и земли» содержит множество примеров интереса французского географа к истории и обычаям разных народов на протяжении веков. Этот подход лег в основу практики «моральной» географии, которую отстаивал Реклю. Его произведения, нетронутые расовым дискурсом той эпохи, служили выражением глубокого уважения к первобытным культурам. Большая часть книги посвящена тому, как древние племена Земли — от гренландского народа калааллит до коренных племен бассейна Ориноко — научились жить в мире со своей окружающей средой. «Происхождение человечества», упомянутое в стихотворении из журнала «Хокуи», ассоциируется с содержанием книги, в которой утверждается единство человеческой расы и описываются уроки, которые можно извлечь из изучения этнических различий в течение всего процесса исторической эволюции.

Таким образом, своего рода эмпатическая этнография, очевидная в работах Реклю, нашла отклик среди некоторых интеллектуалов на Хоккайдо, коренное население которого, айны, было насильственно вовлечено в проект Мэйдзи. Историки утверждали, что отношения экономической зависимости, навязываемые японской властью вплоть до начала эпохи модерна, уже привели к значительному культурному и социальному упадку коренного населения северного региона, в том числе на острове Сахалин[32]. Присоединение острова к Японии в 1869 году окончательно и бесповоротно решило судьбу 17 000 местных айнов. В целях укрепления национальной сплоченности администрация Мэйдзи приступила к реализации ряда стратегий интеграции айнов в японское общество. Интеграцию сопровождала программа декультурации, что только ускорило разрушение традиций этого народа.

Официальная риторика «ассимиляции» (*дока*) нашла оправдание в идеологии Японии как семейного государства с императором в качестве отца-суверена [Howell 2004: 5–29]. На практике проводились попытки искоренить этническую принадлежность айнов путем, помимо всего прочего, запрета традиционных ритуалов и обычаев, а также обесценивания языка коренного населения. Политика ассимиляции заставила айнов прибегать

---

[32] См., например, [Howell 1995: 18–19].

к нормативным моделям обработки земли в условиях навязывания им инородной концепции частной собственности, что еще более разрушало привычную этому племени экономику охоты, собирательства и рыболовства [Howell 2004]. Жизнь в *котан*, или деревне, постепенно утратила свои традиционные черты. Айны практически не сопротивлялись процессу ассимиляции. В некоторых случаях они обнаруживали новые возможности, которые повышали уровень их жизни. Но, по сути, они были «цивилизованы» указом и приняты в состав подданных японской империи [Mason 2012: 9–11, 68–69][33].

«Цивилизирующее» обращение с айнами, навязанное им на севере, в некотором роде противоречило исповедуемым анархистами принципам неиерархичности в мире людей. География Реклю служила авторам «Хокуи» подтверждением этих убеждений. Как показано ниже, Сарасина Гэндзо и его жена Ханако находились в числе активистов, чье взаимодействие с айнами в 1920–1930-е годы шло вразрез с государственной политикой гомогенизации как на словах, так и на деле. Их громкий протест по поводу бедственного положения айнов, возможно, был в целом недолгим и не имел большого значения в контексте усиливающихся авторитарных тенденций Японии того времени, но тем не менее он позволяет задуматься о силе такого странствующего текста, как «Человек и земля».

Сарасина родился в 1904 году в семье первого поколения колонистов-земледельцев, переехавших из префектуры Ниигата в конце 1880-х годов. Город Тэсикага, в котором он вырос, расположен на краю широкой равнины, на полпути между портом Кусиро на берегу Тихого океана на юге и Охотским морем на севере. В нескольких милях к западу от города находится озеро Куссяро. В начале 1900-х годов *котан* на берегу Куссяро состояла примерно из 20 жилищ. На протяжении своего детства Сарасина жил в непосредственной близости от айнов и глубоко проникся их культурой и образом жизни. Зимой айны шли из Куссяро по снегу и останавливались возле его дома передохнуть

---

[33] См. также [Howell 1994: 69–93; Howell 2004: 5–29; Siddle 1996].

по пути в Кусиро[34]. Он наблюдал за ними и начал записывать их обычаи, перенимая при этом некоторые из их традиционных методов охоты и рыбной ловли — именно те, которые в целях ассимиляции айнов власти Мэйдзи ранее запретили.

Практика работы Сарасины в качестве школьного учителя в начальной школе Куссяро в 1930–1931 годах укрепила его близость с общинами айнов. В то время он резко критиковал правительственную программу ассимиляции коренного населения Хоккайдо, особенно в той ее части, которая касалась образовательной политики. Принятие в 1899 году Закона о защите коренных народов, с одной стороны, установило для айнов структуру их включения в политику Мэйдзи, а с другой — ограничило их свободу действий и узаконило их неравноправие. Вместе с рядом нормативных актов 1901 года этот закон также подтвердил образовательную сегрегацию, предусматривавшую для детей айнов и детей японцев раздельные классы и разные учебные программы. Обучение детей айнов велось на японском языке, а использование ими родного языка всячески порицалось. Хотя в 1920-е годы эта политика сегрегации была не столь навязчивой, модель двухуровневого пути к образованию доминировала и тогда. В ощущениях Сарасины эта система была пропитана высокомерным духом Ямато с его неуместным лицемерием в подчинении других народов [Тории 1969: 310].

В начале 1930-х годов поэзия Сарасины Гэндзо и его жены Ханако стала голосом айнов, оказавшихся в ловушке уныния и нищеты. С помощью поэтической вентрологии, они, например, ставили вопросы о справедливости закона 1899 года о «защите», хитрости японских поселенцев и лишении коренного населения традиционного права на рыболовство [Sarashina 2017: 37, 45–46, 75]. Дети задавались вопросом — несмотря на то что *сямо*[35] насмехаются над айнами, разве не айны являются подлинными японцами (этой земли), поскольку живут здесь так долго? [Хокуи

---

[34] Разговор с Сарасиной Ко, сыном Гэндзо, 16 апреля 2016 года в Музее литературы Хоккайдо, Саппоро.

[35] Уничижительный термин для обозначения японских поселенцев.

1972: 31]. Короткое стихотворение также стало способом выхода гнева Сарасины в отношении содержания предписанного правительством учебника истории, оправдывавшего порабощение *эмиси*, понятия, применявшегося к «варварским» группам населения северного Хонсю и, как полагают, подразумевавшего и айнов [Sarashina 2017: 72]. В то время, когда ассимиляция способствовала исчезновению языка айнов, автор использовал в своих стихах множество слов из него, что усугубляло подрывную природу текстов. Таким образом Сарасина выражал свое неодобрение официальному проекту внедрения власти и подчинения на северной территории.

Однако несмотря на свое сочувствие к айнам, Сарасина осознавал стоящие перед ними препятствия, а его произведения оказывались порой проникнуты фатализмом, с которым их автор относился к исчезновению образа жизни этого народа. Описывая этих «первобытных людей» и их печальную судьбу, он отмечал, что эту судьбу определял не только снег. По его словам, окрасившая пейзаж алая кровь принесенного в жертву в силу укоренившихся суеверий медведя оказалась символом тяжести верований, несовместимых с современным миром [Сарасина 1930: 9][36]. Эта риторика подчинения власти модерности еще усилится непосредственно перед войной и в ее годы, когда Сарасина постепенно принимал взгляды, не отклоняющиеся от официальной идеологии. Возможно, на идеологический компромисс его вынудило пойти возрастающее внимание цензуры. В начале 1936 года Сарасину ненадолго задержали с целью допроса по поводу его предполагаемых связей с «бандой Кокусёку» — группой сельской молодежи и анархистских агитаторов из префектуры Нагано [Морикава 1994: 160–161]. Во время войны он почувствовал необходимость написать несколько текстов в поддержку экспансии Японии в Азию, недвусмысленно торжествуя, например, в связи с падением Сингапура [Сарасина 1943: 4]. Притом что до конца своей жизни Сарасина неустанно работал над сохранением мифов и культуры айнов, он больше не ставил под сомнение необходимость их ассимиляции.

---

[36] См. также [Sarashina 2017: 41].

Однако в 1931 году его поэзия была достаточно радикальной для того, чтобы вызвать раздражение властей. Он неотвратимо попал под пристальное внимание государственных цензоров, что привело к его увольнению с поста учителя. Совет по образованию признал Сарасину непригодным к преподаванию по причине его подрывных идей [Морикава 1994: 128]. Как он писал Исикаве позднее: «Меня уволили на том основании, что я опасный персонаж (*кикэн дзимбуцу*). Я был счастлив, что от моей шеи наконец-то отвязали 40-иеновую цепь, которая была к ней прикреплена. Но я очень тяжело переживал разлуку с детьми *котан*» [Динамикку 1974: 113]. Сарасина объявил о своих планах переехать на север вместе с другом Игари и жить за счет обработки земли и разведения скота. Усилия, затраченные на это в годы экономического кризиса, не привели ни к чему, не принеся ни денег, ни облегчения, а физическая работа стала просто изнурительной. Но с точки зрения Сарасины такова была горькая доля его единомышленников, *накама* (仲間), того сообщества, которое связывало его с Исикавой [Динамикку 1974: 203][37].

Само существование такого сообщества единомышленников — «родственных душ» (*доситати*, 同志達), упомянутых в «Динамикку» редактором, придавало смысл стремлению к такой повседневной жизни, которая сознательно противоречила предписаниям государства эпохи модерна. Будучи жизненно важным средоточием этого разрозненного сообщества, Исикава внес свой вклад в сохранение географического мировоззрения Реклю как источника вдохновения альтернативного способа существования в мире. Изучение личных отношений Исикавы с другим поэтом-крестьянином, Хасэгавой Кодзи (1898–1975), только помогает укрепить статус Хоккайдо как территории, на которой можно было исследовать новое мышление и осуществлять практику повседневной жизни.

---

[37] Вынуждаемый обстоятельствами — необходимостью прокормить двух маленьких детей, — Сарасина отчасти поддержал войну, написав в 1940-х годах ряд стихов, прославляющих расширение Японской империи. После войны он стал известным независимым исследователем культуры айнов, записывал их мифы, собирал фольклор и оставил после себя множество трудов по этой теме.

11 октября 1927 года Хасэгава, в то время житель Токио, отправил в Нью-Джерси письмо Джозефу Ишиллу, румынскому эмигранту, независимому издателю и одному из биографов Реклю. Хасэгава тогда находился в процессе обустройства новой жизни — он переселился в северный район Японии, поскольку Великое землетрясение Канто 1923 года уничтожило его бизнес по изготовлению шкафов. Он по-английски обратился к адресату письма с очень конкретным вопросом:

> В Японии мы, новообращенные крестьяне, страстно желаем изучать учение Элизе Реклю. Я хотел бы знать о нем все и жалею, что не умею читать по-французски. Пожалуйста, будьте так добры, напишите мне о вашей книге об Э. Реклю и других (биографии, переводах, исследования и т. д.) на английском или немецком языках, если таковые имеются[38].

Ишилл надлежащим образом подтвердил получение письма. Вскоре он написал своему другу по переписке Исикаве, с которым был знаком через Эдварда Карпентера и поддерживал связь на протяжении многих лет: «Я рад, что моя работа имеет значение [для тех], кто так искренне занимается толкованием наших идеалов и идей»[39].

Как и надеялся Ишилл, Хасэгава имел в виду особый образ жизни, который, полностью принимая связь между человеком и его природным окружением, он собирался вести после переезда на Хоккайдо и благодаря которому он впоследствии получил от ученых прозвище «Генри Торо из Японии» [Ито и др. 2012]. Воспользовавшись предоставляемыми правительством земельными грантами, он поселился с семьей на лоне дикой природы и зарабатывал себе на жизнь крестьянским трудом. Он выбрал участок земли неподалеку от деревни Цуруи в районе Кусиро и построил там среди болот и редких диких журавлей дом, дав

---

[38] Письмо Хасэгавы Ишиллу от 11 октября 1927 года // Архив Джозефа Ишилла. Гарвард: Библиотека Хоутона, № 67.

[39] Письмо Ишилла Исикаве от 2 января 1928 года // Исикава Сансиро канкэй сирё. Foreign Correspondence, n. 24.

ему имя «Тирувацунай», по названию на языке айнов протекающей неподалеку реки. Частью его проекта стало наблюдение за изысканными птицами в их естественной среде обитания. Через несколько лет Хасэгава сумел сделать образ жизни своей семьи полностью автономным. В отличие от Торо, он оставался в окружении природы, в выбранном им самим месте до конца своих дней [Ито 2005].

Несмотря на изоляцию и ситуацию, усугубляемую долгими и суровыми зимами, Хасэгава не прерывал контакта с людьми и интеллектуальными тенденциями, которые вдохновили его проект. Он не раз приглашал на свою ферму Исикаву. Летом 1933 года его друг навестил его, приехав из Токио в компании Жака Реклю, сына Поля и внучатого племянника Элизе [Динамикку 1974: 203][40]. Заядлый читатель, Хасэгава был знаком с трудами Уильяма Морриса (1834–1896) и написал об этом английском общественном деятеле и писателе дипломную работу[41]. В его библиотеке имелся широкий выбор иностранных книг, в том числе работы таких близких ему мыслителей, как Уолт Уитмен (1819–1892), Ральф Уолдо Эмерсон (1803–1882), Генри Торо (1817–1862) и Эдвард Карпентер. Летом 1930 года он получил от Исикавы, который неустанно работал над переводом с французского «Человека и земли», экземпляр этой книги с дарственной надписью.

В этот экземпляр, который хранится в архиве Цуруи, заложен отрывок, касающийся «подражания и взаимопомощи»[42]. В нем Реклю критикует упрощенное понимание дарвинистской мысли такими людьми, как Томас Гексли (1825–1895), для которых главным принципом эволюции была «борьба за жизнь». Он напомнил своим читателям, что в книге Дарвина «Происхождение

---

[40] Письмо Жака Реклю Исикаве от 15 июля 1933 года // Исикава Сансиро канкэй сирё. Foreign Correspondence, n. 35. Письмо от 19 февраля 1935 года свидетельствует о том, что в указанном году Жак снова посетил Японию.

[41] Дипломная работа сгорела во время землетрясения, и Хасэгава так и не получил свидетельства об образовании. См. [Ито и др. 2012: 62].

[42] Книги Хасэгавы хранятся в архиве Кодзи Хасэгавы, информационный центр «Минакуру» деревни Цуруи, Хоккайдо.

человека» утверждалось также наличие у животных и людей общественного инстинкта взаимопомощи и сочувствия. Он также подробно остановился на одном конкретном аспекте сотрудничества, а именно на способности живых организмов сознательно или бессознательно обучаться на моделях поведения внутри или за пределами их собственного вида. Утверждение Реклю о том, что жизнь птиц содержит в себе множество уроков для людей, могло только пробудить интерес Хасэгавы [Реклю 1906–1909, 1: 126–131].

Хасэгава был знаком с Сарасиной и его друзьями и вместе с ними осуждал господствующие идеологические догмы того времени[43]. Он отказался согласиться с общепринятым подходом к эксплуатации корейских рабочих, который доминировал в общем контексте укоренившихся дискриминационных убеждений. Когда эти рабочие находились на его попечении, он также заботился о том, чтобы их труд достойно оплачивался. После аннексии Кореи Японией в 1910 году многие корейцы трудились в метрополии в ужасных условиях. Как правило, от них ожидалось, что они будут трудиться в сельском хозяйстве, получая за это не заработную плату, а только пропитание [Ито 2005: 34].

В соответствии с философией Реклю, Хасэгава также признавал и долг человека перед окружающей средой. Молодой крестьянин не только решил извлекать уроки из своих наблюдений за жизнью журавлей, но интересовался также такими методами выращивания и разведения скота, которые можно было бы гармонично интегрировать в естественный порядок. Он высмеивал инспекцию посевов и домашнего скота, проводимую должностными лицами Комиссии по колонизации Хоккайдо, которая контролировала выбор культур и пропорциональные доли земледелия и животноводства. По его мнению, официальные правила ведения сельского хозяйства плохо подходили для местных природных условий, поэтому немедленно по заверше-

---

[43] Хасэгава никогда не называл себя анархистом, но он явно был солидарен с тем, что Натан Джун называет «анархистскими идеями». См. [Jun 2013: 82–116].

нии десятилетнего периода обязательной инспекции он планировал перейти на собственные методы ведения сельского хозяйства [Ито и др. 2012: 130–131]. Игари Мицунао также критиковал в «Идзюмин» концентрацию на разработанных центральными властями жестких правилах крестьянской жизни и ведения сельского хозяйства, которые не соответствовали природным условиям и оказывали чрезмерное давление на поселенцев [Сато 1972: 132].

В качестве постоянного корреспондента «Динамикку», Хасэгава сообщал о неурожаях по причине плохой погоды и новостях своего хозяйства. Однако с годами он достиг такого уровня продовольственной самодостаточности и независимости от административного вмешательства, который в конечном итоге сделался предметом зависти его гостей в неурожайные годы войны [Ито и др. 2012: 16]. Он также выражал свою преданность *накама*, которым отдал так много своей энергии Исикава. Хасэгава отмечал, что увлечение марксизмом сделалось повальным, а труды его друга были оплотом убежденности и напоминанием о том, что судьба человечества зависит от отношений сотрудничества [Динамикку 1974: 54]. С точки зрения Исикавы приютившийся в девственном горном лесу дом Хасэгавы являл собой осуществленную утопию. Действительно, вопреки своим первоначальным планам приобрести со временем еще больше земли, Хасэгава через десять лет осознал, что нынешнее устройство его жизни находится в полном согласии не только с природной средой, но и с личной свободой. И сообщил, что не готов идти на компромисс [Ито и др. 2012: 63].

С одной стороны, поселенцы на Хоккайдо следовали указаниям государства, превратив приграничный северный регион в территорию земледелия и самообеспечения. Но те способы, которыми они занимались сельским хозяйством, на протяжении многих лет были также формой гражданского неповиновения. Все чаще поселенцы отказывались от схем, созданных государственными планировщиками эпохи модерна. Не оказывая сопротивления официальным проектам напрямую, они бросали вызов навязыванию фиксированного алгоритма восприятия человеческого опыта⁴⁴. В этом смысле Хасэгава, Сарасина и их друзья были мятежниками, утверждавшими автономию, расовое равенство и симбиоз с природой⁴⁵. Их образ жизни составлял часть альтернативного географического мировоззрения. С точки зрения Исикавы, они были настоящими *домин*.

Поскольку геополитическая напряженность росла, а Япония двигалась по направлению к полномасштабной войне, слаженная самодостаточность оказалась одним из немногих возможных позитивных проявлений инакомыслия. Исикава, издаваемый которым журнал подвергся нападкам цензуры после того, как в 1931 году он осудил оккупацию своей страной Маньчжурии, сознавал тщетность открытого протеста [Динамикку 1974: 113]. Его стремление к самообеспечению позволило бы полностью отказаться от контролируемой государством схемы распределения продовольствия во время войны [Исикава 1957: 71]. По его мнению, такого рода действия обретали смысл благодаря существованию сообщества сторонников. В 1927 году, когда Исикава поселился за пределами Токио для того, чтобы возделывать участок земли, он написал: «Я работаю, чтобы жить по средствам. Но я не могу сделать это в одиночку. Мне нужны союзники, и поэтому мы работаем вместе. Вот мое общественное движение» [Исикава 1977, 3: 22]. Реальность сообщества, влияние которого простиралось до Хоккайдо, придавала смысл его общественному движению.

Суровые реалии крестьянского труда порой вступали в противоречие с идеализированной концепцией возвращения к земле, которая могла бы обеспечить автономию. В своих мемуарах Исикава признавал, что претерпел множество неудач в своих собственных практических попытках вести полноценную жизнь *домин*. Но это, по его словам, не опровергало основы его мысли,

---

⁴⁴ Джеймс Скотт называет это необходимостью прозрачности государства модерна. Создание неподконтрольного государству пространства с его точки аналогично дезертирству [Скотт 2005 [1998]: 38].

⁴⁵ Еще один выбор примера Хоккайдо как места высвобождения от организационной схемы государства см. в [Konishi 2013b: 1845–1887].

влияние которой, как он видел, просачивалось в мир [Исикава 1977, 8: 521]. Действительно, он стремился привлечь к такому образу жизни других. Кимура Сота (1889–1950), также один из авторов «Динамикку», некоторое время участвовал в общинном эксперименте Мусянокодзи на Кюсю. После Токийского землетрясения 1923 года он поселился на территории нынешнего города Нарита в префектуре Тиба с тем, чтобы вести жизнь *сэйко удоку* (晴耕雨読), или «работать на поле в ясную погоду и учиться, когда идет дождь» [Динамикку 1974: 192]. Его книга 1933 года «Но-ни икиру» («Жизнь за счет земледелия», 農に生きる) получила похвалу Исикавы, который назвал предприятие своего друга «истинная *домин сэйкацу*». Сам Кимура был менее оптимистичен в отношении своего опыта, поскольку сопоставлял получаемое от самодостаточности удовлетворение с изнурительным сельскохозяйственным трудом и множеством неопределенностей, вызванных положением крестьян [Сакамото 1977: 22].

Вслед за ним аналогичные опасения по поводу работы в поле выразил Это Тэкирэй, один из интеллектуальных вдохновителей *Номин дзитикай*. В теоретическом плане он, несомненно, был членом *накамы* Исикавы. Однако на практике он, похоже, не соответствовал своим идеалам. Историк Нисимура Сюнъити утверждает, что Это делегировал бо́льшую часть так превозносимой им физической работы собственным детям, оказывая на них иерархическое давление, с чем не согласились бы такие люди, как Андо Сёэки и Танака Сёдзо, его духовные наставники [Нисимура 1992а: 170–175].

Поиск истинного *домин*

Несмотря на трудности ее реализации на личном уровне, жизнь *домин* оставалась для Исикавы единственным пригодным для реализации средством человека выполнить свое земное предназначение, которое он увязывал со сложной сетью зависимостей, из которых состоял физический мир. Статус *домин* подразумевал признание неразрывной связи между окружающей средой и человеком, что, в свою очередь, накладывало на последнего конкретные и повседневные обязательства. Исикава обобщил свою мысль, утверждая, что существование этой формы взаимодействия с миром природы — или память о ней — можно обнаружить в сельскохозяйственном труде. Несмотря на его уточнение, что *домин* не обязательно должен быть *номин* (крестьянин), последний занимал привилегированное положение в понимании сути места человека на просторах природы [Исикава 1977, 3: 220]. Исикава также явно связывал *домин сэйкацу* с циклической сменой дня и ночи, вызванной вращением Земли вокруг своей оси и четырьмя временами, определявшимися ее вращением вокруг Солнца [Исикава 1977, 2: 318]. Все это было непосредственно связано с темпоральностью, регулировавшей сельскохозяйственную работу, к сфере жизненного опыта, отдаленной от линейного восприятия времени и даже невосприимчивой к нему.

Несомненно, всепроникающие культурные тенденции в форме схемы «возвращения на землю» сформировали в 1920-е годы концепцию *домин сэйкацу* Исикавы. В 1930-е годы присутствие в коллективном сознании Китая, судя по всему, заставило его видеть предмет своих размышлений под другим углом. Стремясь продолжать поиски «истинной» *домин*, он все чаще обращался мыслями к Китаю, где, как он думал, мог бы найти подлинный образец искомого. Исикава мог рассчитывать на несколько неофициальных каналов связи с представителями Китая. Ряд его китайских знакомых являлись революционными экстремистами, действовавшими в Токио в годы, предшествовавшие его добровольному изгнанию. При участии Реклю, в 1910-е годы он познакомился с несколькими китайцами в Бельгии и Франции, и почти все такие контакты сохранялись на протяжении многих лет. Однако в конце 1920-х и в 1930-е годы его интерес к культурному и историческому развитию Китая возрос, что совпало с растущим вмешательством японского правительства в дела этой страны.

Связи Исикавы с китайскими анархистами привели к тому, что в августе 1927 года он поехал в Шанхай, чтобы преподавать в только что открывшемся там Национальном университете труда. Историки Мин Чань и Ариф Дирлик описывают эту площадку как многообещающий образовательный эксперимент, в котором сочетались труд и обучение. Деятельность университета была направлена на создание нового типа личности и опиралась на радикальное анархистское социальное мировоззрение, которое, несмотря на короткий пятилетний срок существования университета, «имело гораздо больший вес у современников, чем у историков» [Chan, Dirlik 1991: 2].

Чтобы избежать преследования полицией, Исикава путешествовал под псевдонимом. В течение месяца он читал в Шанхае лекции об истории европейских общественных движений. Анархисты Ямага Тайдзи (1892–1970) и Иваса Сакутаро (1879–1967) присоединились к нему в качестве лекторов по эсперанто и Французской революции соответственно [Ёнэхара 1997: 272]. В своих мемуарах Исикава отмечал, что с течением времени его аудитория росла [Исикава 1977, 8: 448]. Он также упомянул теплую встречу со знаменитым анархистом Ли Шицзэном (1881–1973), близким другом семьи Элизе Реклю, к тому времени уже авторитетным в китайских политических кругах мыслителем [Исикава 1977, 8: 449].

Жак Реклю тоже приехал в 1928 году в Шанхай для того, чтобы преподавать в Университете труда. Он оставался в Китае до 1952 года и, помимо других занятий, преподавал французский язык и общественную историю. Он продолжил анархистскую традицию своих предков, общаясь с местными активистами, среди которых были и знакомые Исикавы, и оставался самым влиятельным контактным лицом и проводником идей на китайской земле[46]. Из Китая Жак по крайней мере дважды ездил в Японию, чтобы повидаться со своим другом летом 1929 и 1933 года[47]. В переписке между

---

[46] Пятьдесят четыре письма Жака Исикаве, бóльшая часть из которых написана во время пребывания Жака в Китае, хранятся в архиве Исикавы в Хондзё. Письма от Исикавы Жаку (или Полю) не обнаружены, несмотря на многократные попытки их отыскать. Прямые потомки Жака отказались отвечать на вопросы.

[47] В письме от 19 февраля 1935 года указывается, что Жак мог снова посетить Японию в указанном году.

ним и Исикавой непосредственно перед инцидентом на мосту Лугоу в июле 1937 года, который послужил началом второй японо-китайской войны, нашел отражение медленно охватывающий китайское общество хаос и растущие после Мукденского инцидента 1931 года антияпонские настроения. При этом Жак осуждал японское вторжение в уклончивых выражениях: называя иностранную интервенцию злой натурой империализма, он видел в ней возможность покончить с повсеместной коррупцией и социально-экономической бесхозяйственностью в стране своего проживания[48]. Тем не менее он призвал Исикаву продолжать свою работу ради их общих этических убеждений[49]. Обоих беспокоили постоянные притеснения со стороны японской полиции, и Жак справедливо замечал, что, с учетом авторитарных склонностей страны, политическая ситуация в Японии скорее приведет к войне, чем к революции[50].

Усилия Исикавы по охвату китайской аудитории также опирались на «Динамикку», который доходил и до Китая, в частности до Шанхая, Пекина и Нанкина, в том числе и благодаря посредничеству Жака. Короткая заметка, опубликованная в этом журнале и подписанная понятным только посвященным китайским именем Чжан (張), поздравляет Исикаву с началом самодостаточной жизни и неустанным несением им факела свободы, что служит свидетельством некоторого авторитета издателя «Динамикку» в кругах китайских анархистов [Динамикку 1974: 22].

Следующее, хотя и не запланированное, пребывание Исикавы в Китае, с октября 1933-го по январь 1934 года, судя по всему, положило конец его поискам истинного *домин*. Первоначально он намеревался вернуться в Европу с тем, чтобы навестить там Поля Реклю. Однако, оказавшись в Китае, он решил остаться там

---

[48] Письмо Жака Реклю Исикаве от 15 ноября 1933 года // Исикава Сансиро канкэй сирё. Foreign Correspondence, n. 35.

[49] Письма Жака Реклю Исикаве от 6 декабря 1929 и 26 января 1933 // Исикава Сансиро канкэй сирё. Foreign Correspondence, n. 35.

[50] Письмо Жака Реклю Исикаве от 26 января 1933 года // Исикава Сансиро канкэй сирё. Foreign Correspondence, n. 35.

на некоторое время, чтобы заняться изучением истории Восточной Азии, особенно жизни древних китайских общин. В статьях, публикуемых им в газетах «Асахи» и «Мияко», он с тревогой описывал коррупцию, упадок, запутанную политику и растущее японское военное присутствие того времени. Однако, несмотря на пессимистичный взгляд, Исикава высоко оценил то, что китайская культура могла предложить для понимания *домин сэйкацу*. Он писал:

> Во время своего короткого трехмесячного визита я открыл для себя мир необъятных и удивительных чудес — то есть необыкновенную общественную жизнь, хранилище истинной, глубоко укоренившейся *домин сэйкацу* (демократии), зерна которой, похоже, сохранились до сих пор. Перед моими глазами, подобно удару молнии, предстали основы китайской культуры, будто бы обнаруженные в вездесущем и бескрайнем лёссе (黄土), плодородном источнике, который существует уже тысячи лет [Исикава 1977, 8: 524].

В ноябре 1933 года Исикава сопровождал Жака в альпинистской экспедиции на гору Тай, одну из «Пяти великих гор» Китая на территории нынешней провинции Шаньдун, и восхищался методами береговых работ, с использованием которых выращивание шелковицы стало успешным. В его видении гора Тай возвышалась над полями и деревнями, которые оставались плодородными со времен основавшей страну династии благодаря близости людей к земле [Исикава 1977, 8: 514]. Борьба с наводнениями в очередной раз символизировала возможности сбалансированного взаимодействия человека и природы.

Вспоминая миф о *кодо* (后土), древней богине земли, Исикава обнаружил в простых людях, которые поклонялись ей 4000 лет назад, воплощение *домин*. По его мнению, именно благодаря своей привязанности к земле они могли жить, будучи свободны от иерархии власти. Как он утверждал, «дух древних китайских народов поддерживало не Небо (*тэн*, 天), а земля (*ти*, 地)» [Исикава 1977, 8: 525]. Иными словами, они предпочли присягать не высшей силе, а почве под ногами.

Распространение географии Реклю оставалось для Исикавы важной задачей. К середине 1930-х годов он рассматривал возможность своего партнерства с базирующимся в Шанхае издательством «Культурная жизнь» («Бунка сэйкацу сюппанся», 文化生活出版社), которое специализировалось на переводе иностранных книг. Судя по переписке с Исикавой, издатель планировал 24-томный перевод «Человека и земли», первый том которого уже находится на стадии печати, но хотел добавить туда ряд сведений о Китае и Японии. За этой инициативой стоял Ли Шицзэнь, и Исикаву попросили сделать перевод более понятным китайской аудитории. В письме также упоминался перевод на китайский язык «Истории общественных течений Запада» Исикавы с просьбой об авторском предисловии[51]. Однако полномасштабная война между двумя странами, судя по всему, положила конец его возможности внести свой вклад в китайское издание «Человека и земли» [Исикава 1941: 19].

Взаимодействие с Восточной Азией вылилось в издание Исикавой «Тоё кодай бункасидан» («Беседы по истории культуры древнего Востока») в 1937 году и первого тома «Тоё бункаси хякко» («Сто лекций по истории восточной культуры») в 1939 году. Второй и третий тома последовали за ним в 1940 и 1942 годах соответственно. Вне всякого сомнения, трудно отделить интерес Исикавы к истории Восточной Азии от роста масштабов паназиатского дискурса в Японии того времени. Кроме того, осуждая японское вмешательство в китайские дела на протяжении всего десятилетия, а затем и войны, Исикава также поддерживал дружбу с Ван Цзинвэем (1883–1944), лидером Гоминьдана, который выступал за сотрудничество с Японией. В последний раз Исикава встречался с ним в марте 1941 года в Нанкине[52]. Яростный антикоммунизм Вана, судя по всему, нашел отклик в сердце

---

[51] Письмо У Чаньшана Исикаве от 5 апреля 193? года // Исикава Сансиро канкэй сирё. Foreign Correspondence, n. 577. Год неясен, возможно, 1933-й или 1934-й, потому что в письме идет речь о поездке Исикавы в Китай шесть лет тому назад, возможно в 1927 году.

[52] Недавнее описание роли Ван Цзинвэя в японо-китайском конфликте см. в [Mitter 2013].

Исикавы, и этого оказалось достаточно, чтобы убедить его в преимуществах сотрудничества. В защиту Исикавы можно сказать, что предлагаемое им освобождение было основано не на отношениях господства и подчинения, а на созидании отношений солидарности, которые он благоговейно прослеживал в истории бескрайних лёссовых равнин [Исикава 1977, 3: 427–428].

В 1941 году Исикава опубликовал сборник эссе, в котором снова осудил безответственные действия своего правительства по отношению к Китаю. Он предупредил, что только изучение отношения жителей этой страны к их богатому природному окружению на протяжении веков поможет выйти из нынешнего политического тупика [Исикава 1941: 21–23]. К тому времени он больше чем когда-либо верил в освободительную силу географии Реклю. Он предложил провести историческое исследование, которое позволило бы выявить давно похороненные культурные и социальные устремления «малых и слабых народов» (*якусё миндзоку*), находящихся под гнетом власти правителей, и поддержать возрождение их природного стремления к равенству, свободе и взаимопомощи [Каваками 2005: 150]. Он предлагал дополнить труд «Человек и земля», сделав новый акцент на Востоке и сформировав географическое мировоззрение, которое должно было учитывать историческое развитие региона и роль *домин* в процессе социальных изменений.

Эпилог

Хаос и разрушения, вызванные войной на Тихом океане как внутри Японии, так и за ее пределами подтвердили самые мрачные предчувствия Исикавы. Геополитические интриги японского правительства во время Первой мировой войны превратились к тому времени в безрассудную и воинственную форму империализма. Одновременно большевизм предал все надежды на освобождение пролетариата и породил авторитарного монстра. Но притом что война, цензура и плохое состояние здоровья вынудили Исикаву держаться в тени, он продолжал свою исследовательскую и издательскую деятельность. С конца марта 1945 года для того, чтобы избежать разрушительных бомбардировок Токио, он удалился в Уэно, горную деревню в префектуре Яманаси. Там он сосредоточился на повседневных занятиях: обработке земли и исторических исследованиях. Достигнутый им уровень самодостаточности позволил ему продемонстрировать символическое, пусть и пассивное, неповиновение государственному аппарату.

15 августа 1945 года, когда Япония признала свое поражение, Исикаве было почти 70 лет. Его интеллектуальная траектория могла завершиться в Уэно, и в некотором смысле, но не без изюминки, так и случилось. Услышав новость о капитуляции, он почти сразу же уселся за «Мусэйфусюги сэнгэн» («Анархистское воззвание»), текст, который он несколько раз исправлял в течение последующих месяцев. Для человека, который долгое время утверждал, что имя императора никогда не должно упоминаться в политике, он сделал неожиданный шаг, выразив поддержку

своему монарху. Хотя полная версия «Мусэйфусюги сэнгэн» была опубликована только после смерти Исикавы, ее содержание уже было обнародовано в 1948 году в ходе обсуждения за круглым столом и последовавшей за ним статьи под названием «Как возможен мир?» («Хэйва-ва доситэ дэкиру да») [Охара 1987: 237]. Этот вопрос вызвал горячие дебаты в недавно созданной «Японской федерации анархистов» («Нихон анакисуто рэммэй»).

С точки зрения Исикавы, поражение Японии предоставило стране и ее народу прекрасную возможность перестроить общество с нуля на основании анархистских принципов свободы, сотрудничества и всеобщего равенства. Мир и внезапное разрушение старой системы государственной власти дали людям бесценный шанс начать все сначала [Исикава 1977, 4: 73]. В связи с чем, по мнению Исикавы, если японцы теперь могли требовать политической и социальной гармонии (*ваго*), все это по большому счету было заслугой правящего императора, чье заявление о безоговорочной капитуляции открыло путь обновлению. Исикава описал императора как сторонника своего народа в его противостоянии с военными. С его точки зрения, монарх принял на себя унижение, заявив о безоговорочной капитуляции для того, чтобы спасти нацию [Исикава 1977, 4: 74; Охара 1987: 235]. Эта ситуация, как подчеркнул Исикава, была совершенно беспрецедентна в японской и даже мировой истории. Он настаивал на том, что не поддерживает конституцию и систему правления как таковые. Путь к спасению страны показывал, по его мнению, скорее, характер императора — этическая позиция, которую тот продемонстрировал [Исикава 1977, 4: 74, 81].

Формулировки «Мусэйфусуги сэнгэн» могут показаться тревожными, особенно с учетом упоминания в них «японского духа» (*нихон сэйсин*), концепции, широко используемой идеологами до и во время войны. Исикава писал:

> События после Мукденского инцидента, за которыми стояла военная клика, не отражали первоначального японского духа и не соответствовали истинному западному духу. На самом деле они представляли собой не более чем

империализм в западном обличье. И, следовательно, нынешнее поражение — это поражение западного обличья. Императорский рескрипт о капитуляции, положивший конец войне, позволил воссиять настоящей Японии, чтобы люди увидели ее свет среди этого долгого кошмара. И теперь, благодаря воспоминанию об этом моменте, мы, взявшись за руки, должны объединить наши силы и умы, чтобы восстановить моральный закон нашей родной страны [Исикава 1977, 4: 76].

Несмотря на очевидный энтузиазм автора по поводу чувства обновления, текст воспринимается как ретроспективный акт идеологического отречения (*тэнко*), за исключением того, что полицейские власти не уговаривали Исикаву заявить о своей верности императору Сёва. Конечно, возможно, что все это время он питал уважение к фигуре императора, но молчал об этом до конца войны, чтобы не обидеть своих друзей и союзников. Исследователь анархизма Осава Масамити отметил, что Исикава хорошо осознавал влияние своего заявления в анархистских кругах, но решил открыто защитить императора от обвинений в активном милитаризме [Охара 1987: 249–250]. Сосредоточив внимание на человеческих качествах монарха — его силе характера, гуманизме и доброжелательности, — он скрыл все остальное.

Не следует придавать «Мусэйфусуги сэнгэн» первостепенное значение в контексте обширного литературного творчества Исикавы и того факта, что он не стремился его публиковать. Тем не менее этот текст делает видимыми некоторые подводные течения, присутствовавшие в мышлении Исикавы, и является в этой связи полезным для обсуждения. Решив поддержать монарха как раз в то время, когда ориентированная на императора японская идеология потерпела сокрушительный крах, Исикава еще раз продемонстрировал, что он прирожденный диссидент, готовый придерживаться своих убеждений, даже если они нетрадиционны. В этом отношении его последовательная оппозиция большевизму, несмотря на преобладающее влияние того в левых кругах Японии в межвоенный период, говорит сама за себя.

И в поддержку своей теории, Исикава также приписывал императору Сёва очень человеческие качества. По его словам, император был «глубоко обеспокоен» (*фукаку урээта*) влиянием на нацию военных. Но его характер (*дзинкаку*, 人格) — слово, в котором содержится иероглиф «человек» (人), — мог выдержать унижение (*куцудзяку*) капитуляции [Исикава 1977, 4: 74; Охара 1987: 235, 238]. Исикава имел в виду, что император никогда не был божественным, как это утверждала националистическая пропаганда. Только когда монарх был официально «низложен», он поддержал его.

Во всяком случае, «Мусейфусюги сэнгэн» дает представление о сложности интеллектуального ландшафта, в котором Исикаве приходилось пребывать на протяжении всей своей жизни, и о том, как трудно порой было сохранять идеологическую последовательность на фоне доминирующих культурных и политических контекстов. Подписание в начале 1916 года «Манифеста шестнадцати», когда наперекор общепринятой анархистской мудрости он выступил за победу союзников над Германией, стало одним из таких случаев. Тогда он явно сочувствовал бедственному положению Бельгии, демонстрируя такое пристрастие, которое на первый взгляд нелегко увязать с идеалистическим отрицанием государственных границ и призывом к всеобщему братству, который он так часто высказывал. Однако, по мнению Исикавы — непосредственного свидетеля шаткого положения Бельгии, — разумнее было бороться с агрессией против слабой нации, чем сохранять нейтралитет в отношении абстрактных идеологических принципов.

Подобным же образом пропаганда Исикавой в середине 1920-х годов ценностей *Номин дзитикай*, критиковавших порой городскую культуру, заигрывала с риторикой аграрного фундаментализма, который возобладает несколько лет спустя и окажется источником вдохновения ряда террористических актов. К его чести, он вскоре почувствовал опасность такого фундаментализма и соответствующим образом усовершенствовал свою теоретическую схему, включив в категорию *домин* промышленных рабочих. Посвященные Китаю и Востоку работы Исикавы 1930-х годов, которые он превратил за время войны в широкую географическую и историческую панораму региона, поднимают аналогичные вопросы идеологической согласованности. Можно сказать, что его акцент на восточных ценностях и специфике соответствовал доминирующему официальному дискурсу превосходства Востока. Однако интерес Исикавы к истории и географии региона не был ни прескриптивным, ни популистским. С его точки зрения, Япония никогда не претендовала на лидерство в Азии. Напротив, «истинный *домин*» находился в Китае, с его долгой историей философского и практического взаимодействия с «желтой почвой». Если анархизм отвергал государственные границы, он не стремился при этом к уничтожению национальной специфики.

Видение анархической формы общественно-политической организации, которое должно было реализовываться в практике повседневной жизни, было следствием близости Исикавы к обширному кругу интеллектуальных течений западного происхождения и в то же время опиралось на широкий спектр местных традиций. Это видение дополняли практические эксперименты по взаимодействию с почвой и самодостаточности. Одной из отличительных черт понимания Исикавой общественных преобразований было представление о том, что «революция» могла происходить постепенно, посредством умственного совершенствования и актуализации взаимоотношений солидарности в каждой ячейке общества. Однако реализовать это на практике оказалось трудно. Как показано в «Географическом представлении», интеллектуальное путешествие Исикавы выявляет как ограниченность японского анархизма начала XX века, так и его возможности. Японскому интеллектуалу постоянно приходилось смягчать напряженность между ними.

Приведенный выше отрывок из «Мусейфусюги сэнгэн», однако, предполагает, что подобная напряженность также касалась западных интеллектуальных традиций, поскольку они преломляли восточные, противостояли им, накладывались на них и смешивались с ними. К примеру, жизнь и мышление Исикавы нельзя оценить без учета его продолжительного контакта с французской культурой, из которой он черпал вдохновение и приводимые им примеры. Он определял зоны соответствия, которые служили аргументами в его высказываниях по ряду вопросов. Действительно, знания, которые он приобрел во Франции, выходили за рамки его знакомства с географией Реклю, что само по себе было весьма значительным. Интерес к сельской местности, очевидный в его «социалистические» годы конца эпохи Мэйдзи, имел место и во время его пребывания в Европе. Во Франции Исикава мог видеть, что доля сельского населения в ее относительном выражении все еще оставалось значительной, по сравнению, например, с Великобританией того времени. Также важно отметить, что французы долгое время рассматривали роль крестьян как формирующую их национальную идентичность, даже если это означало преувеличение их действительного значения в экономической сфере, что актуально и поныне. Годы, проведенные Исикавой на Юго-Западе Франции, укрепили в нем чувство вечного долга перед крестьянством и сформировали его последующее философское мировоззрение.

Японскому анархисту следует отдать должное за то, что он пытался держаться в стороне от «западного обличья», стремление соответствовать которому все больше проникало в Японию в межвоенные годы. Он глубоко исследовал широкий спектр альтернативных идей и, конечно же, не ограничивался мыслями, которые совпадали с его собственными. Поэтому в его библиотеке можно найти среди прочих произведения таких разных авторов, как Огюст Конт, Эрнест Ренан (1823–1892), Дэвид Герберт Лоуренс (1885–1930), Эрнст Геккель (1834–1919) и Геродот (484–425 годы до нашей эры). Труды Исикавы также изобилуют ссылками на имена и понятия, которые имели значение в его время, но практически забыты в современном литературном каноне. Для Исикавы они служили источником критических размышлений об общественном развитии. Действительно, кто, кроме считаного количества знатоков, слышал об idées-forces Альфреда Фуйе?

Но, на что в конечном счете указывает «Мусэйфусюги сэнгэн», Исикава никогда не стремился подменить японский дух западными идеями, справедливо утверждая, что колониальное предприятие его страны оказалось «плохой копией» западного империализма. Вместо этого он был озабочен переосмыслением японского духа в свете межкультурных контактов и обменов, оставаясь при этом верным основному набору философских концепций восточного происхождения. Эти концепции поддерживали интеллектуальные и практические усилия Исикавы и лежали в основе того анархизма, который исследуется в «Географическом мировоззрении».

Нельзя сбрасывать со счетов наличие в японской анархистской мысли начала XX века повторяющихся обращений к буддийским понятиям — и, следовательно, к буддийскому мировоззрению. Исикава неоднократно отмечал относительность всех явлений и безграничную природу Вселенной, в которой нет абсолютного центра и абсолютной власти[53]. Связанное с этим буддийское понимание взаимосвязанности Вселенной — где все живое и неживое соединено в бесконечную сеть солидарности — вписывается в анархистское мировоззрение, которому Исикава был верен. Подобным же образом Исикава предложил буддийскую практику самоанализа в качестве способа достижения политического просветления, которое, в свою очередь, привело бы к общественным преобразованиям. Как и большинство интеллектуалов своего времени, он стремился увидеть общность между западными и восточными ценностями. Отчасти он обнаружил ее в буддийской и даосской мысли, найдя тем самым обоснование политическому анархизму в тысячелетних принципах.

Общее видение взаимосвязанности, которое Исикава обнаружил как на Востоке, так и на Западе, представляло собой специфическое географическое мировоззрение, которое противостояло официальному государственному мировоззрению эпохи Мэйдзи. В первую очередь он выявил его в работах Элизе Реклю, но сразу же смог найти там аналогии с трудами Танаки Сёдзо и ряда других мыслителей. Будучи воплощено в понятии *тидзин*, оно предполагало осознание человеком своей связи с землей как

---

[53] См., например, [Исикава 1977, 3: 201].

во времени, так и в пространстве. Динамика взаимодействия людей и природы, основанная на этике сотрудничества и повседневном взаимодействии с физической средой, поддерживала анархистское мировоззрение Исикавы. Транснациональный диалог, который он инициировал еще до своего отъезда в Европу, способствовал формированию его социально-политического видения и его сохранению на протяжении нескольких десятилетий.

Как следует оценивать наследие такого видения? В письме 1941 года писатель Мураками Нобухико (1909–1981) сообщил Исикаве, что, будучи вынужден распродать по причине бедности свои книги несколькими годами ранее, он оставил на полках только несколько произведений Достоевского и книгу Исикавы о годах его добровольного изгнания[54]. Это, по крайней мере, является доказательством того, что аура моральной стойкости японского анархиста приносила утешение в самые тяжелые времена. После войны Цукихидзи Тюсукэ, товарищ Исикавы по революционной борьбе в конце эпохи Мэйдзи, назвал его доморощенным эквивалентом Эдварда Карпентера, Петра Кропоткина и Элизе Реклю[55].

Предупреждение Исикавы об опасностях отрыва от мира природы, его циклов и внутреннего равновесия особенно актуально в свете таких техногенных катастроф, как авария на АЭС «Фукусима» в 2011 году. В ходе своих исследований я получила всяческую поддержку от японских друзей и ученых. Они убеждали меня продолжать, поскольку считали, что идеи Исикавы заслуживают большего внимания в интеллектуальной истории современной Японии. Чаще всего в качестве веской тому причины они приводили события на Фукусиме. Японский анархизм начала XX века находит поразительные отголоски в современном языке и во множестве сфер. Гипотеза Геи Джеймса Лавлока и Лин

---

[54] Письмо Мураками Исикаве от 8 октября 1941 года // Исикава Сансиро канкэй сирё. Correspondence, n. 645.

[55] Письмо Цукихидзи Исикаве от 21 сентября 1954 года // Исикава Сансиро канкэй сирё. Correspondence, n. 424.

Маргулис, «глубинная экология» Арне Нэсса, «социальная экология» Мюррея Букчина, концепция «восстановления общего достояния», отстаиваемая Элинор Остром, — аналогий множество, и они распространяются на такие протестные движения, как «Оккупай Уолл-стрит» или «Верните себе улицы».

Исикава Сансиро был ярым сторонником ценности географического мышления как средства познания мира. Даже если в качестве модели социально-политической организации в межвоенной Японии *домин сэйкацу* в конечном счете оказалась неубедительна, эта концепция возникла из осознанного размышления о гуманитарной географии как методе исследования взаимодействия человека и природы и возможностей «географического мировоззрения». И она представляет собой серьезный вклад, которому должно быть отведено свое место в интеллектуальной истории Японии эпохи модерна и, естественно, в современных обсуждениях.

Библиография

Архивные источники

Амстердам (Нидерланды)
Международный институт общественной истории (International Institute of Social History)
Архив Макса Неттло (Max Nettlau papers, ARCH01001)

Кембридж (США)
Библиотека Хоутона, библиотека Гарвардского университета, Гарвардский университет
Архив Джозефа Ишилла (Joseph Ishill papers, MS Am 1614)

Фудзими (префектура Сайтама, Япония)
Центральная библиотека города Фудзими
Архив Сибуи Тэйсукэ

Хондзё (префектура Сайтама, Япония)
Публичная библиотека города Ходзё, Мемориальный кабинет Исикавы Сансиро
Архив Исикавы Сансиро

Цуруи (округ Кусиро, Япония)
Информационный центр «Минакуру» деревни Цуруи
Архив Хасэгавы Кодзи (Hasegawa Kōji papers)

Источники

Периодические издания

Manchester Guardian 1914 — Manchester Guardian. 1914, 17 января.
Plus loin — Plus loin. Revue mensuelle. 1925–1939. № 1–169. Париж / Каталогизировано в Международном институте общественной истории, Амстердам. Шифр: IISG ZK 10207.

Дзити номин, Номин дзити, Номин (Архив Исикавы Сансиро).

Динамикку 1974 — Динамикку 1929–1934 // Исикава Сансиро, Кодзинси [Самостоятельно изданные брошюры]. Токио: Кокусёку сэнсэнся, 1974.

Мэйдзи сякайсюги 1961–1963 — «Хикари», «Нихон хэймин симбун», «Никкан хэймин симбун», «Осака хэймин симбун», «Сэкай фудзин», «Синкигэн», «Сюкан хэймин симбун» (СХС) // Мэйдзи сякайсюги сирёсю [Социалистические издания эпохи Мэйдзи]. В 12 т. / ред. Родо Ундоси Кэнкюкай. Токио: Мэйдзи бункэн сирё канкокай, 1961–1963.

Танэмаку хито 1961 — Танэмаку хито. Cahiers idéalistes des jeunes [Сеятель. Идеалистический журнал для молодежи] / под ред. Нихон киндай бунгаку кэнкюдзё. Токио: Нихон киндай бунгаку кэнкюдзё, 1961.

СХС 1953 — Сюкан хэймин симбун (газета). По изданию: Сирё киндай нихонси: сякайсюги сирё [Материалы по Новейшей истории Японии: материалы по социализму], в четырех томах. Осака: Согэнся, 1953.

Хокуи 1972 — Хокуи годзюдо [Пятьдесят градусов северной широты] 1931 // Хокуи годзюдо сисю / ред. Макабэ Дзин. Ямагата: Ямагата Сампося, 1972.

Печатные издания

На русском языке

Джордж 1896 [1879] — Генри Джордж. Прогресс и бедность. СПб.: Л. Ф. Пантелеев, 1896.

Конрад 2012 [1907] — Джозеф Конрад. Тайный агент. На взгляд Запада. М.: Ладомир, Наука, 2012.

Маркс, Энгельс 1882 [1848] — Манифест коммунистической партии. URL: https://www.marxists.org/russkij/marx/1848/manifesto.htm (дата обращения: 22.05.2023).

Реклю 1906–1909 — Реклю Элизе. Человек и земля. В 6 т. СПб.: Издание Брокгауз-Ефрон 1906–1909.

На европейских языках

Adams, Kinna 2017 — Adams, Matthew, Kinna, Ruth. Anarchism, 1914–18: Internationalism, Anti-militarism and War. Manchester: Manchester University Press, 2017.

Carpenter 1908 — Carpenter Edward. Sketches from Life in Town and Country, and Some Verses. New York: The Macmillan Co., 1908.

Carpenter 1916 — Carpenter Edward. My Days and Dreams. London: Allen and Unwin, 1916.

Carpenter 1920 — Carpenter Edward. Pagan and Christian Creeds: Their Origin and Meaning. London: Allen and Unwin, 1920.

Carpenter 1921 — Carpenter Edward. Civilisation: Its Cause and Cure. London: Allen and Unwin, 1921.

Carpenter 1949 [1905] — Carpenter Edward. Towards Democracy. London: Allen and Unwin, [1905] 1949.

Fabre 1915 — Fabre, Jean-Henri. Souvenirs entomologiques. Compiled and translated as Bramble-bees and Others by Alexander Teixeira de Mattos. Chapter 6. 1915. URL: http://www.e-fabre.com/en/virtual_library/bramble-bees/chap06.htm (дата обращения: 22.05.2023).

Guyau 1923 [1889] — Guyau, Jean-Marie. L'art au point de vue sociologique. 13th ed. Paris: Librairie Félix Alcan, 1923.

Guyot 1871 — Guyot, Arnold. Lectures on Comparative Physical Geography in its Relation to the History of Mankind / Translated from the French by C.C. Felton. Boston, MA: Gould & Lincoln, 1871.

Makiguchi 2002 — Makiguchi Tsunesaburō. A Geography of Human Life / edited by Dayle Bethel. San Francisco: Caddo Gap Press, 2002.

Manifeste des Seize [Маніфест шестнадцати]. URL: http://anti.mythes.voila.net/a_propos_du_mouvement_anarchiste/anarchistes_et_premiere_guerre_mondiale/manifeste_des_seize.pdf (в настоящее время ресурс недоступен).

Nitobe 1912 — Nitobe, Inazō. Japan as a Colonizer // The Journal of Race Development. April 1912. Vol. 2. № 4. P. 347–361.

Quinton 1904 — Quinton, René. L'eau de mer milieu organique. Paris: Masson et Cie, 1904.

Reclus 1901 — Reclus Elise. On Vegetarianism. 1901 // The Anarchist Library. URL: http://theanarchistlibrary.org/library/elisee-reclus-on-vegetarianism (дата обращения: 11.05.2023).

Reclus 1964 — Reclus Paul. Les frères Elie et Elisée Reclus. Paris: Les amis d'Elisée Reclus, 1964.

Salt 1894 — Salt, Henry. Animals' Rights: Considered in Relation to Social Progress. New York and London: Macmillan & Co., 1894.

Sarashina 2017 — Sarashina Genzo. Kotan Chronicles: Selected Poems, 1928–1943 / translated by Nadine Willems. London and Tokyo: Isobar Press, 2017.

Waley 1919 — Waley, Arthur. Translations from the Chinese. New York: Allen & Unwin, 1919.

На японском языке

Акаба 1929 — Акаба Ганкэцу. Номин-но фукуин [Проповедь крестьянам] // Кёгаку / под ред. Исикавы Сансиро. Токио, 1929.

Акамацу 1964 — Акамацу Кацумаро (ред.) Нихон сякай ундоси [История общественных течений Японии]. Токио: Иванами сётэн, 1964.

Акияма 1975 — Акияма Киёси. Анакидзуму бунгакуси [История анархистской литературы] // Акияма Киёси тёсакусю [Собрание сочинений Акиямы Киёси]. Токио: Тикума Сёбо, 1975.

Арахата 1970 [1907] — Арахата Кансон (ред.). Янакамура мэцубоси [История гибели деревни Янака], 1907. Переиздание: Токио: Синсэнся, 1970.

Арахата 1976 — Тёсакусю [Собрание сочинений Арахаты Кансона]. В 10 т. Токио: Сэйдося, 1976.

Ёкояма 1972 — Ёкояма Гэнноскэ. Нихон-но касо сякай [Низшие классы Японии] // Ёкояма Гэнноскэ дзэнсю [Полное собрание сочинений Ёкоямы Гэнноскэ]. В 9 т. / под ред. Сумия Микио. Токио: Мэйдзи бункэн, 1972.

Исикава 1922 — Исикава Сансиро. Хоро хатинэнки [Восемь лет дрейфа]. Токио: Сантокуся, 1922.

Исикава 1925 — Исикава Сансиро. Хисинкарон-то дзинсэй [Теория антиэволюции и человеческая жизнь]. Токио: Хакуёся, 1925.

Исикава 1927 — Исикава Сансиро. Гэнси сэйкацу-но кайфуку [Возвращение первобытной жизни]. Кёгаку памфурэтто № 4. Токио: Кёгакуся, 1927.

Исикава 1928 — Исикава Сансиро. Нихон мусэйфусюги-но юрай [Истоки японского анархизма] // Нихон сякайсюги ундоси [История японского анархистского движения]. Кайдзося, Сякай кагаку [Общественные науки]. Вып. 4. № 1. Февральский спецвыпуск. Токио: Кайдзося, 1928.

Исикава 1929 — Исикава Сансиро. Итидзюнин-но хороки [Заметки скитальца]. Токио: Хэйбонся, 1929.

Исикава 1938 — Ро-си ко [Комментарий к Лао-цзы] // Сёбуцу Тэмбо [Книжный обозреватель]. №12, 1938. С. 2–5

Исикава 1941 — Исикава Сансиро. Сина-но тютати [Мои близкие китайские друзья] // Исикава Сансиро. Токи-но дзигадзо [Автопортрет времени]. Токио: Икусэйдокаку, 1941. С. 9–24.

Исикава 1957 — Исикава Сансиро сёкансю [Собрание писем Исикавы Сансиро] / под ред. Карасава Рюдзо. Токио: Сорюся, 1957.

Исикава 1963 — Исикава Сансиро. Ро/Нами [Дрейф] // Сякайсюги бунгакусю [Собрание социалистических текстов] / под ред. Ито Сэй и др. Токио: Кодася, 1963.

Исикава 1974 — Исикава Сансиро, Кодзинси [Самостоятельно изданные брошюры]. Токио: Кокусёку сэнсэнся, 1974.

Исикава 1976 — Исикава Сансиросю [Избранное Исикавы Сансиро]. Киндай Нихон сисо тайкэй [Компендиум современной японской мысли]. Т. 16 / под ред. Цуруми Сюнскэ. Токио: Тикума сёбо, 1976.

Исикава 1977 — Исикава Сансиро. Тёсакусю [Избранные труды]. В 8 т. Токио: Сэйдося, 1977.

Исикава 1978 — Исикава Сансиро сэнсю [Избранные труды Исикавы Сансиро]. В 7 т. Токио: Кокусёку сэнсэнся, 1978.

Каваками 2005 — Каваками Норимаса. Исикава Сансиро-но мита Тюгоку [Китай глазами Исикавы Сансиро]. Сёки Сякайсюги кэнкю 18, 2005. С. 150.

Катакура 2002 — Катакура Вадзин. Сёва нохонсюги-то Тюгоку [Аграризм эпохи Сёва и Китай]. // Норин Кэйдзай [Экономика сельского хозяйства и лесоводства]. 2002, 31 января. С. 7,

Котоку, Исикава 1927 — Котоку Сюсуй, Исикава Сансиро. Нихон сякайсюги [Японский социализм] // Мэйдзи бунка дзэнсю: сякайрон [Полное собрание трудов по культуре эпохи Мэйдзи: общественные проблемы] / под ред. Ёсино Сакудзо. Токио: Нихон Хёронся, 1927.

Макигути 1976 [1908] — Макигути Цунэсабуро. Дзинсэй Тиригаку [География человеческой жизни]. 8-е издание. Токио: Дайсан буммэйся, 1976.

Миядзава 2016 — Миядзава Кэндзи. Номин гэйдзюцу гайрон коё [Общий обзор крестьянского искусства]. Ханамаки: Ханамаки гэйдзюцу бунка кёкай, 2016.

Морикава 1994 — Морикава Юсаку. Гэнъя-но нака-но Сарасина Гэндзо [Сарасина Гэндзо, поэт глуши]. Саппоро: Тэсикагайкан, 1994.

Моритика 1983 — Моритика Умпэй. Моритика Умпэй кэнкю кихон бункэн [Основные документы для изучения деятельности Моритики Умпэя] / под ред. Кимуры Хаяси, Ёсиоки Канэити, Кимуры Такэо и Мориямы Сэйити. Токио: Инсацу Дохося, 1983.

Наканиси 1990 — Наканиси Годо. Годо цуйоку [Воспоминания Годо] / под ред. Наканиси Годо Цуйсо Бунсю Канкокай [Комитет издания воспоминаний Наканиси Годо]. Токио: Цуйсо Бунсю Канкокай, 1990.

Наканиси 1991 — Наканиси Годо. Когай-то сидзэн-но ринри [Загрязнение окружающей среды, природа и этика] // Янакамура-кара Минамата, Санридзука э [От Янаки к Минамате и Санридзуке]. Токио: Сякай хёронся, 1991. С. 204–221.

Нобусима 1932 — Нобусима Эйити. Нохонсюги-то мусэйфусюги [Аграризм и анархизм]. Токио: Фуюся, 1932.

Осуги 1996 — Осуги Сакаэ. Хёронсю [Собрание эссе]. Токио: Иванами сётэн, 1996.

Сарасина 1930 — Сарасина Гэндзо. Танэймо [Семенной картофель]. Кусиро: Хокуи годзюдося, 1930.

Сарасина 1943 — Сарасина Гэндзо. Тогэн-но ута: сисю [Песни замерзшей равнины: сборник поэзии]. Токио: Футабасёин Сёэкокан, 1943.

Сибуя 1977 — Сибуя Тэйсукэ. Нора-ни сакэбу [Вопль в поле]. Токио: Кэйсё сёбо, 1970.

Сибуя 1974 — Сибуя Тэйскэ. Дайти-ни кидзаму [Engraving the Earth]. Токио: Синдзинбуцу Орайся, 1974.

Симонака 1995 — Симонака Ясабуро. Симонака Сабуро родо ундо ронсю: Нихон родо ундо-но гэнрю [Собрание эссе Симонаки Сабуро по рабочему движению: истоки японского рабочего движения] / под ред. Комацу Рюдзи. Токио: Хэйбонся, 1995.

Танака 1977–1980 — Танака Сёдзо. Танака Сёдзо дзэнсю [Полное собрание сочинений Танаки Седзо]. В 19 т. / под ред. Танака Сёдзо дзэнсю хэнсанкай [Комитет редакторов полного собрания сочинений Танаки Сёдзо]. Токио: Иванами Сётэн, 1977–1980.

Тории 1969 — Тории Сёдзо. Кусиро Бунгаку ундо:си — Сёвахэн [История литературного движения Кусиро в период Сёва.]. Кусиро: Кусироси. С. 310.

Уи 1991 — Уи Дзюн (ред.). Янакамура-кара Минамата, Санридзука э [От Янаки к Минамате и Санридзуке]. Токио: Сякай хёронся, 1991.

Умэхара 1973 — Умэхара Хокумэй. Тоё сякайто хисси [Тайная история Социалистической партии Востока] // Кинсэй бодо хангяку хэнранси [История радикальных восстаний начала эпохи модерна] / под ред. Умэхара Хокумэй. Токио: Кайэн Сёбо, 1973.

Утимура 1908 — Утимура Кандзо. Кодокути дзюнъюки [Дневник моих блужданий по земле, загрязненной рудником] // Ёродзу тангэн [Короткие очерки из Ёродзу тёхо]. Токио: Кэйсэйся, 1908. 277–299.

Утимура 1971 — Утимура Кандзо. Тидзинрон [Теория географии] / под ред. Мацумура Хироаки // Нихон мэйтё [Главные труды Японии]. Вып. 38. Токио: Тюокоронся, 1971. С. 323–419.

Утияма 1979 [1911] — Утияма Гудо. Нюгоку кинэн мусэйфу кёсан какумэй [Анархо-коммунистическая революция, в годовщину заключения]. 1911 // Касиваги Рюхо. Тайгяку дзикэн-то Утияма Гудо [«Дело об оскорблении трона» и Утияма Гудо]. Токио: JCA, 1979.

Фурукава 1964 — Фурукава Рикисаку. Боку [Я] // Тайгяку дзикэн кироку [Хроники «Дела об оскорблении трона»]. В 2 т. / под ред. Кандзаки Киёси. Токио: Сэкай бунко, 1964.

БИБЛИОГРАФИЯ

Рукописи диссертаций

Godart 2009 — Godart, Clinton. Darwin in Japan: Evolutionary Theory and Japan's Modernity, 1820–1970. Thesis (PhD) University of Chicago, 2009.

Kinna 1991 — Kinna, Ruth. Anarchist Organization: Kropotkin's Scientific Theory. Thesis (PhD) диссертация, University of Oxford, 1991.

Pitteloup 2011 — Pitteloup, Cyrian. 'La pensée du peuple de la terre': L'anarchisme agraire d'Ishikawa Sanshirō au début du XXe siècle. Le mémoire de maîtrise, University of Geneva, 2011.

Racel 2011 — Racel, Masako. Finding their Place in the World: Meiji Intellectuals and the Japanese Construction of an East-West Binary, 1868–1912. Thesis (PhD, Georgia State University, 2011. URL: https://scholarworks.gsu.edu/history_diss/26 (дата обращения: 22.05.2023).

Rapley 2013 — Rapley, Ian. Green Star Japan: Language and Internationalism in the Japanese Esperanto Movement, 1906–1944. Thesis (PhD) диссертация, University of Oxford, 2013.

Schnick 1995 — Schnick, Daniel. Walking the Thin Line: Ishikawa Sanshirō and Japanese Anarchism. Master's thesis, University of British Columbia, 1995.

Stolz 2006 — Stolz, Robert. 'Yanakagaku': Pollution and Environmental Protest in Modern Japan. Thesis (PhD), University of Chicago, 2006.

Ивасаки 1995 — Ивасаки Масая. Тайсё-Сёва дзэнки нохонсисо-но сякайситэки кэнкю. [Социоисторическое исследование аграрной мысли эпох Тайсё и Сёва]. Диссертация на соискание ученой степени кандидата наук, Университет Киото, 1995.

Печатные издания

На русском языке

де Серто 2013 — де Серто, Мишель. Изобретение повседневности. Т. 1. Искусство делать. СПб.: Издательство Европейского университета в Санкт-Петербурге, 2013.

Делез, Гваттари 2010 — Делез, Жиль, Гваттари, Феликс. Тысяча плато: капитализм и шизофрения. Екатеринбург: У-Фактория; М.: Астрель, 2010.

Лефевр 2015 [2000] — Лефевр Анри. Производство пространства. М.: Strelka Press, 2015.

Скотт 2005 [1998] — Скотт Дж. Благими намерениями государства. Почему и как проваливались проекты улучшения условий человеческой жизни. М.: Университетская книга, 2005.

Чакрабарти 2021 — Чакрабарти Дипеш. Провинциализируя Европу. М.: Гараж, 2021.

Шпенглер 1993 [1992] — Шпенглер Освальд. Закат Европы. Очерки морфологии мировой истории. М., 1993.

На европейских языках

Adas 1989 — Adas, Michel. Machines as the Measure of Men: Science, Technology and Ideologies of Western Dominance. Ithaca, NY: Cornell University Press, 1989.

Adeney-Thomas 2001 — Adeney-Thomas, Julia. Reconfiguring Modernity: Concepts of Nature in Japanese Political Ideology. Berkeley, CA: University of California Press, 2001.

Anderson 2005 — Anderson, Benedict. Under Three Flags: Anarchism and the Anti-Colonial Imagination. London: Verso, 2005.

Anderson 2014 — Anderson, Emily. Christianity and Imperialism in Modern Japan: Empire for God. London: Bloomsbury Academic, 2014.

App 2010 — App, Urs. Arthur Schopenhauer and China: A Sino-Platonic Love Affair // Sino-Platonic Papers. 2010. Vol. 200. P. 1–177.

App 2014 — App, Urs. Schopenhauer's Compass: An Introduction to Schopenhauer's Philosophy and its Origins. Wil: University Media, 2014.

Aoiki 1997 — Aoki, M. Records of Wind and Earth: A Translation of Fudoki with Introduction and Commentaries. Ann Arbor: Association of Asian Studies, 1997.

Bantman 2013 — Bantman Constance. The French Anarchists in London, 1880–1914: Exile and Transnationalism in the First Globalization. Liverpool: Liverpool University Press, 2013.

Bantman, Berry 2010 — Bantman, Constance, and David Berry, eds. New Perspectives on Anarchism, Labour and Syndicalism: The Individual, the National and the Transnational. Newcastle: Cambridge Scholars, 2010.

Bantman, Bert 2017 — Bantman, Constance, and Bert Altena, eds. Reassessing the Transnational Turn: Scales of Analysis in Anarchist and Syndicalist Studies. Oakland, CA: PM Press, 2017.

Bartlett 2010 — Bartlett, Rosamund. Tolstoy: A Russian Life. London: Profile Books, 2010.

Berque 2011 — Berque, Augustin. Préface à la traduction française // Watsuji Tetsurō, Fūdo: le milieu humain [Fūdo: the human milieu] / Translated by Augustin Berque. Paris: CNRS Editions, 2011. P. 11–29.

Berton et al. 1981 — Akamatsu, Katsumaro, and Nobori Shomu. The Russian Impact on Japan: Literature and Social Thought: Two Essays / edited by Peter Berton, Paul Langer and George Totten. Los Angeles, CA: University of Southern California Press, 1981.

Blacker 1983 — Blacker, Carmen. Minakata Kumagusu: A Neglected Japanese Genius // Folklore. 1983. Vol. 94. № 2. P. 139–152.

BOJ 1966 — Bank of Japan. Hundred Years Statistics of the Japanese Economy. Tokyo: BOJ, 1966.

Bonnett 2008 — Bonnett, Alastair. What Is Geography? London: Sage Publications, 2008.

Bowen-Struyck, Field 2016 — Bowen-Struyck, Heather, and Norma Field, eds. For Dignity, Justice and Revolution: An Anthology of Japanese Proletarian Literature. Chicago, IL: University of Chicago Press, 2016.

Bowler 1983 — Bowler, Peter. The Eclipse of Darwinism: Anti-Darwinian Evolution Theories in the Decades Around 1900. Baltimore, MD: Johns Hopkins University Press, 1983.

Brown 2013 — Brown, Philip. Constructing Nature // Japan's at Nature's Edge: The Environmental Context of a Global Power / edited by Ian Jared Miller, Julia Adeney Thomas and Brett L. Walker. Honolulu, HI: University of Hawai'i Press, 2013. P. 90–114.

Brian 2015 — Brian, Victoria. Engaged Buddhism: A Skeleton in the Closet // Journal of Global Buddhism. 2015, № 2. P. 72–91

Brown 2015 — Brown, Philip. Floods, Drainage, and River Projects in Early Modern Japan: Civil Engineering and the Foundations of Resilience // Environment and Society in the Japanese Islands: From Prehistory to the Present / edited by Bruce Batten and Philip Brown. Corvallis, OR: Oregon University Press, 2015.

Caldarola 1973 — Caldarola, Carlo. Pacifism among Japanese Non-Church Christians // Journal of the American Academy of Religion. December 1973. Vol. 41. № 4. P. 506–519.

Carter, McCarthy 2019 — Carter, Robert, and Erin McCarthy. Watsuji Tetsurō // The Stanford Encyclopedia of Philosophy / edited by Edward N. Zalta. Winter 2019 Edition. URL: https://plato.stanford.edu/archives/win2019/entries/watsuji-tetsuro/ (дата обращения: 22.05.2023).

Casey 1997 — Casey, Edward S. The Fate of Place: A Philosophical History. Berkeley, CA: University of California Press, 1997.

Chan, Dirlik 1991 — Chan, Ming, and Arif Dirlik. Schools into Fields and Factories: Anarchists, the Guomindang, and the National Labour University in Shanghai, 1927–1932. Durham, NC, and London: Duke University Press, 1991.

Cobbing 1998 — Cobbing, Andrew. The Japanese Discovery of Victorian Britain: Early Travel Encounters in the Far West. Richmond, Surrey: Japan Library, 1998.

Colson 2001 — Colson, Daniel. Petit lexique philosophique de l'anarchisme. De Proudhon à Deleuze. Paris: Librairie Générale Française, 2001.

Confino 1981 — Confino, Michaël. Anarchisme et internationalisme: Autour du Manifeste des Seize // Cahiers du monde russe et soviétique. 1981. Vol. 22. № 2–3. P. 231–249.

Copley 2006 — Copley, Antony. A Spiritual Bloomsbury: Hinduism and Homosexuality in the Lives and Writings of Edward Carpenter, E. M. Forster, and Christopher Isherwood. Oxford: Lexington Books, 2006.

Craig 2009 — Craig, Albert. Civilization and Enlightenment: The Early Thought of Fukuzawa Yukichi. Cambridge, MA, and London: Harvard University Press, 2009.

Crump 1983 — Crump, John. The Origins of Socialist Thought in Japan. London: Croom Helm, 1983.

Crump 1993a — Crump, John. Hatta Shūzō and Pure Anarchism in Interwar Japan. Basingstoke: Palgrave Macmillan, 1993.

Crump 1993b — Crump, John. Green Before their Time? The Pre-War Japanese Anarchist Movement // War, Revolution and Japan / edited by Ian Neary. Folkestone: Japan Library, 1993. P. 75–92.

Curley 2015 — Curley, Melissa Anne-Marie. Fruit, Fossils, Footprints: Cathecting Utopia in the Work of Miyazawa Kenji // Hope and the Longing for Utopia: Futures and Illusions in Theology and Narrative / edited by Daniel Boscaljon. Cambridge, UK: James Clarke and Co, 2015. P. 96–118.

Curley 2017 — Curley, Melissa Anne-Marie. Pure Land, Real World: Modern Buddhism, Japanese Leftists and the Utopian Imagination. Honolulu, HI: University of Hawai'i Press, 2017.

Dickinson 1999 — Dickinson, Frederick. War and National Reinvention: Japan in the Great War, 1914–1919. Cambridge, MA: Harvard University Press, 1999.

Dickinson 2013 — Dickinson, Frederick. World War I and the Triumph of a New Japan, 1919–1930. Cambridge: Cambridge University Press, 2013.

Dirlik 1991 — Dirlik, Arif. Anarchism in the Chinese Revolution. Berkeley, CA: University of California Press, 1991.

Duara 1995 — Duara, Prasenjit. Rescuing History from the Nation: Questioning Narratives of Modern China. Chicago, IL: Chicago University Press, 1995.

Duara 2001 — Duara, Prasenjit. The Discourse of Civilization and Pan-Asianism // Journal of World History. 2001. Vol. 12. № 1. P. 99–130.

Dumoulin 1979 — Dumoulin, Heinrich. Zen Enlightenment: Origins and Meanings. New York: Weatherhill, 1979.

Dunbar 1978a — Dunbar, Gary. Elisée Reclus, Historian of Nature. Hamden, CT: Archon Books, 1978.

Dunbar 1978b — Dunbar, Gary. Elisée Reclus, Geographer and Anarchist // Antipode. 1978. Vol. 10–11. № 3–1. P. 16–21.

Duus, Schneier 1988 — Duus, Peter, and Irwin Scheiner. Socialism, Liberalism, and Marxism, 1901–1931 // The Cambridge History of Japan. Vol. 6: The Twentieth Century / edited by Peter Duus. Cambridge: Cambridge University Press, 1988. P. 654–710.

Elvin, Liu 1998 — Elvin, Mark, and Liu Cuirong, eds. Sediments of Time: Environment and Society in Chinese History. Cambridge: Cambridge University Press, 1998.

Fedman 2012 — Fedman, David. Triangulating Chōsen: Map, Mapmaking, and the Land Survey in Colonial Korea // Cross-Currents: East Asian History and Culture Review. 2012. Vol. 1. № 1. P. 205–234. URL: https://cross-currents.berkeley.edu/sites/default/files/e-journal/articles/final_fedman_0.pdf (в настоящий момент ресурс недоступен).

Ferretti 1980 — Ferretti, Federico. The Geography of Freedom. Montreal: Black Rose Books, 1988.

Ferretti 2015b — Ferretti, Federico. Pierre-Joseph Proudhon: Anarchism and Geography // Society and Space. April 2015. P. 1–10.

Ferretti 2011 — Ferretti, Federico. À l'origine de l'idée de 'frontières mobiles': limites politiques et migrations dans les géographies de Friedrich Ratzel et d'Élisée Reclus // BRIT 2011 — Les frontières mobiles 3–4 (September 2011). URL: https://hal.archives-ouvertes.fr/hal-00981037 (дата обращения: 22.05.2023).

Ferretti 2013a — Ferretti, Federico. 'They Have the Right to Throw Us Out': Elisée Reclus's New Universal Geography // Antipode. 2013. Vol. 45. № 5. P. 1337–1355.

Ferretti 2013b — Ferretti, Federico. Géographie, éducation libertaire et établissement de l'école publique entre le 19e et le 20 e siècle: quelques repères pour une recherche // Cartable de Clio, revue suisse sur les didactiques de l'histoire. 2013. № 13. P. 187–199. URL: https://hal.archives-ouvertes.fr/hal-0098103 (дата обращения: 22.05.2023).

Ferretti 2014 — Ferretti, Federico. Pioneers in the History of Geography: The Geneva Map Collection of Elisée Reclus and Charles Perron // Journal of Historical Geography. January 2014. Vol. 43. P. 85–95.

Ferretti 2015a — Ferretti, Federico. Anarchism, Geohistory, and the Annales: Rethinking Elisée Reclus's Influence on Lucien Febvre // Environment and Planning D: Society and Space. 2015. Vol. 33. P. 347–365. URL: https://journals.sagepub.com/doi/10.1068/d14054p (дата обращения: 22.05.2023).

Figal 1999 — Figal, Gerald. Civilization and Monsters: Spirits of Modernity in Meiji Japan. Durham, NC: Duke University Press, 1999.

Fleming 1988 [1979] — Fleming, Marie. The Geography of Freedom: The Odyssey of Elisée Reclus. Montreal: Black Rose Books, 1988 [1979]). P. 121.

Francks 2006 — Francks, Penelope. Rural Economic Development in Japan: From the Nineteenth Century to the Pacific War. London: Routledge, 2006.

Gänger, Su 2013 — Gänger, Stephanie, and Su Lin Lewis. Forum: A World of Ideas: New Pathways in Global Intellectual History, c. 1880–1930 // Modern Intellectual History. 2013. Vol. 10. P. 347–351.

Garon 1994 — Garon, Sheldon. Rethinking Modernization and Modernity in Japanese History: A Focus on State-Society Relations // The Journal of Asian Studies. 1994. Vol. 53. № 2. P. 346–366.

Gavin 2001 — Gavin, Masako. The Forgotten Enlightener: Shiga Shigetaka, 1863–1927. Richmond, UK: Curzon, 2001.

Gavin, Middleton 2013 — Gavin, Masako, and Ben Middleton, eds. Japan and the High Treason Incident. Abingdon: Routledge, 2013.

George 2005 — George, Timothy. Tanaka Shōzō's Vision of an Alternative Constitutional Modernity for Japan // Public Spheres, Private Lives in Modern Japan, 1600–1950: Essays in Honor of Albert M. Craig / edited by Gail Lee Bernstein, Andrew Gordon and Kate Wildman Nakai. Cambridge, MA: Harvard University Asia Center, 2005.

Godart 2017 — Godart, Clinton. Darwin, Dharma, and the Divine: Evolutionary Theory and Religion in Modern Japan. Honolulu: University of Hawai'i Press, 2017.

Gordon, Nimura 1997 — Gordon, Andrew, and Nimura Kazuo. The Ashio Riot of 1907: A Social History of Mining in Japan. Durham, NC, and London: Duke University Press, 1997.

Goulah, Gebert 2009 — Goulah, Jason, and Andrew Gebert. Tsunesaburō Makiguchi: Introduction to the Man, his Ideas, and the Special Issue // Educational Studies. 2009. Vol. 45. P. 115–132.

Gregory et al. 2009 — Gregory, Derek, Ron Johnston, Geraldine Pratt, Michael J. Watts and Sarah Whatmore, eds. The Dictionary of Human Geography, 5th ed. Oxford: Wiley-Blackwell, 2009.

Halstead 1985 — Halstead, Beverly. Anti-Darwinian Theory in Japan // Nature. 1985. Vol. 317. № 17. P. 587–589.

Hane 1982 — Hane, Mikiso. Peasants, Rebels and Outcastes: The Underside of Modern Japan. NewYork: Pantheon, 1982.

Hanes 1997 — Hanes, Jeffrey. Contesting Centralization? Space, Time, and Hegemony in Meiji Japan // New Directions in the Study of Meiji Japan / edited by Helen Hardacre and Adam Kern. Leiden: Brill, 1997.

Harootunian, Najita 1989 — Harootunian, Harry, and Tetsuo Najita. Japanese Revolt Against the West: Political and Cultural Criticism in the Twentieth Century // The Cambridge History of Japan. Vol. 6, The Twentieth Century / edited by Peter Duus. Cambridge: Cambridge University Press, 1989. P. 711–774.

Harris 2012 — Harris, Kirsten. The Evolution of Consciousness: Edward Carpenter's 'Towards Democracy' // Victorian Spiritualities. Leeds Working Papers in Victorian Studies. 2012. Vol. 12. P. 226–235.

Harris 2013 — Harris, Ruth. Rolland, Gandhi and Madeleine Slade: Spiritual Politics, France and the Wider World // French History. 2013. Vol. 27. № 4. P. 579–600.

Harvey 2000 — Harvey, David. The Spaces of Hope. Edinburgh: Edinburgh University Press, 2000.

Harvey 2009 — Harvey, David. Cosmopolitanism and the Geographies of Freedom. New York: Columbia University Press, 2009.

Harvey 2010 — Harvey, David. The Enigma of Capital: And the Crises of Capitalism. London: Profile, 2010.

Havens 1974 — Havens, Thomas. Farm and Nation in Modern Japan: Agrarian Nationalism, 1870–1940. Princeton, NJ: Princeton University Press, 1974.

Hendrick 1977 — Hendrick, George. Henry Salt: Humanitarian Reformer and Man of Letters. Urbana, IL: University of Illinois Press, 1977.

Hendrick, Hendrick 1989 — Hendrick, Willene, and George Hendrick, eds. The Savour of Salt: A Henry Salt Anthology Fontwell: Centaur Press, 1989.

Hirakawa, Wakabayashi 1989 — Hirakawa, Sukehiro, and Bob Tadashi Wakabayashi. Japan's Turn to the West // The Cambridge History of Japan. Vol. 5: The Nineteenth Century / edited by Marius Jansen. Cambridge: Cambridge University Press, 1989. P. 432–498.

Hiratsuka 2006 — Hiratsuka, Raichō. In the Beginning, Woman Was the Sun: The Autobiography of a Japanese Feminist / edited by Albert Craig. New York: Columbia University Press, 2006.

Hoshino 2008 — Hoshino, Seiji. Rational Religion and the Shin Bukkyō (New Buddhism) in Late Meiji Japan // Киндай нихон ни окэру тисикидзин сюкё ундо-но гэнсэцу кукан: «Син Буккё»-но сисоси, бункаситэки кэнкю [Дискурсивное пространство интеллектуального религиозного движения в Японии Новейшего времени: случай журнала «Син Буккё» с точки зрения истории культуры и мысли] / под ред. Ёсинага Синъити, 2008–11. URL: http://www.maizuru-ct.ac.jp/human/yosinaga/shinbukkyo_report.pdf (дата обращения: 22.05.2023).

Hoston 1983 — Hoston, Germaine. Tenkō: Marxism and the National Question in Pre-War Japan // Polity. 1983. Vol. 16. № 1. P. 96–118.

Hoston 1986 — Hoston, Germaine. Marxism and the Crisis of Development in Pre-War Japan. Princeton, NJ: Princeton University Press, 1986.

Howell 1994 — Howell, David. Ainu Ethnicity and the Boundaries of the Early Modern Japanese State // Past and Present. 1994. Vol. 142. № 1. P. 69–93.

Howell 1995 — Howell, David. Capitalism from Within: Economy, Society, and the State in a Japanese Fishery. Berkeley, CA: University of California Press, 1995.

Howell 2004 — Howell, David. Making 'Useful Citizens' of Ainu Subjects in Early Twentieth-Century Japan // The Journal of Asian Studies. 2004. Vol. 63. № 1. P. 5–29.

Huffman 2018 — Huffman, James. Down and Out in Late Meiji Japan. Honolulu, HI: University of Hawai'i Press, 2018.

Imanishi, Asquith 2002 — Imanishi, Kinji, and Pamela Asquith. A Japanese View of Nature: The World of Living Things. London: RoutledgeCurzon, 2002.

Irokawa 1985 — Irokawa, Daikichi. The Culture of the Meiji Period / Translated by Marius Jansen. Princeton, NJ: Princeton University Press, 1985.

Ishikawa 1998 — Ishikawa, Rikizan. The Social Response of Buddhists to the Modernization of Japan: The Contrasting Lives of Two Sōtō Zen Monks // Japanese Journal of Religious Studies. 1998. Vol. 25. № 1–2. P. 87–115.

Ives 2009 — Ives, Christopher. Imperial-Way Zen: Ichikawa Hakugen's Critique and Lingering Questions for Buddhist Ethics. Honolulu, HI: University of Hawai'i Press, 2009.

Joly 1996 — Joly, Jacques. Le naturel selon Andō Shōeki: un type de discours sur la nature et la spontanéïté par un maître-confucéen de l'époque Tokugawa. Paris: Maisonneuve & Larose, 1996.

Jun 2013 — Jun, Nathan. Rethinking the Anarchist Canon: History, Philosophy and Interpretation // Anarchist Developments in Cultural Studies. 2013. Vol. 1. P. 82–116.

Kalland, Asquith 1997 — Kalland, Arne, and Pamela Asquith. Japanese Perceptions of Nature: Ideals and Illusions // Arne Kalland and Pamela Asquith, Japanese Images of Nature: Cultural Perspectives. Richmond, Yorks.: Curzon, 1997. P. 2–35.

Kern 1983 — Kern, Stephen. The Culture of Time and Space, 1880–1918. Cambridge, MA: Harvard University Press, 1983.

Ketelaar 1990 — Ketelaar, James. Of Heretics and Martyrs in Meiji Japan: Buddhism and its Persecution. Princeton, NJ: Princeton University Press, 1990.

Kikuchi 2004 — Kikuchi, Yūko. Japanese Modernization and 'Mingei' Theory: Cultural Nationalism and Oriental Orientalism. London: RoutledgeCurzon, 2004.

Knowles 2004 — Knowles, Rob. Political Economy from Below: Economic Thought in Communitarian Anarchism, 1840–1914. New York: Routledge, 2004.

Kominz 1986 — Kominz, Laurence. Pilgrimage to Tolstoy: Tokutomi Roka's Junrei Kikō // Monumenta Nipponica. 1986. Vol. 41. № 1. P. 51–101.

Konishi 2013a — Konishi, Sho. Anarchist Modernity: Cooperatism and Japanese-Russian Intellectual Relations in Modern Japan. Cambridge, MA: Harvard University Asia Center, 2013.

Konishi 2013b — Konishi, Sho. Ordinary Farmers Living Anarchist Time: Arishima Cooperative Farm in Hokkaido, 1922–1935 // Modern Asian Studies. 2013. Vol. 47. № 6. P. 1845–1887.

Konishi 2015 — Konishi, Sho. The Science of Symbiosis and Linguistic Democracy in Twentieth-Century Japan // Interdisciplinary Descriptions of Complex Systems. 2015. Vol. 13. № 2. P. 299–317.

Kosseleck 1985 — Kosseleck, Reinhart. Futures Past: On the Semantics of Historical Time / Translated by Keith Tribe. Cambridge: Cambridge University Press, 1985.

Krebs 1998 — Krebs, Edward. Shifu, Soul of Chinese Anarchism. Lanham, MD: Rowman and Littlefield Publishers, 1998.

Labouret 2011 — Labouret, Pascal. Transfusions sanguines: c'est inutile. 2011. URL: http://www.chirosystem.com/FPDF/transfusions.pdf (дата обращения: 22.05.2023).

Lacoste 2005 — Lacoste, Yves. Elisée Reclus, une très large conception de la géographicité et une bienveillante géopolitique // Hérodote — La Découverte. 2005. Vol. 2. № 117. P. 29–52.

Large 1977 — Large, Stephen. The Romance of Revolution in Japanese Anarchism and Communism during the Taishō Period // Modern Asian Studies. 1977. Vol. 11. P. 441–467.

Large 1981 — Large, Stephen. Organized Workers and Socialist Politics in Interwar Japan. Cambridge: Cambridge University Press, 1981.

Large 1983 — Large, Stephen. Buddhism and Political Renovation in Pre-War Japan: The Case of Akamatsu Katsumaro // Journal of Japanese Studies. 1983. Vol. 9. № 1. P. 33–66.

Large 1987 — Large, Stephen. Buddhism, Socialism, and Protest in Pre-War Japan: The Career of Sen'o Girō // Modern Asian Studies. 1987. Vol. 21. № 1. P. 153–171.

Large 2001 — Large, Stephen. National Extremism in Early Shōwa Japan: Inoue Nisshō and the 'BloodPledge Corps Incident', 1932 // Modern Asian Studies July. 2001. Vol. 35. № 3. P. 533–564.

Leonard 1984 — Leonard, Jane Kate. Wei Yuan and China's Rediscovery of the Maritime World. Cambridge, MA: Harvard University Press, 1984.

Lefebvre 2009 — Lefebvre, Henri. State, Space, World: Selected Essays / Translated by Neil Brenner and Stuart Elden. Minneapolis, MN: University of Minnesota Press, 2009.

Lim 2012 — Lim, Jie-Hyun. Historicizing the World in North-East Asia // A Companion to World History / edited by Douglas Northrop. Chichester: Wiley-Blackwell, 2012.

Livingstone 1992 — Livingstone, David. The Geographical Tradition: Episodes in the History of a Contested Enterprise. Oxford: Blackwell Publishing, 1992.

Loftus 1985 — Loftus, Ronald. The Inversion of Progress: Taoka Reiun's 'Hibunmeiron' // Monumenta Nipponica. 1985. Vol. 40. № 2. P. 191–208.

Loftus 2017 — Loftus, Ronald. The Turn against the Modern: The Critical Essays of Taoka Reiun, 1870–1912. Ann Arbor, MI: The Association of Asian Studies, 2017.

Long 2012 — Long, Hoyt. On Uneven Ground: Miyazawa Kenji and the Making of Place in Modern Japan. Stanford, CA: Stanford University Press, 2012.

Lowenthal 1960 — Lowenthal, David. George Perkins Marsh on the Nature and Purpose of Geography // The Geographical Journal. December 1960. Vol. 126. № 4. P. 413–417.

Lowenthal 2016 — Lowenthal, David. Origins of Anthropocene Awareness // The Anthropocene Review. 2016 (April). Vol. 3. № 1. P. 52–63.

Maitron 1975 — Maitron, Jean. Le mouvement anarchiste en France. Des origines à 1914. 2 vols. Paris: Gallimard, 1975.

Manjapra, Bose 2010 — Manjapra, Kris, and Sugata Bose. Cosmopolitan Thought Zones: South Asia and The Global Circulation of Ideas. Basingstoke: Palgrave Macmillan, 2010.

Marshall 2008 — Marshall, Peter. Demanding the Impossible: A History of Anarchism. London: Harper Perennial, 2008.

Maruyama 1963 — Maruyama Masao. Thought and Behaviour in Modern Japanese Politics. London: Oxford University Press, 1963.

Mason 2012 — Mason, Michele. Dominant Narratives of Colonial Hokkaido and Imperial Japan: Envisioning the Periphery and the Modern Nation-State. New York: Palgrave Macmillan, 2012.

McGrew, Matsuzawa 2008 — McGrew, William, and Matsuzawa Tetsuro. Kinji Imanishi and 60 years of Japanese primatology // Current biology. 2008. Vol. 18. № 14. P. 587–591.

McLaughlin 2019 — McLaughlin, Levi. Soka Gakkai's Human Revolution. Honolulu, HI: University of Hawai'i Press, 2019.

Miller 1984 — Miller, David. Anarchism. London: Dent, 1984.

Mitrany 1951 — Mitrany, David. Marx Against the Peasant: A Study in Social Dogmatism. Chapel Hill, NC: University of North Carolina Press, 1951.

Mitter 2013 — Mitter, Rana. China's War with Japan, 1937–1945. London: Allen Lane, 2013.

Mohr 2014 — Mohr, Michel. Buddhism, Unitarianism and the Meiji Competition for Universality. Boston, MA, and London: Harvard University Asia Center, 2014.

Moore 1920 — Moore, Edith Mary. The Blind Marksman. London: Hodder and Stoughton Ltd, 1920.

Morris-Suzuki 1994 — Morris-Suzuki, Tessa. Creating the Frontier: Border, Identity and History in Japan's Far North // East Asian History. 1994. Vol. 7. P. 1–24.

Morris-Suzuki 1998a — Morris-Suzuki, Tessa. Environmental Problems and Perceptions in Early Industrial Japan // Sediments of Time: Environmnent and Society in Chinese History / edited by Mark Elvin and Cuirong Liu. Cambridge: Cambridge University Press, 1998. P. 756–780.

Morris-Suzuki 1998b — Morris-Suzuki, Tessa. Re-Inventing Japan: Time, Space, Nation. Armonk: M. E. Sharpe, 1998.

Moyn, Sartori 2013 — Moyn, Samuel, and Andrew Sartori, eds. Global Intellectual History. New York: Columbia University Press, 2013.

Mulholland 2015 — Mulholland, Marc. 'Marxists of strict observance'? The Second International, National Defence and the Question of War // Historical Journal. June 2015. Vol. 58. P. 615–640.

Murthy 2009 — Murthy, Viren. Reconfiguring Historical Time: Moishe Postone's Interpretation of Marx // History and Heteronomy: Critical Essays. Vol. 12 / edited by Maeda Koichi and UTCP. Tokyo: University of Tokyo Center for Philosophy, 2009. P. 9–31.

Najita 1974 — Najita, Tetsuo. Some Reflections on Idealism in the Political Thought of Yoshino Sakuzō // Japan in Crisis: Essays on Taishō Democracy / edited by Bernard Silberman and Harry Harrotunian. Princeton, NJ: Princeton University Press, 1974.

Najita 2002 — Najita, Tetsuo. Andō Shōeki — 'The Forgotten Thinker' in Japanese History // Learning Places: The Afterlives of Area Studies / edited by Masao Miyoshi and Harry Harootunian. Durham, NC: Duke University Press, 2002. P. 61–79.

Najita 2009 — Najita, Tetsuo. Ordinary Economies in Japan: A Historical Perspective, 1750–1950. Berkeley, CA: University of California Press, 2009.

Nakano 1989 — Nakano, Akira. Shimonaka Saburō // Ten Great Educators of Modern Japan / edited by Benjamin Duke. Tokyo: University of Токио Press, 1989.

Neary 1989 — Neary, Ian. Political Protest and Social Control in Pre-War Japan: The Origins of Buraku Liberation. Manchester: Manchester University Press, 1989.

Norman 1979 — Norman, Herbert. Ando Shoeki and the Anatomy of Japanese Feudalism. Washington, DC: University Publications of America, 1979.

Notehelfer 1971 — Notehelfer, Fred. Kōtoku Shūsui: Portrait of a Japanese Radical. Cambridge: Cambridge University Press, 1971.

Nozawa 2000 — Nozawa, Hideki. Histoire de la Pensée Géographique en France et au Japon. Fukuoka: Isseido, 2000.

Nozawa, Takeuchi 1988 — Nozawa, Hideki, and Keiichi Takeuchi. Recent Trends in Studies on the History of Geographical Thought in Japan: Mainly on the History of Japanese Geographical Thought // Geographical Review of Japan. 1988. Vol. 61. № 1. P. 59–73.

Ogle 2013 — Ogle, Vanessa. 'Whose Time is it?' The Pluralization of Time and the Global Condition, 1870s–1940s // The American Historical Review. 2013. Vol. 118. № 15. P. 1376–1402.

Okada 1997 — Okada, Richard. 'Landscape' and the Nation-State: A Reading of Нихон Fūkei-Ron // New Directions in the Study of Meiji Japan / edited by Helen Hardacre and Adam Kern. Leiden: Brill, 1997.

Olwig 1980 — Olwig, Kenneth. Historical Geography and the Society / Nature «Problematic»: The Perspective of J.F. Schouw, G.P. Marsh and E. Reclus // Journal of Historical Geography. 1980. Vol. 6. P. 29–45.

Orlando 2006 — Brown, Susan, Patricia Clements and Isobel Grundy, eds. Edith Mary Moore entry: Overview screen // Orlando: Women's Writing in the British Isles from the Beginnings to the Present. Cambridge: Cambridge University Press Online, 2006. URL: http://orlando.cambridge.org/public/svPeople?person_id=moored (в настоящее время ресурс недоступен).

Pelletier 2001 — Pelletier, Philippe. Un oublié du consensus: l'anarchosyndicalisme au Japon de 1911 à 1934 // De l'histoire du mouvement ouvrier révolutionnaire, actes du colloque international «Pour un autre futur». Paris: Editions CNT-RP and Nautilus, 2001.

Pelletier 2011 — Pelletier, Philippe. Anarchisme, ou la géographie face à l'histoire // Presentation at the symposium on Geopolitics, Ireland and the New World Order. Dublin, Maynooth University, 25–26 November 2011. P. 1–19.

Pelletier 2013 — Pelletier, Philippe. Géographie et anarchie: Reclus, Kropotkine, Metchnikoff. Paris: Editions du Monde Libertaire, 2013.

Peng 2007 — Peng, Hsiao-yen. A Traveling Text: Souvenirs entomologiques, Japanese Anarchism, and Shanghai Neo-Sensationism // NTU Studies in Language and Literature. 2007. Vol. 17. P. 1–42.

Peng 2014 — Peng, Hsiao-yen. Dandyism and Transcultural Modernity: The Dandy, the Flâneur, and the Translator in 1930s Shanghai, Токио, and Paris. London: Routledge, 2014.

Pickering 2004 — Pickering, Michael. Experience as Horizon: Koselleck, Expectation and Historical Time // Cultural Studies. 2004. Vol. 18. № 2–3. P. 271–289.

Postone 1993 — Postone, Moishe. Time, Labour and Social Domination: A Reinterpretation of Marx's Critical Theory. Cambridge: Cambridge University Press, 1993.

Raddeker 1997 — Raddeker, Hélène Bowen. Treacherous Women of Imperial Japan. London: Routledge, 1997.

Rambelli 2013 — Rambelli, Fabio. Zen Anarchism: The Egalitarian Dharma of Uchiyama Gudō. Berkeley, CA: Institute of Buddhist Studies and BDK America, 2013.

Ross 2015 — Ross, Kristin. Communal Luxury: The Political Imagery of the Paris Commune. New York: Verso, 2015.

Rowbotham 2008 — Rowbotham, Sheila. Edward Carpenter: A Life of Liberty and Love. London: Verso, 2008.

Singaravélou, Argounès 2018 —Singaravélou P., Argounès F. Le monde vu d'Asie: une histoire cartographique. Paris: Editions du Seuil, 2018.

Scalapino, Yu 1961 — Scalapino, Robert, and George Yu. The Chinese Anarchist Movement. Berkeley, CA: Center for Chinese Studies, University of California Press, 1961.

Schencking 2005 — Schencking, Charles. Making Waves: Politics, Propaganda, and the Emergence of the Imperial Japanese Navy, 1868–1922. Stanford, CA: Stanford University Press, 2005.

Schmidt, van der Walt 2009 — Schmidt, Michael, and Lucien van der Walt. Black Flame: The Revolutionary Class Politics of Anarchism and Syndicalism. Oakland, CA: AK Press, 2009.

Senda 1999 — Senda, Minoru. Japan's Traditional View of Nature // Anne Buttimer and Luke Wallin. Nature and Identity in Cross-Cultural Perspective. Boston, MA: Kluwer Academic, 1999.

Shields 2014 — Shields, James. One Village, One Mind: Eto Tekirei, Tolstoy and the Structure of Agrarian-Buddhist Utopianism in Taishō Japan // Numata Conference in Buddhist Studies (Violence, Nonviolence, and Japanese Religions: Past, Present and Future). 20–21 March 2014.

Shields 2017 — Shields, James. Against Harmony: Progressive and Radical Buddhism in Modern Japan. New York: Oxford University Press, 2017.

Shimao 1981 — Shimao, Eikō. Darwinism in Japan: 1877–1927 // Annals of Science. 1981. Vol. 38. № 1. P. 93–102.

Shimazu 2009 — Shimazu, Naoko. Japanese Society at War: Death, Memory and the Russo-Japanese War. Cambridge: Cambridge University Press, 2009.

Siddle 1996 — Siddle, Richard. Race, Resistance and the Ainu of Japan. London: Routledge, 1996.

Simandan 2017 — Simandan, Dragos. Geography (Human and Urban) // The Wiley Encyclopedia of Social Theory / edited by Bryan Turner, Chang Kyung-sup, Cynthia Epstein, Peter Kivisto, Michael J., Ryan and William Outhwaite. Chichester: Wiley-Blackwell, 2017. P. 1–6.

Smethurst 1986 — Smethurst, Richard, Agricultural Development and Tenancy Disputes in Japan, 1870–1940. Princeton, NJ: Princeton University Press, 1986.

Springer 2014 — Springer, Simon. Why a Radical Geography Must Be Anarchist // Dialogues in Human Geography. 2014. Vol. 4. № 3. P. 249–270.

Stanley 1982 — Stanley, Thomas, Ōsugi Sakae, Anarchist in Taishō Japan: The Creativity of the Ego. Cambridge, MA: Harvard University Press, 1982.

Stedman-Jones 2007 — Stedman-Jones, Gareth. Radicalism and the Extra-European World: The Case of Karl Marx // Victorian Visions of World Order: Empire and International Relations in Nineteenth-Century Political Thought / edited by Duncan Bell. Cambridge: Cambridge University Press, 2007. P. 186–214.

Steinhoff 1991 — Steinhoff, Patricia. Tenkō: Integration and Societal Ideology in Pre-War Japan. New York and London: Garland, 1991.

Stoddard 1986 — Stoddard, David. On Geography and its History. Oxford: Basil Blackwell, 1986.

Stolz 2006 — Stolz, Robert. Nature Over Nation: Tanaka Shōzō's Fundamental River Law // Japan Forum. 2006. Vol. 18. № 3. P. 417–437.

Stolz 2014a — Stolz, Robert. Bad Water: Nature, Pollution and Politics in Japan, 1870–1950. Durham, NC: Duke University Press, 2014.

Stolz 2014b — Stolz, Robert. So You Have Converged — Now What? The Convergence of Critique // Japanese Studies. 2014. Vol. 34. № 3. P. 307–323.

Strong 1977 — Strong, Kenneth. Ox Against the Storm: A Biography of Tanaka Shōzō, Japan's Conservationist Pioneer. Tenterden: Norbury, 1977.

Takeuchi 1980 — Takeuchi, Keiichi. Some Remarks on the History of Regional Description and the Tradition of Regionalism in Modern Japan // Progress in Human Geography. 1980. Vol. 4. № 2. P. 238–248.

Takeuchi 2000 — Takeuchi, Keiichi. Modern Japanese Geography: An Intellectual History. Токио: Kokon Shoin, 2000.

Takeuchi 2004 — Takeuchi, Keiichi. The Significance of Makiguchi Tsunesaburō's Jinsei chirigaku (The Geography of Human Life) in the Intellectual History of Geography // Japan: Commemorating the Centenary of its Publication, Journal of Oriental Studies. 2004. P. 113.

Tanaka 2004 — Tanaka, Stefan. New Times in Modern Japan. Princeton, NJ: Princeton University Press, 2004.

Tanaka 2013 — Tanaka, Hikaru. The Reaction of Jewish Anarchists to the High Treason Incident // Japan and the High Treason Incident / edited by Masako Gavin and Ben Middleton. Abingdon: Routledge, 2013. P. 80–88.

Thelle 1987 — Thelle, Notto. Buddhism and Christianity in Japan: From Conflict to Dialogue, 1854–1899. Honolulu, HI: University of Hawaii Press, 1987.

Tierney 2015 — Tierney, Robert. Monster of the Twentieth Century: Kōtoku Shūsui and Japan's First Imperialist Movement. Oakland, CA: University of California Press, 2015.

Toyosawa 2019 — Toyosawa, Nobuko. Imaginative Mapping: Landscape and Japanese Identity in the Tokugawa and Meiji Eras. Cambridge, MA: Harvard University Asia Center, 2019.

Tsuzuki 1972 — Tsuzuki, Chūshichi. 'My Dear Sanshirō': Edward Carpenter and his Japanese Disciple // Hitotsubashi Journal of Social Studies. 1972. Vol. 6. P. 1–9.

Tsuzuki 1980 — Tsuzuki, Chūshichi. Edward Carpenter, 1844–1929: Prophet of Human Fellowship. Cambridge: Cambridge University Press, 1980.

Tuan 1974 — Tuan, Yi-Fu. Topophilia: A Study of Environmental Attitudes, Perceptions, and Values. New York: Columbia University Press, 1974.

Turcato 2012 — Turcato, Davide. Making Sense of Anarchism: Errico Malatesta's Experiments with Revolution, 1889–1900. Basingstoke: Palgrave Macmillan, 2012.

Ui 1992 — Ui, Jun. Industrial Pollution in Japan. Токио: United Nations University Press, 1992.

Vanoverbeke 2004 — Vanoverbeke, Dimitri. Community and State in the Japanese Farm Village: Farm Tenancy Conciliation (1924–1938). Leuven: Leuven University Press, 2004.

Victoria 1997 — Victoria, Daizen. Zen at War. New York: Weatherhill, 1997.

Victoria 2015 — Victoria, Daizen. Engaged Buddhism: A Skeleton in the Closet? // Journal of Global Buddhism. February 2015. Vol. 2. P. 72–91.

Vlastos 1998 — Vlastos, Stephen, ed. Mirror of Modernity: Invented Traditions of Modern Japan. Berkeley, CA: University of California Press, 1998.

Walker 2001 — Walker, Brett. The Conquest of Ainu Lands: Ecology and Culture in Japanese Expansion, 1590–1800. Berkeley, CA: University of California Press, 2001.

Walker 2007 — Walker, Brett. Mamiya Rinzō and the Japanese Exploration of Sakhalin Island: Cartography and Empire // Journal of Historical Geography. 2007. Vol. 33. № 2. P. 283–313.

Walker 2010 — Walker, Brett. Toxic Archipelago: A History of Industrial Disease in Japan. Seattle, WA, and London: University of Washington Press, 2010.

Ward 2010 — Ward, Dana. Alchemy in Clarens: Kropotkin and Reclus, 1877–1881 // New Perspectives on Anarchism / edited by Nathan Jun and Shane Wahl. Plymouth, MA: Lexington Books, 2010.

Ward 2019 — Ward, Max M. Thought Crime: Ideology and State Power in Interwar Japan. Durham, NC, and London: Duke University Press, 2019.

Waswo 1977 — Waswo, Ann. Japanese Landlords: The Decline of a Rural Elite. Berkeley, CA: University of California Press, 1977.

Waswo 1989 — Waswo, Ann. The Transformation of Rural Society, 1900–1950 // The Cambridge History of Japan. Vol. 6: The Twentieth Century / edited by Peter Duus. Cambridge: Cambridge University Press, 1989. P. 539–605.

Waswo, Nishida 2003 — Waswo, Ann, and Nishida Yoshiaki. Farmers and Village Life in Twentieth Century Japan. London: RoutledgeCurzon, 2003.

Watanabe 2012 — Watanabe, Hiroshi. A History of Japanese Political Thought, 1600–1901 / Translated by David Noble. Tokyo: International House of Japan, 2012.

White 1978 — White, James. Internal Migration in Pre-War Japan // Journal of Japanese Studies. 1978. Vol. 4. № 1. P. 81–123.

Wigen 2010 — Wigen, K. A Malleable Map: Geographies of Restoration in Central Japan, 1600–1912. Berkeley: University of California Press, 2010.

Wigen et al. 2016 — Wigen, Kären, Fumiko Sugimoto and Cary Karakas, eds. Cartographic Japan: A History in Maps. Chicago, IL: University of Chicago Press, 2016.

Willcock 2000 — Willcock, Hiroko. Traditional Learning, Western Thought, and the Sapporo Agricultural College: A Case-Study of Acculturation in Early Meiji Japan // Modern Asian Studies. October 2000. Vol. 34. № 4. P. 977–1017.

Wilson 1998 — Wilson, Sandra. The Comintern and the Japanese Communist Party // International Communism and the Communist International, 1919–43 / edited by Tim Rees and Andrew Thorpe. Manchester: Manchester University Press, 1998. P. 285–307.

Woodcock 2009 — Woodcock, George. Anarchism: A History of Libertarian Ideas and Movements. 2nd edition. Peterborough, ON, and Plymouth, UK: Broadview, 2009.

Wulf 2017 — Wulf, Andrea. Man and Nature: George Perkins Marsh and Alexander von Humboldt // Geographical Review. Oct. 2017. Vol. 107. № 4. P. 593–607.

Yoshinaga 2009 — Yoshinaga, Shin'ichi. Theosophy and Buddhist Reformers in the Middle of the Meiji Period: An Introduction // Japanese Religions. 2009. Vol. 34. № 2. P. 110–131.

Zarrow 1990 — Zarrow, Peter. Anarchism and Chinese Political Culture. New York: Columbia University Press, 1990.

Zuckerman 2004 — Zuckerman, Larry. The Rape of Belgium: The Untold Story of World War I. New York; London: New York University Press, 2004.

На японском языке

Абэ 2008 — Абэ Гундзи. Сиракабаха-то Торусутой: Мусянокодзи Санэацу, Арисима Такэо, Сига Наоя-о тюсин-ни [Общество Сиракабы и Толстого: вокруг Мусянокодзи Санэацу, Арисиме Такэо и Сига Наоя]. Токио: Сайрюся, 2008.

Васэда 1974 — Сякайсюгися-но сёкан: Исикава Сансиро, Фукуда Хидэко атэ сёкансю-то кайсэцу [Собранные письма Исикавы Сансиро и Фукуде Хидэко, с комментарием] / под ред. Института общественных наук университета Васэда. Токио: Васэда дайгаку сюппанбу, 1974.

Гото 2006 — Гото Акинобу. Исикава Сансиро-но сисо кэйсэй-то дэнто сисо [Формирование мышления Исикавы Сансиро и интеллектуальные традиции] // Киндай нихон бунка-но сайхаттэн / под ред. Мацунага Сёдзо. Токио: Ивата Сёин, 2006. С. 81–112.

Ёнэхара 1996 — Ёнэхара Кэн. Дайититидзи сэкай тайсэн-то Исикава Сансиро [Первая мировая война и Исикава Сансиро] // Хандай хогаку. 1996. Вып. 46. № 2. С. 1–122.

Ёнэхара 1997 — Ёнэхара Кэн. Фурансудзин анакисуто-но Тюгоку нидзюгонэн [Двадцать пять лет пребывания французского анархиста в Китае] // Хандай хогаку. 1997. Вып. 47. № 2. С. 263–300.

Ёнэхара 2012 — Ёнэхара Кэн. Фурансу-ни окэру Накаэ Тёмин-то Котоку Сюсуй-но тёсаку-но сюппан [Издание работ Накаэ Тёмина и Котоку Сюсуй во Франции] // Нихон сисоси гаку. 2012. Vol. 44. P. 268–274.

Ёсида 1959 — Ёсида Кюити. Нихон киндай буккёси кэнкю [Исследование истории буддизма в эпоху модерна]. Токио: Ёсикава Кобункан, 1959.

Ивасаки 1997 — Ивасаки Масая. Нохон сисо-но сякайси: сэйкацу-то кокутай-но косаку [Общественная история аграризма: пересечение повседневной жизни и национальной сущности]. Киото: Киото Дайгаку гакудзюцу сюппанкай, 1997.

Идзуми 1998 — Идзуми Сэйдзи. Кинсэй-но рюцу кэйдзай-то кэйдзай сисо [Рыночная экономика эпохи модерна и экономическая мысль]. Токио: Иваса Сёин, 1998.

Инагаки 1993 — Инагаки Масами. Киндай буккё-но хэнкакуся [Буддийские реформаторы эпохи модерна]. Токио: Окура, 1993.

Исида 1971 — Исида Рюдзиро. Мэйдзи Тайсёки-но Нихон Тири Гаккай-но сисотэки хоко: Ямадзаки Наомаса-то Огава Такудзи-но Сёваки-э но якувари [Интеллектуальное движение Японской асоциации географов в эпохи Мэйдзи и Тайсё: роли Ямадзаки Наомаса и Огава Такудзи по отношению к периоду Сёва] // Тиригаку хёрон. 1971. Вып. 44. № 8. С. 532–555.

Итагаки 1987 — Итагаки Тэцуо. Исикава Сансиро-но "кёму-но рэйко"-но сисо [Понятие «кёму-но рэйко» у Исикавы Сансиро] // Нихон рэкиси. 1987. Вып. 466. С. 90–93.

Ито 2005 — Ито Сигэюки. Кусиро сицугэн-но сэйдзин Хасэгава Кодзи [Хасэгава Кодзи, святой болот Кусиро]. Токио: Гакубунся, 2005.

Ито и др. 2012 — Ито Сигэюки, Оки Фумио и Мори Ацудзо. Кусино сицугэн-но Хасэгава Кодзи: Нихон-но Соро [Хасэгава Кодзи из болот Кусиро: японский Торо]. Токио: Сигакуся, 2012.

Каваи 2012 — Каваи Дайсукэ. Симпи-о мэгуру ситё-то дзётёсюги [Символизм и связанные с «симпи» течения мысли] // Нихон сисосигаку. 2012. Вып. 44. С. 231–250.

Кано 1983 — Кано Масанао. Киндай Нихон-но минкангаку [Фольклористика в Японии эпохи модерна]. Токио: Иванами синсё, 1983.

Касиваги 1979 — Касиваги Рюхо. Тайгяку дзикэн-то Утияма Гудо [Дело об оскорблении трона и Утияма Гудо]. Токио: JCA, 1979.

Китадзава 1974 — Китадзава Фумитакэ. Исикава Сансиро-но сёгай-то сисо [Жизнь и мысли Исикавы Сансиро]. Т. 1: Гакумон-то ай, соситэ хангяку. Токио: Хато-но мори сёбо, 1974.

Комацу 1994 — Комацу Хироси. Танака Сёдзо-но мидзу-но сисо [Философия воды Танаки Сёдзо] // Кумамото дайгаку бунгакубу ронсо. 1994. № 45. С. 107–122.

Комацу 2006 — Комацу Хироси. Синкигэн-то Танака Сёдзо [«Синкигэн» и Танака Сёдзо]. // Сёки сякайсюги кэнкю. 2006. Вып. 19. С. 57–73.

Мацуока 2015 — Мацуока Микио. Нитирэн буккё-но сякайсисотэки тэнкай: киндай Нихон-но сюкётэки идэороги [Развитие буддизма Нитирэн в общественной мысли: религиозная идеология Японии эпохи модерна]. Токио: Токио дайгаку сюппанкай, 2015.

Миддлтон 1999 — Миддлтон Бен. Котоку Сюсуй-то тэйкокусюги-э но конгэнтэки хихан [Котоку Сюсуй и радикальная критика империализма] / Перевод Умэмори Наоюки // Сёки сякайсюги кэнкю. 1999. Вып. 21. С. 134–193.

Минамисаку 1983 — Минамисаку номин ундоси канкокай (ред.). Минамисаку Номин ундоси — сэндзэнхэн [История сельского активизма в Минамисаку до войны]. Минамисаку: Минамисаку номин ундоси канкокай, 1983.

Минамото 1989 — Минамото Сёкю. Ямагами Мандзиро (1868–1946)-но тиригаку ни кансуру итикэнкю [Исследование географии Ямагами Мандзиро (1868–1946)] // Дзиммон тири. 1989. Вып. 41. № 5. С. 469–480.

Моринага 1984 — Моринага Эйдзабуро. Утияма Гудо. Токио: Ронсося, 1984.

Нисимура 1992a — Нисимура Сюнъити. Нихон экородзидзуму-но кэйфу: Андо Сёэки кара Это Тэкирэй мадэ [Наследство японской экологической мысли: от Андо Сёэки до Это Тэкирэя]. Токио: Носангёсон Бунка Кёсай, 1992.

Нисимура 1992b — Нисимура Сюнъити. Нихон-но экородзидзуму-то кёику: (3) Сёва-но нохонсюги-то соно кодо [Экологическая мысль в Японии и образование: (3) Аграризм эпохи Сёва и его развитие] // Кокусай кёику кэнкю. Март 1992. Вып. 12. С. 1–25.

Нодзава 2006 — Нодзава Хидэки. Исикава Сансиро ни окэру Эридзэ Рукурю-но сисо соно дзюё-то сай [Мышление Элизе Реклю по трудам Исикавы Сансиро: значимость и разница] // Тиригаку хёрон. 2006. Вып. 1. С. 837–856.

Огуси 1992 — Огуси Рёити. Нихон-но сэйтайгаку: Иманиси Киндзи-то соно сюхэн [Экология Японии: Иманиси Киндзи и его круг]. Токио: Издательство университета Токай, 1992.

Одакэ 1983 — Одакэ Юкихико. Бакумацу дзэнго-ни окэру футари-но сэнкакуся-но тири сисо: Ёсида Сёин-то Фукудзава Юкити-но рёкоки-о тюсин-ни [Учение двух ведущих географов в годы бакумацу, с фокусом на путевых дневниках Ёсиды Сёин и Фукудзавы Юкити] // Рэкиси тиригаку. 1983. Вып. 122. С. 15–20.

Одзава 1994 — Одзава Кадзунори. Исикава Сансиро-но хансинкарон [Об антиэволюционизме Исикавы Сансиро] // Коти дайгаку гакудзюцу кэнкю хококу. 1994. Вып. 43. С. 165–172.

Ои 1980 — Ои Такао. Номин дзитикай ундоси: тэнканки-но сэйсюн гундзо [История самоуправляемых крестьянских советов: лидеры молодежи в поворотный момент]. Нагано: Гинга сёбо, 1980.

Окада 1994 — Окада Тосихиро. Макигути Цунэсабуро «Дзинсэй Тиригаку»-но тиригакусидзё-но сайхёка [Переоценка «Географии человеческой жизни» Макигути Цунэсабуро в истории географии в Японии] // Geographical Sciences. 1994. Vol. 49. № 4. P. 197–212.

Окада 2009 — Окада Тосихиро. Кинсэй-ико Нихон-но тиригакуся-ни кансуру санко бункэн [Библиография японских географов Нового и Новейшего времени] // Коти дайгаку кёику гакубу кэнкю хококу [Доклад департамента образования Коти]. 2009. Вып. 69. С. 161–194.

Окуя 2015 — Окуя Коити. Канкёрон ригаку кара мита Кумадзава Бандзан-но сисо [Мышление Кумадзавы Бандзан с точки зрения этики окружающей среды] // Саппоро гакуин дайгаку дзиммон гаккай киё. 2015 (Февраль). Вып. 97. С. 105–143.

Осава 1990 — Осава Масамити. Домин-но сисо: тайсю-но нака-но анакидзуму [Мышление людей земли: анархизм среди масс]. Токио: Сякай Хёронся, 1990.

Осима 2013 — Осима Такэси. Миядзава Кэндзи-но ногё-то бунгаку: какокуна дайти Ихатобу-но нака-дэ [Сельское хозяйство и литература Миядзавы Кэндзи: среди суровой почвы Ихатова]. Токио: Сокю сорин, 2013.

Охара 1987 — Охара Рёкухо [Осава Масамити]. Исикава Сансиро: тамасий-но доси [Исикава Сансиро: священник души]. Токио: Рибуропото, 1987.

Оя 1950 — Оя Соити. Икитэ-иру Нихон сисоси дзаданкай: тайгяку дзигэн дзэнго [Круглый стол о живой японской истории идей: около Дела об оскорблении трона] // Бунгэй сюндзю. 1950. Вып. 50. № 2. 1950. С. 62–81.

Саваи 2002 — Саваи Кэйити. 'Суйдоронтэки сикосэй' — Кинсэй Нихон-ни сэйрицу сита сихай-но кукан имэдзи [Указатели на «философию земли и воды»: образы пространственного контроля в Японии Нового времени] // Рэкиси-о тоу — 3 — Рэкиси-то кукан / под ред. Уэмура Тадао, Онуки Такаси, Цукимото Акио, Киномия Хироюки и Ямамото Хироко. Токио: Иванами Сётэн, 2002. С. 131–152.

Сайто 1989 — Сайто Сёдзи. Нихонтэки сидзэнкан хэнка катэй [Процесс изменения в японском восприятии природы]. Токио: Токио Дэнки Дайгаку Сюппанкёку, 1989.

Сайто 1991 — Сайто Бунъити. Миядзава Кэндзи: ёдзигэнрон-но тэнкай [Миядзава Кэндзи: развитие теории четвертого измерения]. Токио: Кокубунся, 1991.

Сакаи 2004 — Сакаи Такэси. Исикава Сансиро-то Миядзава Кэндзи — «хисинкарон-то дзинсэй»-то «номин гэйдзюцу гайрон» [Исикава

Сансиро и Миядзава Кэндзи — «Теория антиэволюции и человеческая жизнь» и «Обзор крестьянского искусства»] // Миядзава Кэндзи кэнкю аннуару. 2004. Вып. 14. С. 129–147.

Сакамото 1977 — Сакамото Тэцуро. Киндай сёсэцу-ни какарэта Босо (4) Кино сита бундзин: Кимура Сота-то Тоямамура [Регион Босо в романах эпохи модерна (4) Литератор, вернувшийся на землю: Кимура Сота и Тоямамура] // Гобунронсо. 1977. Вып. 5. С. 21–31.

Сато 1972 — Сато Хисая. Игари Мицунао-то «Идзюмин» [Игари Мицунао и поселенцы]. Иваки: Амакокай Дзимукёку, 1972.

Сато 1987 — Сато Сидзиро. Мэйдзики сакусэй-но тисэкидзу [Кадастровые съемки в административной политике времен Мэйдзи]. Токио: Кокон Сёин, 1987.

Сато 2012 — Сато Хироси. Кумадзава Бандзан-ни окэру дзи-сё-и-рон-то суйдорон [«Дзи-сё-ин» и философия воды и почвы у Кумадзавы Бандзан] // Дзюкэн ринри (тётайси бурогу). 17 марта 2012 года. URL: http://jukenrinri.seesaa.net/article/258186895.html (в настоящее время ресурс недоступен).

Такасима 1951 — Такасима Бэйхо. Бэйхо кайкодан [Воспоминания Бэйхо]. Токио: Гакуфу Сёин, 1951.

Такахаги 2008 — Такахаги Итару. Хоккайдо-то Наканиси Годо-но кото надо [О Хоккайдо и Наканиси Годо]. Какко. Январь 2008. URL: http://homepage3.nifty.com/sapporo-wbsj/essay/essay0801.html (в настоящее время ресурс недоступен).

Татэяма 1966 — Татэяма Тоситада. Канагава-кэн родо ундоси: сэндзэнхэн [Довоенная история рабочего движения в префектуре Канагава]. Ёкогама: Канагавакэн Родобу Росэйка, 1966.

Тории 2000 — Тории Сёдзо. Хокуи годзюдо ико — дансо [За Хокуи годзюдо: фрагментарные мысли] // [Хокуи годзюдо]-но синдзинтати / под ред. Хоккайдо Бугакукан. Саппоро: Хоккайдо Бугакукан, 2000. С. 13–18.

Тэдо 2000 — Тэдо Киёнобу. Син буккё-ни миру буккёкай-но кёка [Самовоспитание и религия в движении Нового буддизма] // Annual Review of Religious Studies. 2000. Vol. 18. P. 31–43.

Умэмори 2013 — Умэмори Наоюки. Мэйдзи сосяридзуму, Тайсё анакидзуму, Сёва марукусидзуму [Социализм Мэйдзи, анархизм Тайсё, марксизм Сёва] // Нихон сисоси кодза 4 — Гэндай / под ред. Карубэ Тадаси, Куродзуми Макото, Сато Хиро, Суэки Фумихико и Тадзири Юитиро. Токио: Пэриканся, 2013. С. 275–298.

Утида 1991 — Утида Ёсиаки. Гэндай-ни икиру Утимура Кандзо [Наследие Утимуры Кандзо]. Токио: Иванами сётэн, 1991.

Фудзии 2012 — Фудзии Ёсинори. Утимура Кандзо: хэйва-то иноти [Утимура Кандзо: мир и жизнь] // Нагоя гакуин дайгаку ронсю. Январь 2012. Вып. 48. № 2. С. 21–29.

Фукудзава 2002 — Фукудзава Юкити. Сэкай кунидзукуси [Стихи с названиями всех стран мира] // Фукудзава Юкити тёсакусю [Собрание сочинений Фукудзавы Юкити] / под ред. Накагавы Синъя. Токио: Кэйо Дайгаку гидзюцу сюппанкай, 2002.

Фунабаси и др. 1995 — Фунабаси, Отё, Тая (ред.). Буккёгаку дзитэн [Словарь буддизма]. Киото: Ходзокан, 1995.

Хаяси 2000 — Хаяси Юити. Киндай нихон номин ундо сирон [Очерки истории современного крестьянского движения Японии]. Токио: Нихон Кэйдзай Хёронся, 2000.

Хирахара 2000 — Хирахара Кадзуёси. Сиси-но нака-но [Хокуи Годзюдо] [Хокуи годзюдо в историческом контексте поэзии] // [Хокуи годзюдо]-но синдзинтати / под ред. Хоккайдо Бугакукан. Саппоро: Хоккайдо Бугакукан, 2000. С. 30–34.

Хоккайдо Бугакукан 2000 — Хоккайдо Бугакукан (ред). [Хокуи годзюдо]-но сидзинтати [Поэты «Хокуи годзюдо»]. Саппоро: Хоккайдо Бугакукан, 2000.

Цуруми 1991 — Цуруми Сюнскэ. Цуруми Сюнскэсю [Полное собрание сочинений Цуруми Сюнскэ]. В 17 т. Токио: Тикума Сёбо, 1991.

Цуруми 2002 — Цуруми Таро. Ару кайко: Янагита Кунио-то Макигути Цунэсабуро [Встреча: Янагита Кунио и Макигути Цунэсабуро]. Токио: Ushio Publishing, 2002.

Цуруока 2001 — Цуруока Ёсио. Киндай-ни окэру «симпинсюги» гайнэн-но дзюё-то тэнкай [Рецепция и развитие понятия «симпинсюги» в Японии Новейшего времени] // Киндайтэки «сюкё» гайнэн-то сюкёгаку-но кэйсэй-то тэнкай: нихон тюсин тосита хикаку кэнкю / под ред. Симадзоно Сусуму. Токио: Токио Дайгаку бунгакубу Сюкёгаку Кэнкюсицу, 2001. С. 33–43.

Предметно-именной указатель

Абэ Исо 82, 172
Аватамсака, сутра 251; см. Кэгонкё
Австралия 49
аграризм 24, 181, 185, 194, 196, 198, 209, 211–227, 231–233
Айкёдзюку, частная школа 223
айны 6, 60, 260, 261, 263–267, 269
Акаба Ганэцу 91–93, 101, 110–112, 151
  Проповедь крестьянам/ Номин-но фукуин 101, 110, 111, 151
Акамацу Кацумаро 200, 216
Акита Удзяку 26, 188, 200
Америка / США 44, 55, 110, 143
Амхерстский колледж 52
анархо-синдикализм 75, 157
Андерсон Бенедикт 19, 116
Андо Сёэки 171, 173, 206, 253, 273
Анналов, школа 163
Антверпен 60, 122
антропология 59, 63
Анэдзаки Тёфу (Масахару) 131, 132
Арахата Кансон 94, 98, 110
Арисима Такэо 188
Аристотель 127

Асахи, газета 277
Асикага, город 56
Асио, рудник 17, 22, 28, 56, 62, 66, 68, 93, 95, 97, 98, 107, 126, 145, 169, 175
ассимиляция 49, 263–266; см. дока
Атарасики мура/Новая деревня, проект 170

Бакунин Михаил Александрович 162
Барбюс Анри 188
Бебель Август 78, 159
Бельгийская социалистическая партия 146
Бельгия 11, 114, 119, 141–144, 146–149, 152, 274, 283
Бергсон Анри 182, 247
Библия 127
Бо Цзюйи 203, 253
богатая страна, сильная армия 68, 71; см. фукоку кёхэй
большевизм 150, 221, 232, 280, 282
  и анархизм 150, 177, 178, 204
  и Номин Дзитикай 204, 214, 221

и правительство Мэйдзи 204
и *Синкигэн* 95, 96
и *Сюкан хэймин симбун* 77, 85, 86
и Утияма Гудо 106–108
и Хатта Сюдзо 178
и Янагита Кунио 125
Бостон 52
брахманизм 131
Брюссель 11, 23, 119, 123, 141, 142, 144, 146, 152, 163
буддизм 25, 32, 33, 38, 58, 60, 61, 89, 92, 105, 106, 109, 115, 127–131, 133, 135–139, 163, 166, 171, 181, 189, 229, 243, 251–253, 286
и Анэдзаки Масахару 131
и взаимосвязанность 25
и дзёдзю (постоянство) 243
и Дзёдзяккодо («сияющая страна вечного спокойствия») 252
и дзэн 128, 133, 166
и Иноуэ Ниссё 130
и Исикава 25, 115, 128, 133, 136, 139, 253
и Карпентер Эдвард 133
и кодзё («постоянство») 243
и ку («пустота») 128
и *Кэгонкё* 251
и Макигути Цунэсабуро 61
и медитация 128
и Минаката Кумагусу 32, 33
и Миядзава Кэндзи 25
и му («хаос») 128
и Нитирэн 181, 252
и «новый буддизм» 136–139
и просветление 128
и Элизе Реклю 163, 166

и риннэ («реинкарнация») 253
и сатори («просветление») 128
и священники 38, 92, 105, 109
и Генри Солт 136, 139
и Таруи Токити 89
и Утияма Гудо 92, 105, 106, 109
и Это Тэкирэй 171
Букчин Мюррей 288
буммэй кайка 32, 45, 46, 93
буракумин 204, 205

Вакаяма, префектура 83
Ван Цзинвэй 278
Ван Янмин 127
Ватанабэ Сигэру 256, 260
Ватарасэ, река 27, 28, 56, 94, 98
Вацудзи Тэцуро 64, 225
вегетарианство 134, 135
Великобритания 11, 73, 81, 114, 119, 122, 123, 131, 139, 141, 146, 147, 161, 285
Великое землетрясение Канто 1923 года 178, 268
Верните себе улицы, движение 288
взаимопомощь 24, 102, 111, 156, 159, 213, 238, 257, 258, 269, 270, 279
Вико Джамбаттиста 168
война 10–12, 20, 22, 23, 26, 33, 42, 50–52, 55, 56, 62, 72, 76, 77, 82, 83, 87, 90–92, 95, 102, 103, 106, 116, 119, 124, 130, 132, 141–150, 153, 190, 194, 197, 198, 205, 217, 219, 224, 227, 232, 238, 249, 266, 267, 271, 272, 276, 278, 280–282, 284, 287
война на Тихом океане 20, 205, 280

время, понятие 25, 47, 64, 127, 153, 159, 162, 163, 167, 170, 230, 235–245, 256, 274, 287
Всеобщая Конфедерация Труда 177; см. Confédération Générale du Travail, CGT
всеобщее избирательное право 85, 190
Вэй Юань 42, 43

Гавайи 49
Ганди Махатма 135
Гваттари Феликс 159, 251
Гегель Георг 52
Геккель Эрнст 285
Гексли Томас 269
гендер 139, 141
география 13–18, 20–24, 29–31, 34–38, 40–66, 68, 69, 112, 116, 149, 153, 160–163, 166, 167, 254, 260–264, 278, 279, 284, 285, 288
   антропологическая 59
   в Японии начала эпохи модерна 37
   в японской образовательной системе 48, 57, 163
   гуманитарная 15, 17, 18, 21, 30, 31, 34–37, 41, 42, 44, 46, 47, 50, 53, 54, 57, 60–63, 69, 116, 288
   и геоистория 163
   и Джордж Перкинс Марш 15, 35, 52
   и Ёсида Сёин 41–43, 61
   и империализм 49
   и Китай 34, 42, 43, 278, 279, 284
   и Кумадзава Бандзан 36, 37, 64
   и Маки Цунэсабуро 57
   и Нитобэ Инадзо 48
   и Сига Сигэтака 40, 48
   и Танака Сёдзо 34, 35, 286
   и Утимура Кандзо 48, 57, 196
   и Фукудзава Юкити 44, 54
   и Хэлфорд Маккиндер 13
   и Элизе Реклю 11, 15, 16, 22–24, 26, 35, 52, 69, 116, 149–154, 159–169, 184, 191, 195, 196, 254, 256, 260–273, 278, 279, 285, 286
   низовая 14, 22, 52, 66, 69
   общественная 15, 21, 162
   политическая 46, 60
   радикальная 112
   физическая 16, 21, 30, 31, 45, 46, 52, 63
   японское понятие *тири* 42
география человеческой жизни 57–66; см. Дзинсэй тиригаку
геодезия 67
Германия 45, 114, 131, 132, 146, 147, 283
Геродот 285
Гея 287
Гийо Арнольд 52–55
Гобер Фернан 10
голод 91, 172, 196, 213, 215, 218
Гольдсмит Мария Исидоровна 241
Гоминьдан 119, 278
гомосексуальность 135
Гондо Сэйкё 219, 220
города 22, 56, 57, 70, 73–75, 85, 90–100, 104, 108, 122, 142–145, 158, 170, 179, 180, 185, 196, 198, 199, 202, 203, 209, 218, 232, 255, 264, 273
Государственная социалистическая партия Японии 216; см. Нихон кокка сякайто

Грав Жан 146, 150
Греция 54, 223, 243
гуманизм 78, 81, 82, 110, 205, 257, 282
Гюйо Жан-Мари 182

Дай ниппон коа домэй/ Паназиатский японский альянс 219
Дайкокуя Кодаю 39
Дао де цзин 127
даосизм 89, 127, 128, 133
Дарвин Чарльз 52, 159, 236, 238, 239, 241, 249, 254, 270
Происхождение человека/ Descent of Man 239, 270
дарвинизм 25, 168, 180, 237–240, 242, 248, 249
   и Исикава Сансиро 25
Движение за свободу и народные права 32, 72, 77, 85, 88; см. Дзию минкэн ундо
де лос Рейес Изабело 116
де Серто Мишель 63
де Фриз Гуго 242
Делаж Ив 241
Делёз Жиль 159, 251
Дело Лиги крови 181, 217
Дело о красном флаге 107
Дело об оскорблении трона 10, 72, 79, 92, 101, 105, 114, 119, 157
демократия 32, 151, 156, 173, 176, 190, 191, 203, 277
   демократические либеральные партии 84
   демократия Тайсё 32, 151, 190, 203
   и домин сэйкацу 277
   и Ёсино Сакудзо 190

   и Исикава Сансиро 72, 84, 151, 156, 173, 176, 190, 191, 277
   и Карпентер Эдвард 125, 156
   и мимпонсюги 190
   прямая 176
детерминизм 14, 15, 45, 54, 164
дефляционная политика Мацукаты 71
Джеймс Вильям 131
Многообразие религиозного опыта 131
Джордж Генри 89
дзёмин 124
Дзити номин, журнал 202, 203, 209, 210, 213, 221
Дзию минкэн ундо 32; см. Движения за свободу и народные права
Дзиюто, либеральная партия 72, 85
Дзэнкоку суйхэйся 204; см. Всеяпонское общество уравнения в правах
Динамикку, Исикава 169, 218, 220, 224, 246, 247, 250, 255, 259, 267, 269, 271–273, 276
Дирлик Ариф 275
домин сэйкацу 11, 12, 23, 24, 155–194, 206, 215, 216, 220, 223, 224, 229, 235, 273, 274, 277, 288
Домм, деревня 152, 187, 189
Достоевский Федор Михайлович 287
Драммонд Генри 132, 167
Восхождение человека/The Ascent of Man 132, 167
духовность 116, 126, 133
Дюамель Жорж 145

Ерошенко Василий Яковлевич 188

Ёкайгаку, дисциплина 130
Ёкои Сёнан 43
Ёкои Токиёси 217
Ёкояма Гэнноскэ 81
Ёродзу тёхо, газета 56, 77
Ёсида Сёин 41, 61
Ёсино Сакудзо 190

Женева 168
животные 28, 134–136, 139, 163, 165, 241–243, 249, 253, 270

загрязнение 17, 22, 27, 28, 47, 56, 57, 68, 83, 91, 93, 95, 98, 126, 244, 250
Закон о защите коренных народов 265
Закон о производственных кооперативах 102, 217; см. Сангё кумиайхо
Закон об общественном порядке 1925 года 177, 190
землевладельцы 85, 102–104, 107, 111, 113, 198, 199, 209, 211, 215, 216, 226, 258
Золя Эмиль 78

Ибараки, префектура 86, 94, 223
Ивано Хомэй 131, 132
Ивасa Сакутаро 275
Иватэ кокумин кото гакко 228
Игари Мицунао 257–259, 267, 271
Идзуми Сэйдзи 172, 173
иерархия 12, 47, 74, 118, 124, 130, 158, 162, 189, 191, 204, 220, 236, 243, 251, 262, 273, 277

Иисус 109, 138
Иллюстрированный трактат о морских княжествах 42, 43; см. *Хайгуо тучжи*
Иманиси Киндзи 254, 255
император 41, 79, 88, 93, 106, 107, 146, 209, 216, 223, 224, 263, 280–283
  Мэйдзи 79, 106
  Сёва 282, 283
  как номинальная фигура идеологии 65, 88, 209, 223, 263
Императорский рескрипт об образовании 51
Императорский университет Киото 29, 63
империализм 49, 61, 76, 79, 132, 220, 276, 280, 282, 286
Индия 131, 215
индуизм 153
индустриализация 17, 20, 81, 90, 96, 118, 122, 217
Иноуэ Дзюнноскэ 181
Иноуэ Ниссё 181
Иноуэ Энрё 130
Инута Сигэру 222, 223
инцидент 15 мая 217, 223
инцидент в Осаке 77
Ирокава Дайкити 32, 71, 72
искусство 32, 174, 181–183, 201, 206, 210, 228–230
исторический материализм 14, 104
история 5, *passim*
  анархистские взгляды на 158–160
  геоистория 163
  и Арнольд Гийо 52–54
  и география как неотъемлемая часть 41–43, 53, 54, 163

и Исикава Сансиро 10–12, 14, 15, 18, 20–22, 25, 30, 73, 74, 77, 79, 83, 115–119, 134, 142, 150, 154, 162, 164, 168, 173, 175–177, 182, 211, 227, 221, 231, 235, 238–241, 244, 245, 252, 255, 256, 274, 275, 277–281, 284, 287, 288
и исторический материализм 14, 104
и Утимура Кандзо 52–54, 77
и фудоки 38, 43, 53
и эволюция истории 25, 167, 239–241, 263
и Элизе Реклю 11, 15, 16, 74, 150–152, 159, 160, 162–168, 229, 255, 263, 274, 275, 278, 279
марксистские взгляды на 14, 23, 73, 79, 129, 133, 157, 159, 164, 178, 182, 183, 188, 190, 226, 252, 271
Моритика Умпэй 101, 103, 105, 138
повседневная историчность 63
учебники правительства Мэйдзи 266
школа Анналов и Элизе Реклю 163
Исикава Сансиро 5, *passim*
Исикава Сансиро как историк 10–12, 14, 15, 18, 20–22, 25, 30, 73, 74, 77, 79, 83, 115–119, 134, 142, 150, 154, 162, 164, 168, 173, 175–177, 182, 211, 227, 221, 231, 235, 238–241, 244, 245, 252, 255, 256, 274, 275, 277–281, 284, 287, 288
История общественных течений Запада 10, 119, 152, 278

Кёму-но рэйко 109, 126–129, 133, 164, 184, 239, 244
Кинсэй домин тэцугаку/ Философия современных людей земли 174, 226
Мусэйфусюги сэнгэн 280
Теория антиэволюции и человеческая жизнь/Хисинка-рон-то дзинсэй 25, 93, 196, 229, 235
Человека и земли, перевод 246, 260, 262, 269, 278
Хэкиганроку/ Речения с лазурного утеса 128
Итагаки Тайсукэ 72, 127
Италия 147
Итигая 105
Ишилл Джозеф 268

Йокогама 10, 198

Кагава Тоёхико 200
Кайхо/Освобождение, журнал 212
калааллит 263
Канагава, префектура 106
Кано Масанао 32, 58
Канто 27, 56, 70, 71, 96, 178, 201, 268
капитализм 13, 20, 25, 29, 75, 81, 82, 85, 96, 102, 125, 148, 178, 179, 183, 184, 190, 199, 209, 237, 252
в Японии Тайсё 190
и авторы *Хокуи* 256–258
и буддизм 252
и география 13
и Ёкояма Гэнноскэ 81
и Исикава Сансиро 20, 75, 125, 178, 183, 184, 190, 209

и историческое время 237
и Анри Лефевр 18, 192
и Лондонская Международная Анархистская Группа 148
и Мойше Постоне 237
и Моритика Умпэй 103, 105
и мэйдзийские социалисты 81, 82, 107
Каролинские острова 49
Карпентер Эдвард 11, 116, 121–123, 125, 132–135, 137, 139, 144, 151, 153, 156, 170, 177, 182, 184, 186, 188, 226, 229, 245, 268, 269, 287
Цивилизация: причины и лечение 121
картография 17, 21, 31, 39, 59, 67, 261
карты 37–39, 67, 192; см. картография
Катаяма Сэн 81–83
Като Кадзуо 171, 220, 222, 223, 233
Квинтон Рене 240–245, 248
Кёгакуся, издательство 246
Керли Мелисса Энн-Мари 252
Кимура Сота 273
Киносита Наоэ 98, 138
Кину, река 28
Кита Икки 219, 225
Китай 34, 43, 89, 117, 119, 166, 215, 247, 260, 274–279, 283, 284
Китамимаки, деревня 200, 205, 207, 208, 214, 233
Кларк Уильям Смит 48
класс 72, 78, 81, 85, 95, 96, 102–104, 110, 115, 122–125, 133, 147, 161, 179, 191, 194, 199, 222, 223, 265

Клятва Пяти пунктов 88
Кобаяси Такидзи 196, 197
  Отсутствующий помещик 196, 197
Кодзики 127
Козеллек Рейнхарт 236
Кокумин-но томо/ Друг нации, издание 81, 89
кокутай 224, 225
Колумбия 179
Комаки Оми 188
Коминтерн 178
Комиссия по колонизации Хоккайдо 270
коммунизм 78, 81, 108, 129, 177, 215, 260
  и анархизм 78, 81, 177, 260
  и анархо-коммунизм 111, 179
  и синдикализм 177
Коммунистическая партия Японии 178
Конгрегационалистская церковь Хонго 76
Кониси Сё 5, 51, 83, 171, 239
Конрад Джозеф 240
Конт Огюст 165, 182, 285
конфуцианство 37, 53, 88, 108, 172
кооперативы 84, 102, 172, 176, 184, 186, 194, 199, 209, 217
Корея 67, 77, 89, 144, 270
Корнелиссен Кристиаан 146, 188
космическое сознание 125, 182, 184, 229
Коти, префектура 207
Котоку Сюсуй 51, 61, 77, 79–85, 87–89, 91–93, 101, 105, 106, 111, 114, 117, 119, 120, 124, 138
  Кирисуто массацурон/ Ниспровержение Христа 138

Кояма Ёдзо 233, 234
Крамп Джон 89
крестьяне-арендаторы 84, 197, 200, 226
крестьянские восстания 71, 125
Кропоткин Петр Алексеевич 14, 24, 80, 108, 111, 129, 146, 148–150, 156, 159–162, 170, 171, 179, 182–184, 186, 206, 241, 243, 287
Записки революционера 183
Кудзи, река 86
Куки Сюдзо 225
Культурная жизнь/Бунка сэйкацу сюппанся, издательство 278
Кумадзава Бандзан 36, 37, 64
Курильские острова 60
Куроива Руйко 77
Кусано Симпэй 257
Кусиро 255, 256, 258, 264, 265, 268
Куссяро, котан 264
Куссяро, начальная школа 265
Куссяро, озеро 264
Кэгонкё 251
кюмин («спасение народа») 173, 219
Кюсю 170, 273

Лавлок Джеймс 287
ламаркизм 240
Лао Цзы 127, 128
Лёвен 143
Леонард Джейн 43
лесоводство 73
Лефевр Анри 18, 192
Ли Шицзэнь 275, 278
либерализм 72, 151, 183, 190, 219
Либеральная партия 72, 85; см. Дзиюто

Ливингстон Дэвид 52
Линь Цзэсюй 42
Ловенталь Дэвид 36
Лозанна 7, 146
Лонг Хойт 195, 212, 228
Лоуренс Давид Герберт 285
Лунь Юй 127
Лян Цичао 62

Макабэ Дзин 257
Макигути Цунэсабуро 32, 57–66, 69, 252
Дзинсэй тиригаку 57, 58, 60–63, 66
Маккиндер Хэлфорд 13
Малатеста Эррико 148
Малато Шарль 146
Манифест шестнадцати 146, 154, 177, 283; см. Manifeste des Seize
Манчестер Гардиан, газета 123
Маньчжурия 91, 272
Маргулис Лин 287, 288
Маркс Карл 85, 86, 129, 159, 162, 188, 226, 237
Коммунистический манифест 85
марксизм 23, 79, 86, 157, 159, 164, 178, 182, 183, 237, 271
Марокко 114, 152
Марсель 11, 119
Маруяма Масао 227
Марш Джордж Перкинс 15, 35, 36, 52
Массачусетский сельскохозяйственный колледж 48
материализм 14, 96, 104, 133, 145, 205, 252
медитация 106, 126, 128, 137

Международная ассоциация геодезии 67
Международное товарищество трудящихся 161
Метерлинк Морис 131, 247
Мечников Илья Ильич 242
Миддлсекс 123
милитаризм 74, 148, 151, 194, 227, 232, 282
Милтроп 122, 123, 134, 156
мимпонсюги 190
Минаката Кумагусу 32, 33
Минамисаку 207, 208
Министерство финансов Японии 67, 101
минкангаку 32, 58
мистицизм 130, 131, 133
Миура Байэн 253
Миядзава Кэндзи 24, 25, 29, 195, 196, 227–232, 251, 252
Мияко, газета 277
модернизация 14, 16, 17, 20–22, 26, 30, 33, 43–45, 47–49, 62, 65, 67–69, 71, 72, 80, 83, 86, 90, 98, 102, 103, 112, 121, 131, 191, 199, 231, 236, 260, 261
модерность 33, 40, 46, 48–57, 93, 99, 118, 127, 191–193, 199, 236–238, 241, 262, 266
Моритика Сигэко 105
Моритика Умпэй 101–105, 138
Моррис Уильям 134, 156, 269
Мотидзуки Юрико 206
мукёкайсюги 51
Мур Эдит Мэри 7, 139–141, 156
　Поражение женщин/ The Defeat of Woman 140
　Слепой стрелок 139
Мураками Нобухико 287

Мусасино 171
Мусянокодзи Санэацу 170, 186, 214, 220, 273

наводнения 27, 56, 94, 277
Нагано, префектура 200, 202, 205, 207, 208, 266
Нагасаки, префектура 88
Накадзато Кайдзан 170
Накадзима Ханако 257
Наканиси Годо 246, 247, 249, 250, 254, 257, 259, 260
Наканиси Иноскэ 202, 206, 211, 213, 215, 218
Накаэ Тёмин 182
налоги, налогообложение 71, 84, 91, 92, 103, 104, 107, 111, 172, 196, 208, 209, 232, 258
Намбата, деревня 213
Нанкин 276, 278
Нарита, город 95, 273
народники 89
насилие 20, 79, 87, 94, 107, 117, 149, 150, 158, 181, 191, 204, 223, 240
наука 6, 14, 16, 17, 21, 29, 31–34, 39, 42–46, 48, 53, 59, 62, 63, 66–69, 96, 121, 129, 131, 140, 160, 161, 164, 179, 180, 182, 183, 229, 238, 242, 243, 250
　гуманитарные науки 48, 59, 164
　и анархизм 16, 21, 160, 161, 182
　и гуманитарная география 44, 46, 53, 63, 69
　и инженерное дело 68
　и Исикава Сансиро 180, 183
　и кризис западной цивилизации 144

и минкангаку 32
и Мишель де Серто 63
и Миядзава Кэндзи 229
и модернизация Мэйдзи 14, 48, 67
и научный дарвинизм 180, 238
и научный социализм 96
и регуманизация 17, 63
и религия 34, 48, 131, 238
и Рене Квинтон 242, 243
и Танака Сёдзо 29, 68, 69
и Анри Фабр 249
и Хатта Сюдзо 179
и Эдвард Карпентер 121
и Элизе Реклю 16, 160, 161, 164
и *Энтомологические воспоминания/Souvenirs entomologiques* 247, 260
Исикава Сансиро 31, 129, 140, 180, 182, 183, 238, 243, 250
Макигути Цунэсабуро 59, 63, 69
новейшая география и западная наука 53
регуманизация 17, 63
Таока Рэйун и западная наука 62
национализм 23, 50, 74, 114, 132, 141, 219, 225, 232
Национальный университет труда 274, 275
ненасилие 11, 23, 74, 96, 112, 157, 173, 227
Неттло Макс 135, 150
нецерковное движение 51; см. мукёкайсюги
Ниигата, префектура 57, 264
Никкан хэймин симбун, газета 79
Никко, горы 28

Ниномия Сонтоку 172, 206, 213, 253
Нисида Китаро 130
Нисикава Кодзиро 77, 82, 119, 120
Нисимура Сюнъити 170, 173, 217, 219, 223, 227, 273
Нитобэ Инадзо 48–51
Бусидо: душа Японии 50
Нихон Кёин Кумиай Кэймэйкай, профсоюз учителей 219
Нихон Кокка Сякайто, партия 216
Нихон Кумиай 216
Нихон Номин Кумиай 200, 210, 213
Нихон Ятё Кёкай 250
Нобусима Эйити 221–224
Новая Зеландия 49
Номин, издание 216, 221, 232, 233
номин дзитикай 11, 24, 25, 175, 194–196, 200–211, 227, 232, 248, 273, 283
Номин-но фукуин 101, 110
носон мондай 83
Нью-Гемпшир 52, 53
Нью-Джерси 268
Нэсс Арне 288

образование 32, 35, 48, 49, 51, 57, 64, 65, 82, 105, 119, 150, 156, 163, 176, 201, 203, 204, 206, 209–211, 219, 250, 251, 265, 267, 269, 284
общественная эстетика 174, 181–183, 230; см. сякай бигаку
общественные проблемы 81, 89; см. Сякай мондай
Общество простого народа 61, 76; см. Хэйминся

Одзаки Кихати 257, 259
Ои Такао 203, 205
Ока Асадзиро 239
Окава Сюмэй 220
Окамото Рикити 222
Окаяма, префектура 36, 84, 101, 102
Оккупай Уолл-стрит, движение 288
оккупация Японии
Олькотт, Генри Стил
Ониси Гоити 202, 207
опиумные войны 42
Ориноко, река 263
Осава Масамити 157, 209, 210, 213, 282
Осака хэймин симбун, газета 101
Остром Элинор 288
Осуги Сакаэ 75, 117, 157, 178, 221, 224, 238, 239, 247
Отару, город 57
Охара Югаку 127, 172, 281–283
Охирадай 106

паназиатизм 89, 222, 278
Парижская коммуна 1871 года 18, 119, 141, 156, 162, 192
патриотизм 125, 151
пацифизм 51, 79, 82, 110, 117, 149, 188; см. ненасилие пацифистское движение
Пеллетье Филипп 7, 159
Первая мировая война 11, 22, 116, 132, 141, 144, 145, 147, 153, 197, 198, 280
Первый Интернационал 116, 162
Песталоцци Иоганн Генрих 65
Португалия 147
Постоне Мойше 237

поэзия 6, 7, 19, 257, 258, 261, 265, 267
Правовой колледж Токио 77
природа, японское представление о. 166, см. также сидзэн
пролетариат 73, 104, 185, 280
проституция 136, 258
пространство, понятие 18, 25, 64, 112, 127, 153, 159, 162, 163, 167, 170, 230, 243, 245, 261, 287
профсоюзы 177, 178, 198, 216, 219
Прудон Пьер-Жозеф 184
прямое действие 80, 85, 107, 111, 157
Пьеро Марк 146, 150, 177
Пэн Сяо-йэн 260

разрыв между городом и деревней 22, 74, 90, 91
Рамбелли Фабио 106
раса 55, 239
Расу Тидзин Кёкай/ Ассоциации крестьян Расу 195, 227
революция 12–14, 18, 19, 24, 69, 72, 78, 80, 82, 83, 96, 97, 106, 107, 109, 110, 112, 118, 119, 124, 126, 129, 134, 146–149, 157, 158, 168, 169, 174, 184, 186–192, 200, 210, 222, 258, 260, 274–276, 284, 287
и Акаба Ганкэцу 110
и анархизм 12, 13, 16, 18, 19, 24, 80, 83, 96, 118, 129, 146–149, 157–159, 168, 184, 260, 275, 284, 287
и буддизм 109
и география 16, 18, 19, 69
и домин сэйкацу 12, 24, 157, 169, 174, 189, 274

и духовность 126, 149
и Исикава Сансиро 10, 12, 14, 18, 19, 69, 72, 80, 82, 83, 97, 106, 109, 118, 119, 126, 129, 133, 134, 147, 148, 157, 158, 168, 169, 174, 183, 184, 187, 189, 222, 260, 274–276, 284, 287
и Котоку Сюсуй 80, 106, 124
и крестьяне 72, 83, 96, 106, 107, 110, 200, 210, 222, 258
и либерализм 72
и Лондонская международная анархистская группа 148
и Манифест шестнадцати 146
и марксизм 14, 157, 159
и насилие 107, 158
и ненасилие 96, 157
и Кропоткин П.А. 24, 80, 129, 148, 159, 183, 184, 287
и повседневные практики 18, 24, 69, 109, 157, 169, 186–192
и транснациональные связи 12, 13, 19, 69, 118
и Утияма Гудо 106, 107, 109
и Фукуда Хидэко 106, 109
и христианство 80, 109
и Ямакава Токиро 222
китайские революционеры 10, 119
Октябрьская революция 14, 187, 200
Французская революция 78, 124, 275
Реклю Жак 150, 269, 275, 276
Реклю Маргерит 141, 142, 152
Реклю Поль 11, 116, 119, 123, 141, 142, 146, 148–152, 187, 188, 221, 269, 276
Реклю Эли 152

Реклю Элизе 11, 15, 16, 18, 21–24, 26, 35, 52, 65, 69, 74, 99, 116, 135, 137, 149–153, 156, 159–169, 179, 184, 185, 195, 196, 202, 226, 229, 230, 233, 243, 246, 249, 253–256, 260–264, 267–270, 275, 278, 279, 285–287
и анархизм 16, 185, 255
и Арнольд Гийо 52
и вегетарианство 135
и взаимопомощь 156
и география 15, 16, 35, 160–167, 256, 263
и дарвинизм 168
и движение за защиту окружающей среды 15, 74
и Иоганн Генрих Песталоцци 65
и Исикава Сансиро 11, 15, 23, 26, 69, 74, 116, 148, 151, 160, 162, 164, 166, 168, 169, 175, 184, 202, 226, 230, 233, 246, 253–255, 267, 278, 279
и Карл Маркс 159, 226
и коммуны 18, 119, 156, 179, 185
и Макс Неттло 150
и марксизм 23, 159, 163, 164, 188
и М. А. Бакунин 162
и национальные государства 261
и Парижская коммуна 18, 119, 156, 161
и Петр Кропоткин 24, 146, 148, 150, 156, 159–162, 179, 287
и прогресс цивилизации 167, 168

позиция против колониализма 167
позиция против расизма 167
рецепция идей в Японии 22, 24, 26, 69, 166, 255, 256, 261, 263, 264, 268
Швейцария 119, 162
Человек и земля 15, 52, 141, 152, 195, 243, 255, 256, 260, 264, 279
Эволюция, революция и идеалы анархизма 168
Ренан Эрнест 285
Рёскин Джон 134
реставрация Мэйдзи 14, 16, 28, 29, 31, 32, 41, 44, 48, 65, 67, 71, 81, 87, 136, 196, 236, 261
Речения с лазурного утеса 128; см. Хэкиганроку
Ризаль Хосе 116
Рисэндзи, храм 106
Риттер Карл 52, 54, 61
Роллан Ромен 247
Росс Кристин 18, 156, 158, 192
Россия 39, 44, 62, 78, 90, 147, 187, 221
Руйслип 123
Русско-японская война 10, 22, 33, 51, 55, 72, 76, 77, 83, 87, 95, 102, 103, 124, 238
Руссо Жан-Жак 127, 173
рыболовство 73, 264, 265

саймин («спасение народа») 173; см. кюмин
Сайтама, префектура 6, 70, 71, 86, 94, 202–204, 207, 211
Сакай Тосихико 77, 95, 104, 119, 120, 133, 134, 138, 195, 196, 230

Сакура Согоро 106
самоуправляемые крестьянские советы 11, 74, 158, 175, 194, 201, 234; см. номин дзитикай
самураи 41, 124
Сангё кумиайхо 102, 217
Санридзука 95
Санъэдо, деревня 70
Сарасина Гэндзо 7, 207, 248, 256, 257, 259, 260, 264–267, 270, 272
Сато Нобухиро 37, 67, 206, 257–259, 271
Сахалин 263
Сведенборг Эмануэль 131
свобода 54, 78, 99, 115, 125, 129, 138, 139, 148, 149, 164, 165, 176, 180–184, 186, 189, 190, 193, 203, 204, 210, 216, 218, 226, 229, 230, 232, 240, 245, 246, 249–253, 265, 271, 276, 279, 281
Сёва, император 282, 283
паника эпохи Сёва/Сёва кёко 218
сельские проблемы 73, 83, 96, 102, 108, 181, 213, 214, 219, 221, 231; см. носон мондай
сельское хозяйство 38, 48, 49, 73, 75, 84, 99, 101, 102, 104, 112, 152, 157, 158, 171–174, 185, 187, 188, 192, 196, 198–201, 212, 217, 220, 222, 223, 225, 226, 229, 231, 233, 234, 253, 262, 270, 271
Сельскохозяйственный колледж в Саппоро 48, 53
Сибуя Тэйсукэ 202–204, 207, 208, 210–215, 218
Номин Айси/ Трагическая история крестьян 211

Сига Сигэтака 40, 41, 48–51, 61, 64, 70
сидзэн 100, 129, 166
Сиина Сонодзи 151, 247
Симин Дзию Дайгаку 206
Симонака Ясабуро 202, 206, 213, 216, 218–220, 224
Симоцукэ, провинция 28
симпинсюги 130–132
Син Буккё, журнал 137, 138
Син Нихон Кокумин Домэй 216, 219
Синагава Ядзиро 217
Синдзинкай 155, 190
синдикализм 176–178, 180, 221
Синкигэн, журнал 95, 96, 98, 103, 110, 137
синто 58, 133, 166
Сиракава, деревня 42
Ситакара, деревня 259
Скотт Джеймс 67, 272
Сны о России, роман Иноуэ Ясуси 39
Сока Гаккай 58
Солт Генри 134–136, 139
  В защиту вегетарианства/A Plea for Vegetarianism 135
Солт Кейт 139
Сома Гёбу 171
Сонтиха домэй 220
социализм 22, 51, 72–83, 85, 92, 96, 101–104, 106, 108–110, 115, 132–134, 138, 162, 172, 177, 203, 213, 215, 219, 220, 224, 252
  для деревни 22, 73–75, 101, 104, 108
  и Акаба Ганкэцу 92, 101, 110
  и анархизм 74, 78, 81, 115, 133, 134, 177, 252
  и государственный социализм 162, 224
  и дарвинизм 238
  и интеллектуалы 73, 75, 115, 133
  и Исикава Сансиро 22, 72–76, 78, 81, 84, 101, 106, 110, 115, 132–134, 138, 177, 220, 252
  и коммунизм 78, 81, 108, 177, 215
  и Котоку Сюсуй 81, 84, 85, 92, 101, 106, 138
  и Моритика Умпэй 101–104
  и *новый буддизм* 137
  и Октябрьская революция 147
  и политические партии 74, 75, 79, 88
  и разрыв между городом и деревней 22, 74, 75
  и синдикализм 177
  и *Сэкай фудзин* 95
  и *Синкигэн* 96, 110
  и *Сюкан Хэймин Симбун* 77
  и Таока Рэйун 132
  и Утимура Кандзо 51, 172
  и Утияма Гудо 92, 101, 106, 108, 109
  и Фукуда Хидэко 76
  и *Хэйминся* 78, 81
  научный социализм 203
  националистический социализм 82, 219
  японский социализм 75, 81, 84
Социалистическая партия Востока 87; см. Тоё Сякайто
Социалистическая партия Японии 89, 95
Спенсер Герберт 238
Спиноза 127

споры между землевладельцами и арендаторами 102
Стольц Роберт 93
стоять на земле 24, 25, 176, 193–234
Судзуки Дайсэцу 130
суйдорон 37
Сумсю, остров 60
сутра лотоса/ Хоккэё 251
Сьерра-Невада-де-Санта-Марта 179
Сэкай фудзин, журнал 95, 126, 140
Сэки Кадзуо 208
сэппуку 172
Сюкан Хэймин Симбун, газета 77, 120
сякай бигаку 174, 181, 183, 230
сякай мондай 81

Тай, гора 277
Тайвань 210
Такамура Котаро 257
Такамурэ Ицуэ 32, 151
Такасаки, город 71
Такасима Бэйхо 136–139
Такума Дан 181
Такэути Куниэ 202, 205, 206
Танака Сёдзо 22, 27–30, 34–37, 46, 47, 56, 57, 68–70, 91–100, 112, 124, 175, 191, 193, 194, 196, 206, 231, 253, 273, 286
  Касэн дзюнси никки/ Дневник путешествия к реке 27, 69, 99
  Хисинкарон-то дзинсэй/ Теория антиэволюции и человеческая жизнь 93, 196, 235
Танэмаку хито/Сеятель, журнал 188

Таока Рэйун 62, 77, 121, 132
  Теория антицивилизации/ Хибунмэйрон 62
Таруи Токити 88, 89
Татибана Кодзабуро 171, 220, 223, 233
теософия 132
Тиба, префектура 94, 101, 207, 273
тидзин 195, 196, 229, 286
тири 37, 42
Титибу, восстание 71, 90
Титосэ 175, 186, 218, 246
Тоё сякайто 87–90
Тоё, университет 130
Тоёсава Нобуко 8, 41, 49
Токийский императорский университет 29, 63, 68, 155, 190
Токио 6, 10, 17, 27, 57, 70, 71, 77, 88, 93, 96, 97, 119, 130, 171, 186, 189, 190, 198, 206, 207, 214, 215, 244, 259, 268, 269, 272, 274, 280
Токио нитинити симбун, газета 88
Токугава Ёсимунэ 39
Токугава, эпоха 37, 39, 41, 70, 90, 171, 173, 253, 261
Токутоми Рока 171, 186
Толстой Лев Николаевич 78, 170, 171, 186, 206, 214
Тонэ, река 27, 70, 94, 98
Торо Генри Дэвид 28, 134, 135, 268, 269
Тотиги, префектура 27, 28, 56, 94
Тохоку 218, 258, 262
тэнко 224, 282
Тэсикага 7, 259, 264
Тэцугакукан 130
Тюо корон, журнал 196

Уитмен Уолт 269
Университет Хоккайдо 6, 48
Уолкер Бретт 46, 47
Уосво Энн 7, 198
Успенский Петр Демьянович 140
Утимура Кандзо 48, 51–57, 66, 69, 76, 77, 172, 196
  Дзинсэй тиригаку 57, 58, 60–63, 66
  Тидзинрон/ Взгляды на землю и человека 52–55, 195
  Тиригакуко/ Размышления о географии 52
Утияма Гудо 92, 101, 105–109, 149, 184
  и пацифизм 149
утопия 24, 193–196, 215, 220, 232, 252, 271
Учительская семинария Хоккайдо 57, 65
Уэда, город 42

Фабр Жан-Анри 240, 241, 247–249, 260
  Энтомологические воспоминания / Souvenirs entomologiques 247, 260
фабрики 62, 108, 179, 185
фашизм 141, 219, 227
федерализм 185
феминизм 32, 76, 95, 140, 151
Феретти Фредерико 163
Фиджи 49
философия воды и почвы 37; см. суйдорон
фольклористика 32, 33, 38, 50, 233, 267; см. минкангаку
фон Гумбольдт Александр 52, 165

Франция 7, 10, 11, 114, 119, 141, 144, 146–149, 151, 152, 157, 175, 177, 187, 188, 240, 247, 249, 260, 274, 285
Фриман Эдвард Август 8, 54
фудоки 37, 38, 40, 43, 53
Фуйе Альфред 182, 285
фукоку кёхэй 68, 71
Фукуда Хидэко 76, 77, 106, 109, 110, 140
Фукудзава Юкити 44–47, 54, 236
Фукусима, авария на АЭС 287
Фукусима, префектура 258
Фурукава Итибэй 56
Фурукава Рикисаку 112

Хайгуо тучжи 42
Хайнс Джеффри 67
Ханамаки, город 228
Ханамаки, сельскохозяйственная старшая школа 231
Харви Дэвид 161, 195
  Пространства надежды/The Spaces of Hope 195
Харрис Кирстен 125
Хасэгава Кодзи 267–272
Хатта Сюдзо 178–180, 185, 203
Хёго, префектура 207
Хигасиодзава, деревня 86
Хидзэн 88
Хикари, журнал 96, 103
Хиросима, префектура 101
хисэн ундо, движение 51; см. Пацифистское движение
хисэн, значение 51
Хоккайдо 6, 7, 26, 48, 53, 57, 65, 207, 210, 218, 248, 255, 258–263, 265, 267–272

Хокуи годзюдо, журнал 255–261, 263–265
Хокэкё, сутра лотоса 251
Хондзё, город 6, 7, 10 70, 71, 122, 125, 134, 139, 140, 275
Хонсю 42, 200, 266
хотоку 172
христианство 48, 50, 51, 55, 76, 80, 82, 95, 96, 109–111, 115, 118, 131, 135–138, 171, 200, 206
Хэйбонся, издательство 202
Хэйго, издательство 136
хэймин 124, 125, 136, 146
Хэймин симбун, газета 61, 85, 107, 126
Хэйминся/ Общество простого народа 61, 76–78, 80–82, 101, 171
Хякусё Айдодзё 171

Цзяочжоу 143
цивилизация 45, 47, 54, 55, 60, 71, 90, 119–134, 137, 143–145, 167, 168, 208, 236
цивилизация и просвещение 32, 93; см. буммэй кайка
Циммервальд, конференция 147
Цудзуки Тюсити 6, 123
  К демократии/Towards Democracy 123, 156
Цукерман Ларри 144
Цукихидзи Тюсукэ 287
Цунасима Рёсэн 131
Цуруи, деревня 268, 269
Цути-о Ситау моно-но кай/ Ассоциация Жаждущих земли 206

Чан Минь 275
Черкесов Варлам Асланович, князь 146, 148
Чикаго, река 99
Чу Миньи 119

Шанхай 10, 274–276, 278
Шаньдун 143, 277
Швейцария 119, 141, 147, 162
шелководство 42
Шеффилд 122
Шопенгауэр Артур 127, 131, 132
Шоу Джордж Бернард 134

Эбина Дандзё 76
эволюция 25, 31, 45, 64, 66, 167, 168, 189, 201, 235, 236, 238–241, 245, 248, 249, 254, 263, 269
Эдо 39, 70, 71 см. также Токио
Эймер Теодор 242
Эмерсон Ральф Уолдо 131, 269
эмиси 266
энвайроментализм/экология 16, 22, 29, 35–37, 41, 45, 66, 118, 135, 171, 173, 193, 233–288
  детерминизм 45
  загрязнение/ущерб 17, 22, 66, 93, 98, 126, 140, 145, 169
Энгельс Фридрих 85, 159
энтомология 27, 247–249, 251, 254
Это Тэкирэй 171, 186, 206, 211, 221, 233, 273

Юцюань Шэньсю 128

Ямага Тайдзи 275
Ямагути, префектура 83
Ямакава Токиро 222

Ямакава Хитоси 178
Яманаси, префектура 84, 280
Янаги Соэцу 32
Янагита Кунио 32, 50, 58, 124, 125, 221, 225, 233
Янака, деревня 27, 56, 91–96, 98–100, 106, 110, 112, 126, 175, 191, 193 194, 244
Японо-китайская война 1894–1895 годов 33, 51, 52, 56, 130, 238
Японская федерация анархистов/ Нихон Анакисуто Рэммэй 281
Японский союз крестьян/ Нихон Номин Кумиай 200, 210, 213
Ясная поляна 170

Clarté, движение 188
Confédération Générale du Travail, CGT 177
L'art au point de vue sociologique (Искусство с общественной точки зрения) 182
La Bataille, ежедневник 146
La Libre Fédération, издание 146
La Semanto, журнал 188
Manifeste des Seize/Манифест шестнадцати 146–148
Nouvelle géographie universelle/ Земля и люди. Всеобщая география (Реклю) 152, 161
Plus loin (Дальше), журнал 150, 151
Tertium Organum (Успенский) 140

Оглавление

Благодарности 5
Примечание о транслитерации 9

Введение 10
Глава 1. Гуманизация науки в Японии периода модерна 27
Глава 2. Позднемэйдзийские радикалы и формирование географического мировоззрения 70
Глава 3. Прорываясь через границы 114
Глава 4. Домин сэйкацу: солидарность как политическая стратегия 155
Глава 5. Стоять на земле 193
Глава 6. Экология повседневной жизни 235
Эпилог 280

Библиография 289
Предметно-именной указатель 318

Научное издание

Надин Виллемс
ГЕОГРАФИЧЕСКОЕ ПРЕДСТАВЛЕНИЕ ИСИКАВЫ САНСИРО
Транснациональный анархизм и трансформация
повседневной жизни в Японии начала XX века

Директор издательства *И. В. Немировский*
Ответственный редактор *И. Белецкий*
Куратор серии *Е. Яндуганова*
Заведующая редакцией *О. Петрова*

Дизайн *И. Граве*
Редактор *А. Тюрин*
Корректор *И. Манлыбаева, А. Филимонова*
Верстка *Е. Падалки*

Подписано в печать 29.06.2023.
Формат издания 60 × 90 $^1/_{16}$. Усл. печ. л. 21,1.
Тираж 300 экз.

Academic Studies Press
1577 Beacon Street, Brookline, MA 02446 USA
https://www.academicstudiespress.com

ООО «Библиороссика».
190005, Санкт-Петербург, 7-я Красноармейская ул., д. 25а

Эксклюзивные дистрибьюторы:
ООО «Караван»
ООО «КНИЖНЫЙ КЛУБ 36.6»
http://www.club366.ru
Тел./факс: 8(495)9264544
e-mail: club366@club366.ru

Книги издательства можно купить
в интернет-магазине: www.bibliorossicapress.com
e-mail: sales@bibliorossicapress.ru

Знак информационной продукции согласно
Федеральному закону от 29.12.2010 № 436-ФЗ

www.ingramcontent.com/pod-product-compliance
Ingram Content Group UK Ltd.
Pitfield, Milton Keynes, MK11 3LW, UK
UKHW021252180426
11946UKWH00004B/92